Die Symbolik der Himmelsrichtungen, Jahreszeiten und Jahresfeste

Jul-Nacht, Erntefest und Himmelsrichtungs-Mandala

Band 54 der Reihe „Die Götter der Germanen"

1

Bücher von Harry Eilenstein:

- Astrologie (496 S.)
- Photo-Astrologie (428 S.)
- Horoskop und Seele (120 S.)
- Tarot (104 S.)
- Handbuch für Zauberlehrlinge (408 S.)
- Physik und Magie (184 S.)
- Der Lebenskraftkörper (230 S.)
- Die Chakren (100 S.)
- Das Chakren-System mit den Nebenchakren (296 S.)
- Meditation (140 S.)
- Reinkarnation (156 S.)
- Drachenfeuer (124 S.)
- Krafttiere – Tiergöttinnen – Tiertänze (112 S.)
- Schwitzhütten (524 S.)
- Totempfähle (440 S.)
- Muttergöttin und Schamanen (168 S.)
- Göbekli Tepe (472 S.)
- Hathor und Re 1: Götter und Mythen im Alten Ägypten (432 S.)
- Hathor und Re 2: Die altägyptische Religion – Ursprünge, Kult und Magie (396 S.)
- Isis (508 S.)
- Die Entwicklung der indogermanischen Religionen (700 S.)
- Wurzeln und Zweige der indogermanischen Religion (224 S.)
- Der Kessel von Gundestrup (220 S.)
- Der Chiemsee-Kessel (76)
- Cernunnos (690 S.)
- Christus (60 S.)
- Odin (300 S.)
- Die Götter der Germanen (Band 1 – 80)
- Dakini (80 S.)
- Kursus der praktischen Kabbala (150 S.)
- Eltern der Erde (450 S.)
- Blüten des Lebensbaumes 1: Die Struktur des kabbalistischen Lebensbaumes (370 S.)
- Blüten des Lebensbaumes 2: Der kabbalistische Lebensbaum als Forschungshilfsmittel (580 S.)
- Blüten des Lebensbaumes 3: Der kabbalistische Lebensbaum als spirituelle Landkarte (520 S.)
- Über die Freude (100 S.)
- Das Geheimnis des inneren Friedens (252 S.)
- Von innerer Fülle zu äußerem Gedeihen (52 S.)
- Das Beziehungsmandala (52 S.)
- Die Symbolik der Krankheiten (76 S.)

- König Athelstan (104 S.)

Kontakt: www.HarryEilenstein.de / Harry.Eilenstein@web.de
Herstellung und Verlag: BoD - Books on Demand, Norderstedt   **ISBN:** 9783746038018

Die Themen der einzelnen Bände der Reihe „Die Götter der Germanen"

1. Die Entwicklung der germanischen Religion
2. Lexikon der germanischen Religion

3. Der ursprüngliche Göttervater Tyr
4. Tyr in der Unterwelt: der Schmied Wieland
5. Tyr in der Unterwelt: der Riesenkönig   Teil 1
6. Tyr in der Unterwelt: der Riesenkönig   Teil 2
7. Tyr in der Unterwelt: der Zwergenkönig
8. Der Himmelswächter Heimdall
9. Der Sommergott Baldur
10. Der Meeresgott: Ägir, Hler und Njörd
11. Der Eibengott Ullr
12. Die Zwillingsgötter Alcis
13. Der neue Göttervater Odin   Teil 1
14. Der neue Göttervater Odin   Teil 2
15. Der Fruchtbarkeitsgott Freyr
16. Der Chaos-Gott Loki
17. Der Donnergott Thor
18. Der Priestergott Hönir
19. Die Göttersöhne
20. Die unbekannteren Götter
21. Die Göttermutter Frigg
22. Die Liebesgöttin: Freya und Menglöd
23. Die Erdgöttinnen
24. Die Korngöttin Sif
25. Die Apfel-Göttin Idun
26. Die Hügelgrab-Jenseitsgöttin Hel
27. Die Meeres-Jenseitsgöttin Ran
28. Die unbekannteren Jenseitsgöttinnen
29. Die unbekannteren Göttinnen
30. Die Nornen
31. Die Walküren
32. Die Zwerge
33. Der Urriese Ymir
34. Die Riesen
35. Die Riesinnen
36. Mythologische Wesen
37. Mythologische Priester und Priesterinnen
38. Sigurd/Siegfried
39. Helden und Göttersöhne

40. Die Symbolik der Vögel und Insekten
41. Die Symbolik der Schlangen, Drachen und Ungeheuer
42. Die Symbolik der Herdentiere

43. Die Symbolik der Raubtiere
44. Die Symbolik der Wassertiere und sonstigen Tiere
45. Die Symbolik der Pflanzen
46. Die Symbolik der Farben
47. Die Symbolik der Zahlen
48. Die Symbolik von Sonne, Mond und Sternen
49. Das Jenseits
50. Seelenvogel, Utiseta und Einweihung
51. Wiederzeugung und Wiedergeburt
52. Elemente der Kosmologie
53. Der Weltenbaum
54. Die Symbolik der Himmelsrichtungen und der Jahreszeiten
55. Mythologische Motive

56. Der Tempel
57. Die Einrichtung des Tempels
58. Priesterin – Seherin – Zauberin – Hexe
59. Priester – Seher – Zauberer
60. Rituelle Kleidung und Schmuck
61. Skalden und Skaldinnen
62 Kriegerinnen und Ekstase-Krieger

63. Die Symbolik der Körperteile
64. Magie und Ritual
65. Gestaltwandlungen
66. Magische Waffen
67. Magische Werkzeuge und Gegenstände
68. Zaubersprüche
69. Göttermet
70. Zaubertränke
71. Träume, Omen und Orakel
72. Runen
73. Sozial-religiöse Rituale

74. Weisheiten und Sprichworte
75. Kenningar
76. Rätsel

77. Die vollständige Edda des Snorri Sturluson
78. Frühe Skaldenlieder
79. Mythologische Sagas

80. Hymnen an die germanischen Götter

Inhaltsverzeichnis

I Osten – Frühling – Frühlingstagundnachtgleiche

I 1. Der Osten

Der Osten ist bei den Germanen vor allem die Richtung des Sonnenaufganges gewesen.

I 1. a) Sigdrifa-Lied

Heilungsrunen scheinen mit dem Osten verbunden gewesen zu sein – weil die dort aufgehende Sonne diese Runen stärkt?

Astrunen kenne, wenn Du Arzt sein
Und Wunden zu heilen wissen willst.
Ritze sie in die Rinde des Reises (Zweiges) *am Baum,*
Wo sich die Äste ostwärts wenden.

I 1. b) Die Saga über Hervor und König Heidrek den Weisen

In dieser Saga werden in einem Todeslied ein Rabe und ein Adler, die von Osten her kommen, genannt. Möglicherweise sind dies der Adler-Seelenvogel des Tyr und der Rabe des Odin.

Der Rabe fliegt von Osten her
von seinem hohen Baum herbei;
hinter ihm fliegt
der Adler als Begleitung.
Diesem letzten Adler
überlasse ich mein Fleisch.
Er soll sich laben
an meinem Blut.

Der Adler erscheint sowohl im Osten als auch im Westen: Im Osten ist er der neugeborene Sonnengott-Göttervater und im Westen der sterbende Sonnengott-Göttervater.

I 1. c) Wegtam-Lied

In diesem Lied wird das Hügelgrab einer Seherin („Wala") im Osten der Halle der Hel genannt. Der Grund für diese Richtung ist nicht ganz klar – möglicherweise gehörte die morgendliche Sonnen-Anrufung der älteren germanischen Religion mit zu den Aufgaben der Seherinnen-Priesterinnen (siehe „Sonnen-Anrufung" in Band 64).

Auf stand Odin der Allerschaffer,
Und schwang den Sattel auf Sleipnirs Rücken –
Nach Nifelheim hernieder ritt er;
Da kam aus Hels Haus ein Hund ihm entgegen,

Blutbefleckt vorn an der Brust,
Kiefer und Rachen klaffend zum Biß,
So ging er entgegen mit gähnendem Schlund
Dem Vater der Lieder und bellte laut.
Fort ritt Odin, die Erde dröhnte,
Zu dem hohen Hause kam er der Hel.

Da ritt Odin ans östliche Tor,
Wo er den Hügel der Wala wußte.
Das Wecklied begann er der Weisen zu singen –
Nach Norden schauend schlug er mit dem Stabe,
Sprach die Beschwörung Bescheid erheischend –
Bis gezwungen sie Unheil verkündend aufstand.

I 1. d) Faröische Heldenlieder – Regin-Lied

In diesem Lied liegt das Grab eines Helden (Sigmund) im Osten:

Ostwärts unter dem Hügel, da schufen das die Helden auf den Felde:
Hier gruben sie den lichten Leib nieder in die dunkle Erde.
Ostwärts unter dem Hügel, da schufen das die Helden, Sigmund zu sagen:
„Düster ist dieser traurige Tag, nieder in die Erde zu fahren!"

I 1. e) Gylfis Vision

Der Mistelzweig, mit dem Baldur getötet wurde, wuchs östlich von Walhalla. Wenn die Mistel in erster Linie ein Todessymbol wäre, müßte sie eigentlich im Westen oder im Norden wachsen. Da sie jedoch im Osten wuchs, ist sie eher ein Symbol der aufgehenden Sonne und somit der Wiedergeburt – die Mistel ist immergrün.

Im Mittelmeerraum hatte das immergrüne Efeu dieselbe Symbolik wie die Mistel bei den Germanen und den Kelten (siehe auch „Mistel" und „Efeu" in Band 45).

Aber als Loki, Laufeyjas Sohn, das sah, da gefiel es ihm übel, daß den Baldur nichts verletzen sollte.

Da ging er zu Frigg nach Fensal in Gestalt eines alten Weibes.

Da frug Frigg die Frau, ob sie wüßte, was die Asen in ihrer Versammlung vornähmen.

Die Frau antwortete: sie schossen alle nach Baldur; ihm aber schadete nichts.

Da sprach Frigg: „Weder Waffen noch Bäume können Baldur schaden: ich habe von allen Eide genommen."

Da fragte das Weib: „Haben alle Dinge Eide geschworen, Baldurs zu schonen?"

Frigg antwortete: „Östlich von Walhall wächst eine Staude, Mistel genannt, die schien mir zu jung, sie in Eid zu nehmen."

Darauf ging die Frau fort; Loki nahm den Mistelzweig, riß ihn aus und ging zur Versammlung.

Hödur stand zuäußerst im Kreise der Männer, denn er war blind. Da sprach Loki zu ihm: „Warum schießt Du nicht nach Baldur?"

Er antwortete: „Weil ich nicht sehe, wo Baldur steht; zum anderen hab ich auch keine Waffe."

Da sprach Loki: „Tu doch wie andere Männer und biete Baldur Ehre wie alle tun. Ich will Dich dahin weisen wo er steht: so schieße nach ihm mit diesem Reis."

Hödur nahm den Mistelzweig und schoß nach Baldur nach Lokis Anweisung. Der Schuß flog und durchbohrte ihn, daß er tot zur Erde fiel, und das war das größte Unglück, das Menschen und Götter betraf.

I 1. f) Ägirs Trinkgelage

Der Osten ist der Ort, an dem Thor mit den Riesen kämpft. Vermutlich handelt es sich dabei um seinen Kampf gegen den alten Tyr-Riesen im Jenseits, der nach seiner Absetzung als nordgermanischer Göttervater um 500 n.Chr. nicht mehr als junger Tyr, sondern als junger Thor wiedergeboren wurde. Diese Wiedergeburt ist schon früh in den Mythen der Indogermanen zu einem Kampf des Sohnes gegen den Vater geworden – auch Thor hat seinen Ziehvater Loricus (Tyr) getötet, um selber „König" zu werden (siehe den Band 17 über Thor).

Thor:
„Schweig, unreiner Wicht, sonst soll mein Hammer
Miölnir den Mund Dir schließen.
Oder auf gen Osten werf ich Dich,
Daß kein Mann Dich mehr erschaut."

Loki:
„Deine Ostfahrten würden unbesprochen
Allzeit besser bleiben,
Seit im Däumling Du, Kämpe, des Handschuhs kauertest
Und selbst nicht meintest Thor zu sein."

I 1. g) Hymir-Lied

Tyrs Vater Hymir, d.h. der „alte Tyr im Jenseits", wohnt im Osten. Zu ihm (Hymir, Geirröd, Hrungnir, Utgardloki usw.) unternimmt Thor regelmäßig Fahrten, um ihn zu töten.

„Im Osten wohnt im Eliwagar
Der hundweise Hymir an des Himmels Ende.
Einen Kessel hat mein kraftreicher Vater,
Ein räumig Gefäß, einer Raste tief."

Eliwagar („Eiswogen") ist das ewige Eis der Arktis. „Eliwagar" war eine Umschreibung für das Jenseits, aus dem am Morgen im Osten die Sonne zurückkehrte.

13

I 1. h) Hymir-Lied

Hymirs Wohnort im Osten wird noch einmal in diesem Lied bestätigt:

Sie fuhren lange eh lüstern ward
Odins Sohn sich umzuschauen:
Da sah er aus Höhlen mit Hymir von Osten
Volk ihm folgen vielgehauptet.

I 1. i) Die Vision der Seherin

Der Riese „Hrym" ist vermutlich eine der vielen Varianten des Tyr als Riese im Jenseits – wahrscheinlich ist er mit „Hymir" identisch.

Hrym fährt von Osten und hebt den Schild,
Jörmungand wälzt sich im Jötunmute.
Der Wurm schlägt die Flut, der Adler facht,
Leichen zerreißt er; los wird Naglfar.

I 1. j) Der Ausspruch der Seherin

Muspel ist ebenfalls ein Tyr-Riese. Er kommt von Osten, weil in den alten Mythen auch der am Morgen wiedergeborene ehemalige Sonnengott-Göttervater Tyr von Osten her am Himmel aufgestiegen ist.

Der Kiel fährt von Osten, da kommen Muspels Söhne
Über die See gesegelt; sie steuert Loki.
Des Untiers Abkunft ist all mit dem Wolf;
Auch Bileists Bruder ist ihm verbündet.

I 1. k) Gylfis Vision

Über Thors Kämpfe gegen die Riesen im Osten wird an vielen Stellen berichtet – u.a. auch in der Mythe über den Riesenbaumeister:

Thor war damals nach Osten gezogen, um Unholde zu schlagen.

I 1. l)   Skaldskaparmal

In dem Bericht über den Riesen Hrungnir wird ebenfalls gesagt, daß Thor im Osten bei den Riesen war.

Nun soll berichtet werden, was die Ursache für die Umschreibungen ist, die bisher noch nicht niedergeschrieben und erläutert worden sind – solche, wie sie Bragi dem Ägir erläuterte, als er berichtete, wie Thor in den Osten gezogen war, um Riesen zu töten und wie Odin auf Sleipnir nach Riesenheim geritten war und dort den Riesen, der Hrungnir genannt wird, besucht hat.

I 1. m)   Skaldskaparmal

Auch in den Erläuterungen der Gold-Kenningar erscheint dieses beliebte Motiv:

„Warum wird Gold 'Ägirs Feuer' genannt?“
„Diese Geschichte dazu ist dieselbe, die wir schon zuvor berichtet haben: Ägir ging nach Asgard zu einem Fest, aber als er heimging, lud er Odin und alle Asen ein, ihn in drei Monaten zu besuchen. Zuerst kamen Odin und Njörd, Freyr, Tyr, Bragi, Vidarr, Loki; und ebenso die Asinnen: Frigg, Freya, Gefjun, Skadi, Idunn, Sif. Thor war nicht dort, da er in den Osten gezogen war, um Trolle zu töten.“

I 1. n)   Harbard-Llied

Auch in diesem Lied wird an drei Stellen über Thors Ostfahrten berichtet:

Thor kam von der Ostfahrt her an einen Sund; jenseits stand der Fährmann mit dem Schiffe.

... ...

Thor:
„Ich war im Osten, überwand der Riesen
Böswillige Bräute, da sie zum Berge gingen.
Übermächtig würden die Riesen, wenn sie alle lebten,
Mit den Menschen wär es in Mitgard aus."

... ...

Thor:
„Ich war im Osten und wehrt einem Fluß;
Da griffen Swarangs Söhne mich an.
Sie schlugen mich mit Steinen und schadeten mir nicht.
Sie mußten mich bald zuerst um Frieden bitten."

I 1. o) Die jüngere Version der Huldar-Saga

Auch noch in dieser recht spät entstandenen Saga wohnen die Riesen im Osten.

Später war über die Riesen im Gebirgslande ein Sterben gekommen, und in Folge dessen hatten sich die Finnen in Finnmarken ausgebreitet, während zugleich Kvänir, Gläsisvallamann und andere Halbriesen von Osten her nach Halogaland einwanderten, zu welchem Volke auch Holgi gehörte.

„Gläsisvallamann" bedeutet „Mann aus dem Glanz-Gefilde" und bezieht sich auf Tyr, der in den Sagas oft „Gudmund von Glasisvellir" genannt wird.

I 1. p) Die Saga über Sturlaug den Mühen-Beladenen

In dieser Saga muß der Held Sturlaug wie Thor in den Osten reisen und dort viele Gefahren bestehen und dem König ein magisches Horn holen.

In dieser Saga wird die Richtung „Osten" schon auf geographisch-historische Weise als Reiseroute durch Ortsnamen beschrieben: *„Schweden – Halogaland – Finnmark – Vatnsnes – Austrvik"*.

Auf diese Weise wurde manchmal Rußland zu dem Osten, in dem die Riesen wohnten – was natürlich die Slawen mit den Riesen gleichsetzte, die von Thor getötet wurden.

Diese Reise wird in dem Kapitel „Sturlaug-Saga" in Band 79 vollständig beschrieben.

I 1. q) Die Saga über Ketil Forelle

In dieser Saga reist der Held und Drachentöter Ketil Forelle in den Osten nach Finnland, wo er den Finnen-König Gusir tötet, der eine in die Sagas übertragene Variante des Tyr-Riesen ist.
Diese Saga findet sich ebenfalls in Band 79.

I 1. r) Gesta danorum

In der Gesta danorum wird die Thorkill-Saga berichtet, in der der Held im Osten in Gandvik die beiden Tyr-Riesen Gudmund und Geirröd trifft.
„Gandvik" bedeutet „Magie-Bucht" und ist zum einen der Wikingername für das Weiße Meer im Osten von Nordskandinavien und zum anderen ein Symbol für das Jenseits, in der zauberkundige Riesen und Riesinnen wohnen: der Tyr-Riese und die Wiedergeburts-Göttin (Freya u.a.).
Diese Saga wird ausführlich in den beiden Kapiteln „Geirröd" und „Gudmund" in Band 5 beschrieben.

I 1. s) Die Saga über Thorstein Haus-Macht

Auch dieser Wikinger ist nach Osten zu König Gudmund gereist:

Im Frühjahr bat Thorstein um die Erlaubnis, in den Osten zu segeln, um König Gudmund zu sehen.

I 1. t) Die Saga über Bosi und Herraud

In dieser Saga reisen die beiden Wikinger Bosi und Herraud in den Osten nach „Bjarmaland", um ein magisches Geier-Ei aus einem Tempel zu rauben – ähnlich wie Sturlaug das magische Auerochsen-Horn und Thor den Kessel des Hymir. Der ehemalige Göttervater Tyr wurde in seiner Gestalt als Tyr-Riese nach seiner Absetzung durch Odin und Thor gründlich geplündert …

Auch in dieser Sage tritt Gudmund als „Ost-König" auf. Er lebt in der Nähe von Austrveg („Ostweg"), was eine Parallelbildung zu „Norweg" („Norwegen") ist.

Der Tempel wird von der Zauberin-Priesterin Kolfrosta bewacht, die in der Gestalt eines Tieres manchmal nach Osten in die Glasir-Ebene des Gudmund (Tyr) reist (siehe „Gudmund" in Band 5).

I 1. u)   Die Geschichte über Helgi Thorisson

Auch in dieser Saga wohnt der Tyr-Riese Gudmund von Glasivellir, der zu einem zauberkundigen König geworden ist, im Osten.

Helgi hatte einen Drachenkopf für den Steven ihres Schiffes machen und oberhalb der Wasserlinie gut ausstatten lassen. Dazu verwendete er das Geld, das Ingibjörg, die Tochter Gudmunds, ihm gegeben hatte, aber einiges davon schloß er im Drachenhals ein.

Plötzlich hörten sie ein großes Krachen. Da ritten zwei Männer zu ihnen und nahmen Helgi mit sich fort. Thorstein wußte nicht, was aus ihm wurde. Danach ließ das Unwetter schnell nach.

Thorstein kam nach Hause und erzählte seinem Vater von dem Geschehen und der meinte, das sei eine wichtige Neuigkeit. Er begab sich sofort zu einem Treffen mit König Olaf, sagte ihm, was geschehen war und bat ihn herauszufinden, was aus seinem Sohn geworden ist.

Der König sagte, er werde das tun, worum er bitte, aber er sei nicht sicher, ob er Thorirs Verwandtem irgendwie helfen könne. Dann ging Thorir nach Hause.

Die Zeit verging bis Weihnachten im Jahr darauf; König Olaf hielt sich da während des Winters auf Alreksstatt auf. Am achten Tag der Weihnachtszeit kamen am Abend drei Männer in die Halle und traten vor König Olaf, als der gerade am Tisch saß. Sie grüßten ihn höflich. Der König erwiderte ihren Gruß. Einer von den dreien war Helgi, aber die anderen beiden kannte niemand.

Der König frug sie nach ihrem Namen und beide sagten, sie hießen Grim. „Wir wurden von Gudmund auf Glaesisvellir zu Euch geschickt. Er läßt Euch seine Grüße überbringen und außerdem diese beiden Hörner."

Der König nahm sie an und sie waren mit Gold verziert. Das waren prächtige Kostbarkeiten. König Olaf besaß zwei Hörner, die 'die Gehörnten' genannt wurden, aber obwohl diese sehr gut waren, waren doch diejenigen besser, die Gudmund ihm geschickt hatte.

„König Gudmund bittet Euch um Eure Freundschaft. Ihm liegt sehr viel an Eurem Wohlwollen, mehr als an dem aller anderen Könige."

Der König antwortete darauf nicht, aber ließ ihnen Plätze bei seinen Leuten zuweisen. Der König ließ die Hörner, die ebenfalls Grim genannt wurden, mit gutem Trank füllen und vom Bischof segnen und daraufhin den Grimen bringen, damit sie als erste daraus tränken.

Dann sprach der König diese Strophe:

„Die Gäste sollen die Hörner entgegennehmen,
während wir diesen Mann Gudmunds (Helgi) ausruhen lassen,
und sie sollen von ihren Namensvettern (aus den Hörnern) trinken;
so soll den Grimen gutes Bier gegeben werden."

Da nahmen die Grime die Hörner und meinten nun zu wissen, was der Bischof über das Getränk gesprochen hatte.

Sie sagen da: „Jetzt geschieht es nicht viel anders, als wie es Gudmund, unser König, vorausgesehen hat. Dieser König ist betrügerisch und kann Gutes schlecht belohnen, obwohl sich unser König ihm gegenüber ehrenhaft verhalten hat. Stehen wir jetzt alle auf und verschwinden von hier."

Das taten sie. Da gabt es einen großen Tumult in dem Raum. Sie schütteten das Getränk aus den Hörnern und löschten damit das Feuer. Dann hörten die Leute ein großes Krachen. Der König bat Gott um Schutz und bat seine Männer, aufzustehen und diesen Tumult zu beenden. Schließlich gelangen die Grime und Helgi mit ihnen nach draußen. Dann wurde Licht in der Unterkunft des Königs angezündet. Die Leute drinnen sahen, daß drei von ihnen erschlagen worden waren und die Grim-Hörner lagen auf dem Fußboden bei den Toten.

„Das ist etwas sehr Seltsames," sagte der König, „und es wäre besser, wenn so etwas nur selten geschähe. Ich habe das über Gudmund auf Glaesisvellir sagen hören, daß er sehr zauberkundig sei und es ist schlecht, mit ihm zu tun zu haben. Und es würde den Leuten schlecht gehen, die unter seiner Herrschaft stehen, wenn Wir etwas in dieser Sache ausrichten könnten."

Der König ließ die Hörner der Grime aufbewahren und daraus trinken, und sie eigneten sich gut dazu. Die Stelle oberhalb von Alreksstad, wo die Grime nach Osten gegangen waren, heißt jetzt Grimpaß, und seither hat kein Mensch diesen Weg benutzt.

I 1. v)   Die Saga über Olaf Tryggvason

In dieser Saga befindet sich ein Riese im Osten Islands, der die Insel beschützt.

19

Harald Blauzahn war von 958-987 n.Chr. König von Dänemark und von 970- 987 n.Chr. zugleich auch König von Norwegen.

König Harald befahl einem Magier, in verwandelter Gestalt nach Island zu reisen und zu schauen, was er über die Insel in Erfahrung bringen konnte und ihm dies dann anschließend zu berichten. Der Magier machte sich in der Gestalt eines Wales auf den Weg.

Der Magier des Königs reiste vermutlich nicht körperlich nach Island, sondern unternahm eine Traumreise oder Astralreise, um die Insel auszukundschaften, und hatte dabei die Gestalt eines Wals.

Als er in die Nähe des Landes kam, zog er im Norden Islands herum zu der West-seite des Landes, wo er sah, daß all die Berge und Hügel voller Schutzgeister waren – einige groß, andere klein. Als er zum Vapnafjord kam, näherte er sich dem Land und hatte vor, dort an Land zu gehen, aber dort stürzte ihm ein riesiger Drache mit einem Gefolge von Schlangen, Fröschen und Kröten entgegen, die ihm Gift entgegenspien.

Da wandte er sich nach Westen und umkreiste die Insel bis hin nach Eyjafjord und schwamm in diesen Fjord hinein. Da flog ihm ein Vogel entgegen, der so groß war, daß seine Flügel über die Berge auf beiden Seiten des Fjordes reichten. Er wurde von vielen anderen großen und kleinen Vögeln begleitet.

Da schwamm er noch weiter nach Westen und dann nach Süden bis in den Breida-fjord. Als er den Fjord schwamm, stürmte ihm ein grauer Stier entgegen und brüllte fürchterlich. Ihm folgte eine Schar von Landgeistern.

Von dort schwamm er weiter um die Insel herum bis nach Raykjanes und wollte in Vikarsskeid an Land gehen, doch dort stürzte ihm ein Bergriese mit einem eisernen Stab in den seinen Händen entgegen. Er war einen Kopf größer als die Berge und viele andere Riesen folgten ihm.

Der Magier schwamm in seiner Wal-Gestalt ostwärts an der Küste entlang, wo, wie er berichtete, nichts außer Sand und weites Ödland zu sehen war und wo außerhalb der Schären die Brandung hoch emporschäumte. Das Meer zwischen den Ländern war so breit, daß man es mit einem Langschiff nicht überqueren konnte.

Zu dieser Zeit lebte Brodhelge in Vapnafjord, Eyjolf Valgerdson in Eyjafjord, Thord Geller in Breidafjord und Thorod Gode in Olfus.

Da wandte der dänische König Harald seine Flotte und segelte zurück nach Däne-mark.

Der Riesen, den man sicherlich dem Osten zuordnen kann, ist sicherlich mit den Tyr-Riesen im Osten, die von Thor bekämpft werden, identisch.

Die Drachen, Schlangen, Vögel, Stiere, Riesen und Landgeister („Pukis") sind offenbar in der Funktion als Landwächter Verbündete gewesen. Es hat auch den Anschein, als ob sie zudem die Helfer oder Freunde der vier genannten Wikinger

20

gewesen seien.

Der große Vogel erinnert an den Riesen aus der Edda, der in der Gestalt eines Adlers „am Ende des Himmels" sitzt und mit seinen Fittichen den Wind erschafft.

Die vier Wesen Drache, Vogel, Stier und Riese machen geradezu den Eindruck eines Mandalas, das sich auf Island befindet und die Insel schützt. Die besondere Erwähnung der vier Wikinger, die an den Orten lebten, an denen der Magier an Land gehen wollte, macht den Eindruck, als ob es sich bei ihnen um Magier handelten würde, die die Insel mit ihrer Zauberkraft vor Feinden schützen würden.

heutige isländische Münze

Ein ähnlich enges Verhältnis zu den Erdgeistern wird von den Kelten berichtet, deren Druide Amairgen sich bei der Ankunft in Irland noch vor dem Betreten des Landes mit allen Naturgeistern der Insel verband.

Die vier Wesen, die Island gegen den dänischen Magier verteidigen, spielen alle eine wichtige Rolle in den Jenseitsvorstellungen: Der Drache ist der Jenseitsweg, der Riesenvogel der Seelenvogel, der Stier das Opfertier, mit dem der Tote identifiziert wird, und der Riese der Tote selber.

Diese vier Schutzgeister sind noch heute auf einigen isländischen Münzen zu sehen.

I 1. w)   Das erste Lied über Helgi Hunding-Töter

In diesem Lied wird der Westen und der Osten mit den Nornen in Verbindung gebracht.

In alten Zeiten, als Aare sangen
Heilige Wasser vom großen Himmel rannen,
Da hatte Helgi, den großherzigen,
Borghild geboren in Bralund.

Nacht in der Burg war's, Nornen kamen,
Die dem Edeling das Alter bestimmten.
Sie gaben dem König der Kühnste zu werden,
Aller Fürsten Edelster zu dünken.

Sie schnürten scharf die Schicksalsfäden,
Daß die Burgen brachen in Bralund.
Goldene Fäden fügten sie weit,
Sie mitten festigend unterm Mondessaal.

Westlich und östlich die Enden bargen sie,
In der Mitte lag des Königs Land.
Einen Faden nordwärts warf Neris Schwester,
Ewig zu halten hieß sie dies Band.

Helgi ist eine der wichtigeren Saga-Varianten des ehemaligen Sonnengott-Göttervater Tyr.

Der Mondessaal ist der Himmel.

Neri bedeutet „Spinnerin" und ist eine Umschreibung für „Norne".

Wenn die Ortsangabe „westlich und östlich" einen mythologischen Hintergrund haben sollte, dann wird es wohl der Hinweis auf den Sonnenaufgang im Osten und den Sonnenuntergang im Westen sein. Das „Bergen der Enden im Westen und Osten" hätte dann die Bedeutung, daß die Nornen das Leben des Helgi „von der Geburt (Osten) bis zum Tod (Westen)" festgelegt haben. Vielleicht ist dies aber auch vor allem ein Hinweis auf die die Bahn der Sonne am Himmel.

Der Nord-Faden paßt allerdings nicht in dieses Bild – und warum fehlt der Süden? Es werden allerdings auch im Sonnenlied nur drei Richtungen mit je einer Strophe beschrieben – dort fehlt der Osten.

I 1. x) Harbard-Lied

Die Szene in dieser Strophe ist eine Anspielung auf die Wiederzeugung, die ansonsten meist im Norden und seltener im Westen stattfindet. Die „Schneeweiß-Goldschöne" wird die Jenseitsgöttin Freya-Menglöd sein, die hier Tyrs Mutter ist und mit der sich Odin bei seinem Raub des Skaldenmets in deren Hügelgrab vereint.

Harbard (Odin):
„Ich war im Osten mit einer zu kosen,
Spielte mit der Schneeweißen und sprach lange mit ihr.
Ich erfreute die Goldschöne; der Scherz gefiel der Maid."

I 1. y) Origo gentis langobardorum

In einem um ca. 650 n.Chr. niedergeschrieben Bericht über eine Schlacht zwischen den Winniliern (den späteren Langobarden) und den Wandalen wird über die Göttin „Frea" (Frigg/Freya) berichtet, die ihren Mann Odin überlistet.

22

In den Nord-Landen liegt eine Insel, auf der viele Menschen wohnen und die Sca-danan (Skandinavien) genannt wird, was als „Zerstörung" gedeutet wird (eigentlich: „Land der Skadi").

Unter diesen Menschen gibt es ein kleines Volk, das Winnilier genannt wird. Bei ihnen lebte eine Frau mit dem Namen Gambara, die zwei Söhne hatte – Ybor war der Name des einen und Agio der Name des anderen. Sie waren zusammen mit ihrer Mutter, also mit Gambara, die Anführer der Winniler.

Die Anführer der Wandalen, also Ambri und Assi, kamen mit ihrem Heer und sagten zu den Winnilern: „Entweder ihr zahlt uns Tribut oder ihr bereitet euch für eine Schlacht vor und kämpft mit uns!"

Da antworteten Ybor und Agio zusammen mit ihrer Mutter Gambara: „Es ist besser für uns, uns für eine Schlacht vorzubereiten als den Wandalen Tribut zu zahlen."

Da baten Ambri und Assi, also die Anführer der Wandalen, Godan (Wotan/Odin), daß er ihnen den Sieg über die Winniler gab.

Godan antwortete und sprach: „Dem, den ich als erstes bei Sonnenaufgang sehen werde, dem werde ich den Sieg geben."

Zu derselben Zeit flehte Gambara mit ihren beiden Söhnen, also mit Ybor und Agio, die die Anführer der Winniler waren, Frea, die Frau des Godan, den Winnilern wohlgesonnen zu sein.

Da gab Frea ihnen den Rat, daß die Winniler bei Sonnenaufgang kommen sollten und zusammen mit ihren Männern auch die Frauen, die ihr Haar um ihr Gesicht herabfallen lassen sollten, sodaß es wie Bärte aussah.

Als es dann, als die Sonne aufging, hell wurde, drehte Frea, die Frau des Godan, das Bett, in dem ihr Gemahl lag, herum, sodaß sein Gesicht nach Osten gewandt war, und weckte ihn auf.

Und als er dann aufblickte, sah er die Winniler mit ihren Frauen, die ihr Haar um ihr Gesicht herum herabfallen ließen. Da frug er: „Wer sind denn diese Langbärte?"

Und Frea sagte zu Godan: „Da Du ihnen nun einen Namen gegeben hast, solltest Du ihnen nun auch den Sieg geben!"

Da gab er ihnen den Sieg und sie verteidigten sich seinem Rat gemäß und errangen den Sieg.

Von dieser Zeit an wurden die Winniler Langobarden (Langbärte) genannt.

I 1. z) Saga über Harald Hart-Rat

Als sie bei Solund vor Anker lagen, hatte ein Mann, der Gyrd genannt wurde und der an Bord des Schiffes des Königs war, einen Traum.

Ihm schien, daß er auf dem Schiff des Königs stand und eine große Zauber-Frau auf der Insel stehen sah, die eine Mistgabel in der einen Hand und einen Trog in ihrer anderen Hand hielt.

Ihm schien auch, daß er über die gesamte Flotte hinblickte und daß auf dem Heck eines jeden Schiffes ein Vogel saß und daß all' diese Vögel Raben oder Adler waren.

Und die Zauber-Frau sang dieses Lied:

„ Von Osten her hole ich den König,
Nach Westen bringe ich den König;
So mancher Edle wird dorthin gelangen,
Raben über Giukes Schiff sind passend ...
Sie blicken auf die Opfer, die ihnen am passendsten erscheinen.
Auf dem Vorbersteven werde ich mit ihnen segeln!
Auf dem Vorbersteven werde ich mit ihnen segeln!"

Da der König nach England unterwegs war, stimmt „von Osten nach Westen" zwar auch mit dem Kurs der Schiffe überein, aber da diese Richtung auch im Helgi-Lied vorkommt, wird hier wohl „vom Leben in den Tod" gemeint sein.

I 1. aa) Austri

Der folgende Text ist die Zusammenfassung des Kapitels „Austri" in Band 32.

Der Zwerg „Austri" („Östlicher") steht zusammen mit seinen drei Brüdern am Rand der Welt auf dem ringförmigen Utgard-Gebirge, der das Weltmeer umgibt, in dessen Mitte die Insel Midgard liegt, und trägt den Himmel, d.h. den Schädel des Urriesen Ymir.

Er ist der Sohn des ehemaligen Göttervaters Tyr und der Jenseitsgöttin, die in den Mythen als Gefion, Freya und Huldar erscheint. Er wurde manchmal als Zwerg und manchmal als Riese aufgefaßt, aber stets als Jenseits-Wesen.

Seine Kategorisierung als Erd-Zwerg aus der Sippe des Durin ist sicherlich eine recht neue Systematisierung.

Austri ist wie seine drei Brüder möglicherweise gehörnt – entweder mit dem Geweih eines Hirsches oder mit den Hörnern eines Stieres. Hirsch und Stier waren die Opfertiere des Göttervaters Tyr. Auch die Hörner kennzeichnen ihn als ein Jenseitswesen, da die Toten bei ihrer Bestattung mit dem für sie geopferten Herdentier, das meistens gehörnt war, identifiziert wurden.

Als Hirsch und als einer der vier Zwerge, mit denen sich Freya vereinte, um von ihnen ihren goldenen Halsreif Brisingamen zu erhalten (eine Umdeutung der ursprünglichen Mythe) hat der Himmelsträger zwei weitere Namen: Der Zwerg „Austri" („Östlicher") ist mit dem Sonnenaufgang im Osten verbunden und entspricht der Stärke des wiedergeborenen Sonnengott-Göttervaters Tyr: dem Hirsch „Durathror" („Schlummer-Kämpfer") und dem Zwerg „Berling" („Bären-Mann").

Die Erschaffung der Midgard-Insel wurde auf die Erschaffung der Insel Seeland übertragen. In dieser Mythe helfen Sudri und seine drei Brüder in der Gestalt von vier Stier-Riesen der Gefion auf ähnliche Weise wie sie als die vier Hirsch-Zwerge den Asen bei der Erschaffung des Himmels geholfen haben.

Die vier Riesen sind ein relativ häufiges Motiv in den mittelalterlichen Heldensagen, was zeigt, wie tief verwurzelt das Motiv der vier Himmelsträger gewesen sein muß.

I 1. ab) Ostara

Diese Göttin, deren Name „Östliche" bedeutet, wird lediglich von dem Benediktinermönch Beda dem Ehrwürdigen um ca. 700 n.Chr. in seiner Schrift „de temporum ratione" erwähnt. Er führt die beiden Göttinnen Eastre und Hrede als den Ursprung der beiden sächsischen Monatsnamen für den April (Oster-Monat) und März an.

Da Bedas Schrift der einzige Hinweis auf diese beiden Göttinnen ist und sich zumindestens „Eastre" auch als „Osten" auffassen läßt und zum Frühjahrsanfang die Sonne genau im Osten aufgeht, ist es sehr fraglich, ob es diese beiden Göttinnen wirklich gegeben hat.

I 1. ac) Personennamen

Diese Personennamen weisen auf keinerlei mythologische Hintergründe hin: In ihnen scheint „Osten" einfach den Teil der Welt, in dem die Lappen (Finnen) und die Slawen wohnen, zu sein.

Personennamen		
Namen		**Bedeutung**
Männernamen	*Frauennamen*	
Austmann, Estman		Ost-Mann
Austmadr		

Namen		Bedeutung
Männernamen	*Frauennamen*	
Austri		der aus dem Osten
Austbjörn		Ost-Bär
Austmar		Ost-Ruhm
	Authild	Ost-Kampf

I 1. ad) Jakob Grimm: Deutsche Mythologie

Gen osten schaut beim gebet auch der Inder am frühen morgen, daher ihm der süden daxa, daxima, die rechte seite heißt. beim anrufen Odins blickt man nach osten, bei Ulfs nach westen. 'solem respiciens' heißt es vom Bojocalus. gegen die sonne wird das gebet gerichtet. wie auch nicht nach sonnenuntergang geopfert werden darf. dagegen 'norðr horfa dyr' kommt auch Saemingar vor. Jötunheimr liegt nördlich.

Betende und beichtende Christen schauten gen osten, mit aufgehobnen armen und so heißt es auch in dem Kristinbalkr des alten Gulathinggesetzes 'ver skulum lûta austr, oc biðja til ens helga Krists ârs ok friðar'.

Contra orientalem prostratus corpore partem precatur (Waltharius); in angelsächischen formeln: 'eástveard ic stande'; 'kêret iuch gên ôrient'.

Betende und opfernde Heiden schauten aber gen norden: 'horfa î norðr' (Förnaldur Saga); 'leit î norðr' (Edda); beten gegen mitternacht (= Norden); und der Norden wurde unter den Christen als die unselige heidnische gegend angesehen, welches ich schon näher ausgeführt habe; gegen mitternacht soll kein wurf geschehn, in langobardischen grenzurkunden heißt der nördliche strich: 'nulla ora'. Dieser gegensatz muß zur erklärung einer stelle im roman de Renart angewendet werden, wo der fuchs christlich, der wolf heidnisch betet.

I 1. ae) Zusammenfassung

Der Osten ist vor allem der Ort, an dem die Riesen wohnen: Tyrs Vater Hymir (Tyr als Riese im Jenseits), der zauberkundige Tyr-Riese Gudmund von Glaesisvellir, die Tyr-Riesen Geirröd, Gusir, Hrym und Muspel sowie der Bergriese, der das Ostviertel von Island beschützt.

Dort im Osten steht auch der Tempel des Tyr-Riesen, aus dem Thor bzw. die Wikinger-Helden nach und nach seinen Kessel, sein Auerochsen-Trinkhorn und ein magisches Geier-Ei rauben.

Der Kampf des Thor gegen diese Riesen ist der Kampf des Göttervater-Sohnes gegen seinen Vater, den er absetzt und an seiner Stelle die Macht ergreift. Um 500 n.Chr. ist dabei der junge Thor an die Stelle des früheren jungen Tyr getreten.

Im Osten der Hel-Halle liegt das Hügelgrab der Wala und auch das Hügelgrab des Helden Sigmund (der Vater des Sigurd-Siegfried), der eine Saga-Variante des Tyr ist.

Da Thor im Osten gegen den Tyr-Riesen kämpfte, konnte man dort auch das Jenseits vermuten. Aus diesem Grunde kommen von dort manchmal auch ein Adler und ein Rabe, um die Leiche eines gefallenen Helden zu fressen. Auch die Mistel, mit der Baldur getötet wurde, wuchs im Osten von Walhalla.

Die Anweisung, daß man Heilrunen auf die Äste an der Ostseite von Bäumen schreiben soll, ist vermutlich eine Assoziation zum Sonnenaufgang, der die Symbolik der Wiedergeburt und somit auch der Stärkung hat.

Dort im Osten ist auch die Wiedergeburts-Göttin als Wiederzeugungs-Geliebte des Odin und zuvor des Tyr, also Freya-Menglöd-Gunnlöd, zu finden, die dort „Schneeweiß-Goldschöne" heißt. Diesen Namen trägt auch Tyrs Mutter (Freya) – aus dieser „Schneeweißen" wurden später „Schneeweißchen" und „Schneewittchen".

Es könnte sein, daß „Ostara" („Östliche") ein Beiname dieser Göttin gewesen ist – aber das ist recht unsicher.

Manchmal werden von den Nornen die Schicksalsfäden von Osten nach Westen entsprechend dem Sonnenlauf gesponnen: der Osten ist die Geburt und der Westen der Tod. Allerdings gibt es auch noch einen dritten Faden nach Norden. Auch das Schicksal nimmt von Osten (Geburt) nach Westen (Tod) hin seinen Lauf.

Im Osten trägt der möglicherweise gehörnte Zwerg Austri den Himmel. Er kann auch die Gestalt eines Riesen, eines Stier oder eines Hirsches haben. Er ist identisch mit dem Hirsch Durathror und mit dem Zwerg Berling, der einer der vier Geliebten der Freya ist. Er ist der Sohn der Gefion/Freya/Huldar und des Tyr-Riesen.

I 2.   Der Frühling

Der Frühling hat bei den Germanen keine erkennbare Symbolik gehabt – zumindestens wird er nirgendwo als eigenständiges Motiv erwähnt.

I 3.   Die Frühlingstagundnachtgleiche

I 3. a)   Hamburgische Kirchengeschichte

Über ein Fest zu diesem Zeitpunkt berichtet lediglich der Bischof Adam von Bremen in seiner um ca. 1075 n.Chr. verfaßten „Hamburgischen Kirchengeschichte":

Nahe bei diesem Tempel steht ein sehr großer Baum, der seine Zweige weithin ausbreitet und im Winter wie im Sommer immer grün ist. Welcher Art derselbe ist, weiß niemand. Dort ist auch eine Quelle, wo die Heiden Opfer anzustellen und einen Menschen lebendig zu versenken pflegen. Wenn derselbe nicht wiedergefunden wird, so ist der Wunsch des Volkes bestätigt.

Jenen Tempel umgibt eine goldene Kette, welche an dem Giebel des Gebäudes hängt und den Herankommenden weithin zublinkt, darum weil das Heiligtum selbst im Tale gelegen und ringsum wie ein Theater von Bergen umgeben ist.

Unlängst aber soll der sehr christliche König der Sueonen, Anunder, da er das gebräuchliche Nationalopfer den Dämonen nicht darbringen wollte, aus seinem Reiche vertrieben, freudig aus der Versammlung des Volkes hinweggegangen sein, weil er für würdig gehalten wurde, um Jesu Christi willen Schmach zu dulden.

Neun Tage werden Schmäuse und dergleichen Opfer gefeiert. An jedem Tage opfern sie einen Menschen nebst anderen Geschöpfen, so daß es in neun Tagen 72 Geschöpfe werden, die man opfert. Dies Opfer findet statt um die Frühlingsnachtgleiche.

I 3. b)   Zusammenfassung

> Zur Fühjahrs-Tagundnachtgleiche, also zu Beginn des Frühlings (21.3.) hat es ein großes Opferfest gegeben.

I 4.   Der Osten in der vor-germanischen Überlieferung

Die Symbolik des Ostens ist durch den Sonnenaufgang geprägt. Der Osten erscheint allerdings nur sehr selten als eigenständiges Motiv. Daher wird „östlich" nicht als „mythologisches Adjektiv" benutzt.

Die Symbolik des Ostens oder genauer gesagt des Sonnenlaufs läßt sich schon bei den zwischen 10.000 v.Chr. und 8.500 v.Chr. errichteten ersten Tempeln der Menschen in Göbekli Tepe in Nord-Mesopotamien finden: Auf den Pfeilern in den Tempeln finden sich im Osten die Diesseits- und Geburts-Motive, im Westen die Todes- und Jenseitsreise-Motive, im Süden das Hauptthema und im Norden die Jenseitsgöttin.

Auch der Treppenaufgang des um 9.400 v.Chr. errichteten ersten bekannten Turmes der Menschen, der ein Kultbau in Jericho war, ist genau auf den Aufgangspunkt der Sonne zu Mittsommer ausgerichtet, was die damalige große Bedeutung des Sonnenlaufs zeigt.

Der Orientierungspunkt in dieser früh-jungsteinzeitlichen Kultur ist der Süden gewesen, also die Richtung, in der die Sonne am höchsten steht und daher die meiste Kraft hat.

Bei den Indogermanen hat sich diese Ausrichtung des Weltbildes verändert – sie haben den Weltenbaum als die „Nabelschnur" zwischen den Göttern im Himmel und den Menschen auf der Erde in das Zentrum ihrer Weltanschauung gestellt.

Die Indogermanen haben den Himmel beobachtet und dabei die Himmelsachse und den am Himmel als einzigen Stern „stillstehenden" Polarstern, zu dem die Erdachse zeigt, entdeckt. Sie haben daraus geschlußfolgert, daß der Weltenbaum daher an dieser Stelle den Himmel erreichen muß, da sein Wipfel sonst „zerzaust" werden würde und weil es woanders keinen sicheren „letzten Schritt" auf der Jenseitsreise von dem Weltenbaum aus hinauf in den Himmel geben konnte.

Da der Weltenbaum der allgemeine Bezugspunkt der mythologischen Geographie gewesen ist, entstand dadurch eine generelle Ausrichtung nach Norden, wodurch der Osten und somit Sonnenaufgang und Geburt rechts zu liegen kamen und der Westen und somit der Sonnenuntergang und der Tod links. Diese Gleichsetzung findet sich z.B. bei der griechischen Gorgo, von der berichtet wird, das das Blut ihrer rechten Seite Menschen tötet und das Blut ihrer linken Seite Tote wiederbelebt.

Anhand der Untersuchung, ob in einer Weltanschauung „rechts = Westen" oder „rechts = Osten" ist, kann man sagen, ob diese Weltanschauung sich vor allem auf die Sonne (rechts = Westen) oder auf den Weltenbaum (rechts = Osten) bezieht.

Auch auf den europäischen Landkarten liegt der Norden, also die „Weltenbaum-Richtung" oben.

Unter christlichem Einfluß sind im Mittelalter die Landkarten allerdings genauso wie die Kirchen nach Osten hin auf den Sonnenaufgang (Christi Wiedergeburt) ausgerichtet gewesen. Und auf alten chinesischen Landkarten findet sich oben der Süden – was den stets nach Süden weisenden Tempeltoren in Göbekli Tepe entspricht.

Auch in der Altsteinzeit werden die Menschen schon die Sonne beobachtet haben, da sie die einzige Möglichkeit gewesen ist, die Himmelsrichtungen zu erkennen und sich großräumig zu orientieren.

Da noch vor der Erfindung des Ackerbaus gleich zu Beginn der Jungsteinzeit um 10.000 v.Chr. die Sonne eine prägende Rolle bei der Errichtung der Kult-Bauten gespielt hat und die Sonne einige Male in Göbekli Tepe und auch um 7.000 v.Chr. in Çatal Höyük dargestellt worden ist, kann man davon ausgehen, daß die Sonne auch schon in der späten Altsteinzeit ein wichtiger Orientierungspunkt gewesen ist, dem vermutlich auch schon religiöse Eigenschaften zugeschrieben worden sind.

Eine ausführliche Darstellung dieser frühen Sonnen-Symbolik findet sich in meinem Buch „Göbekli Tepe".

Der Osten ist die Richtung des Sonnenaufgangs und der Geburt und somit auch des Diesseits.

II   Der Südosten

II 1. Der Südosten in der germanischen Überlieferung

II 1. a)   Der Name des Südost-Windes

Über die Himmelsrichtung „Südost" ist nur der Wind-Name bekannt: „land-synningr", was wörtlich „Wind von diesseits des Nordens" oder „Wind von der Landseite des Nordens" bedeutet. Dies ist auch der Name des Südost-Windes. Der Name der Himmelsrichtung „Südost" müßte entsprechend den anderen drei Zwischenhimmels-richtungen „land-sudr" lauten.

Wie im Deutschen verlief die Hauptorientierungs-Achse in Nord-Süd-Richtung: von ihr leiten sich Nord-Westen und Nordosten, sowie Süd-Westen und Süd-Osten ab – es gibt kein „West-Süden" oder Ost-Norden". Die Abweichung vom Süden bzw. Norden nach Osten hin wurde mit dem Vorsatz „land-" umschrieben, und die Abweichung nach Westen hin mit „ut-". Für die ursprünglich in Westskandinavien lebenden Germanen lag im Osten Skandinavien („land-") und im Westen das Meer („ut-"), in das die Wikinger von Schweden, Norwegen und Dänemark aus zu ihren Raubzügen und Entdeckungsfahrten sowie auf ihren Reisen nach Island, Grönland und Neufundland hin fuhren.

II 1. b)   Zusammenfassung

Eine mythologische Bedeutung des Südostens ist nicht bekannt.

III Süden – Sommer – Sommersonnenwende

III 1. Der Süden

Die Symbolik des Südens ist von der Mittagssonne geprägt worden.

III 1. a) Beowulf-Epos

In diesem Lied, das um 700 n.Chr. verfaßt worden ist, ist der Süden die Richtung der Sonne:

/ Kühn geht dann wieder
Zum Met, wer will, / wenn das Morgenlicht
Den Kindern der Menschen / am kommenden Tage,
Die Sonne im Glanzkleid / von Süden scheint.

... ...

Die Weltleuchte schien, / die Sonne, von Süden.

III 1. b) Der Seherin Ausspruch

Manchmal ist der Süden einfach die Richtung, in der die Sonne die größte Kraft hat. Die „Bälle" in den folgenden Versen sind Sonne und Mond.

Bis Börs Söhne die Bälle erhuben,
Sie die das mächtige Midgard schufen.
Die Sonne von Süden schien auf die Felsen
Und dem Grund entgrünte grüner Lauch.

Die Sonne im Süden, des Mondes Gesellin,
Hielt mit der rechten Hand die Himmelsrosse.
Die Sonne wußte nicht, wo sie Sitz hatte,
Der Mond wußte nicht, was er Macht hatte,
Die Sterne wußten nicht, wo sie Stätte hatten.

III 1. c) Rigr-Lied

Die Hallen, Tempel und Hügelgräber hatten ihre Tore in der Regel im Süden, also in der „Sonnen-Richtung".

Weiter ging Rigr
gerades Weges;
Kam er zum Saal
mit südlichem Tor.
Angelehnt wars,
mit leuchtendem Ring.

III 1. d) Die Geschichte über Norna-Gest

In der Geschichte über Norna-Gest wird ein Hügelgrab an einer Stelle mit *„nach Süden gerichtete Halle"* umschrieben. Da das Tor des Hügelgrabes vermutlich nach der Richtung zeigen wird, in der das von dem Toten Erwünschte liegt, könnte der Süden die „gute Richtung" gewesen sein.

Allerdings lagen auch die Eingänge der meisten Hallen und Tempel im Süden, sodaß der Süden auch einfach die „warme und helle Richtung" sein könnte. Auf jeden Fall findet sich hier eine Ausrichtung der Gebäude auf den Punkt, an der die Sonne am höchsten am Himmel steht.

Da die Toten in der alten, Tyr-zentrierten Religion der (Nord-)Germanen bis 500 n.Chr. in das Jenseits zu dem ehemaligen Sonnengott-Göttervater Tyr gingen, könnte der Süden auch mit Tyr assoziiert worden sein.

Auch die Tempeltore von Göbekli Tepe zeigten schon nach Süden.

III 1. e) Gylfis Vision

In dieser Zusammenfassung der germanischen Mythologie liegt im Süden das „Feuer-Land" Muspelheim und ihm gegenüber, also im Norden, das „Eis-Land" Niflheim. Das Feuer von Muspelheim wird die Mittagssonne sein und das Eis von Niflheim das arktische Eis.

Da sprach Jafnhar: „Manches Zeitalter vor der Erde Schöpfung war Niflheim entstanden; in dessen Mitte liegt der Brunnen, Hwergelmir genannt. Daraus entspringen die Flüsse mit Namen Swöl, Gunnthra, Fiorm, Fimbul, Thul, Slid und Hrid, Sylg und Ylg, Wid, Leiptr; Giöll ist der nächste beim Höllentor."

Da sprach Thridi: „Vorher aber war im Süden eine Welt, Muspel geheißen: die ist hell und heiß, so daß sie flammt und brennt und allen unzugänglich ist, die da nicht heimisch sind und keine Wohnung da haben."

... ...

Gangleri frug: „Was begab sich, bevor die Geschlechter wurden und Menschenvolk sich ausbreitete?"

Har antwortete: „Als die Fluten, welche Eliwagar heißen, soweit von ihrem Ursprung kamen, daß der Giftstrom in ihnen erstarrte wie der Sinter, der aus dem Feuer fällt, ward er in Eis verwandelt. Und da dies Eis stille stand und stockte, da fiel der Dunst darüber, der von dem Gifte kam und gefror zu Eis, und so legte eine Eislage sich über die andere bis in Ginnungagap."

Da sprach Jafnhar: „Die Seite von Ginnungagap, welche nach Norden gerichtet ist, füllte sich an mit einem schweren Haufen Eis und Schnee und darin herrschte Sturm und Ungewitter; aber der südliche Teil von Ginnungagap war milde von den Feuerfunken, die aus Muspelheim herüberflogen."

Da sprach Thridi: „So wie die Kälte von Niflheim kam und alles Ungestüm, so war die Seite, die nach Muspelheim sah, warm und licht, und Ginnungagap dort so lau wie windlose Luft, und als die Glut auch dem Reif begegnete also daß er schmolz und sich in Tropfen auflöste, da erhielten die Tropfen Leben durch die Kraft dessen, der die Hitze sandte. Da entstand ein Menschengebild, das Ymir genannt ward; aber die Hrimthursen nennen ihn Örgelmir, und von ihm kommt das Geschlecht der Hrimthursen."

III 1. f) Gylfis Vision

Im Süden findet sich ein Jenseits, das sich sehr stark von dem Jenseitsvorstellungen, die sich in den drei anderen Himmelsrichtungen finden, unterscheidet.

Da sprach Gangleri: „Große Dinge weißt Du vom Himmel zu berichten; aber was für andere Hauptgebäude gibt es noch außerdem an Urds Brunnen?"

Har antwortete: „... ... ... Am südlichen Ende des Himmels ist der Palast, der Gimle heißt, und der schönste von allen ist und glänzender als die Sonne. Er wird stehen bleiben, wenn sowohl Himmel als Erde vergehen, und alle guten und rechtschaffenen Menschen aller Zeitalter werden ihn bewohnen.

So heißt es in der Wöluspa:

Einen Saal sah ich lichter als die Sonne,
Mit Gold gedeckt, auf Gimles Höhn.
Da werden bewährte Leute wohnen,
Und ohne Ende der Ehren genießen."

Da frug Gangleri: „Wer bewahrt diesen Palast, wenn Surturs Lohe Himmel und Erde verbrennt?"

Har antwortete: „Es wird gesagt, daß es einen Himmel südlich und oberhalb von diesem gebe, welcher Andlang heiße. Und noch ein dritter Himmel sei über ihnen, welcher Widblain heiße, und in diesen Himmel, glauben wir, sei der Palast gelegen und nur von den Lichtalfen glauben wir diesen Palast jetzt bewohnt."

„Andlang" = „bis zu seinem Ende lang" = „in seiner ganzen Ausdehnung"
„Widblain" = „Weit-Blauer"
„Gimli" = „Alter" = „Adler" (Adler-Seelenvogel des Tyr)
„Surtur" = der Herrscher von Muspelheim = Tyr

Über dem „normalen Himmel" befindet sich der Himmel „Andlang" und über diesem der Himmel „Widblain", in dem sich die Halle Gimle befindet. Diese schönste aller Hallen mit Gold gedeckt und strahlt heller als die Sonne. In ihr leben die Lichtelfen, d.h. die Menschen, die ein gutes Jenseits verdient haben. Diese Halle übersteht den Ragnarök.

Der Name „Gimle" dieser Halle kann sowohl „Alter" als auch „Adler" und „Edelstein" bedeuten. Die mythologische Gestalt, die sowohl alt ist als auch mit dem Adler verbunden ist, ist der ehemalige Göttervater Tyr. Da diese auch mit der Sonne assoziiert wurde, paßt es, wenn sich seine Jenseits- oder Herrscherhalle im Süden, also in der Richtung der Sonne befindet. Gimle ist eine Jenseitsvorstellung aus der Tyr-zentrierten Religion vor 500 n.Chr.

III 1. g)   Fornjot und seine Verwandten

In dieser Sage erscheint ebenfalls der Gegensatz zwischen dem „schlechten, eisigen Norden" und dem „guten, warmen Süden". Dieser Gegensatz ist hier zu dem Reich der Riesen („Jötune") im Norden und dem Reich der Alfen im Süden geworden.

Die Brüder teilten das Reich in der Weise, daß Norr das Land in der Mitte erhielt – von Jötun-Heim im Norden bis nach Alf-Heim im Süden; dies ganze Land wird nun Norwegen genannt.

III 1. h)   Saga über Thorstein Wiking-Sohn

Von den Germanen ist bekannt, daß sie es möglichst vermieden, einen Menschen in der Nacht, d.h. dann, wenn die Sonne im Norden ist, zu töten.

Die Wikinger vermieden es, einen Mann in der Nacht zu töten.

III 1. i)   Saga über Thorstein Wiking-Sohn

Inzwischen gelang es ihnen, Thorstein mit Schilden zu umgeben und ihn gefangen-zunehmen. Aber es war schon beinahe Nacht, sodaß sie fanden, daß es schon zu spät sei, um ihn zu töten, sodaß man Fesseln an seine Füße legte und seine Hände mit einer Bogensehne band. Zwölf Männer hielten die Nacht über Wacht rings um ihn.

III 1. j)   Hrafnkell-Saga

Auch mit Hinrichtungen wartete man stets bis zur Mittagszeit. Dies könnte damit zusammenhängen, daß man davon ausging, daß des nachts getötete Männer in das dunkle Niflheim im Norden gelangten und am getötete Männer in das helle Muspel-heim im Süden.

Da ergriffen sie Hrafnkell und seine Männer und banden ihre Hände rückwärts zusammen. Hierauf erbrachen sie den Aussenbau und zogen die Seile von den Haken herunter; dann nahmen sie ihre Messer und stachen Löcher in die Kniekehlen der

Gefesselten, zogen Seile hindurch, warfen diese über die Stange und banden dergestalt acht zusammen.

Da sprach Thorgeirr: „So bist Du nun, Hrafnkell in die Lage gekommen, welche Du verdient hast, und es mochte Dir wohl unwahrscheinlich geschienen haben, daß Du solche Schmach von einem Manne erleiden solltest, wie Dir jetzt zuteil geworden ist. Aber was willst Du, Thorkell, jetzt tun? Hier bei Hrafnkell sitzen und ihn und die seinigen bewachen, oder Dich mit Samr auf Pfeilschußweite vom Hofe entfernen und auf einem steinigen Hügel, wo weder Acker noch Wiese ist, das Exekutionsgericht vollziehen?"

Dies sollte zu der Zeit geschehen, wenn die Sonne gerade im Süden stünde.

Thorkell antwortete: „Ich will hier bei Hrafnkell sitzen; dies scheint mir weniger beschwerlich."

In diesem Text wird gesagt, daß Hinrichtung am Mittag (Sonne im Süden) statt-finden sollten – das „nicht in der Nacht töten" der beiden vorigen Texte ist offenbar die Negativ-Formulierung dieser Ansicht.

III 1. k)   Der Ausspruch der Seherin

Der Herrscher des Südens ist ein Riese mit dem Namen „Surtur" („Schwarzer"). Er besitzt ein Schwert, das wie die Sonne leuchtet. Dies ist der ehemalige Göttervater, Sonnengott und Schwertgott Tyr, der im Jenseits zur schwarzen Nachtsonne geworden ist.

Der Kampf zwischen ihm und den neuen Herren in Asgard, also Thor und Odin, ist ein prägendes Thema in der germanischen Mythologie.

Surtur, fährt von Süden mit flammendem Schwert,
Von seiner Klinge scheint die Sonne der Götter.

III 1. l)   Atli-Lied

In diesem Lied wird der Süden in einer Schwurformel mit der Mittagssonne asso-ziiert.

Gudrun:

„So ergeh es Dir, Atli, wie Du Gunnarn hältst
Oft geschworen Eide, die ihr einst gelobt
Bei der südlichen Sonne, bei Sigtyrs Berg,
Bei des Ehbetts Frieden, bei Ullers Ring.

Sigtyr = siegreicher Tyr; sein Berg = sein Hügelgrab = Tyr-Kultplatz
Frieden des Ehebetts = möglicherweise die Wiederzeugung des Tyr im Jenseits
Ullr = Tyr in der winterlichen Unterwelt

III 1. m)   Das dritte Lied über Sigurd Fafnir-Töter

Die Bezeichnung des Sigurd als „Südlicher" ist nicht als „der aus dem Süden" übersetzbar, da nirgendwo gesagt wird, daß er Sigrun/Brünhild im Norden gefunden hat.

Es ist allerdings auch unsicher, „Südlicher" einfach mit „der wie die Mittagssonne in voller Kraft Stehende" zu übersetzen.

Die Bedeutung von „Südlicher" geht vermutlich auf Tyr zurück, da Sigurd eine Saga-Variante des ehemaligen Sonnengott-Göttervaters ist (siehe den Band 38 über Sigurd-Siegfried).

Sigurd der Südliche legte sein Schwert,
Die zierliche Waffe, mitten zwischen sie.
Er küßte nicht die Königin,
Der hunnische Held hob sie nicht in den Arm.

III 1. n)   Darrardar-Lied

Dieses Walküren-Lied endet damit, daß die 12 Walküren wieder von der Schlacht, die sie gelenkt haben, heimreiten – 6 nach Süden und 6 nach Norden.

Die Frauen stiegen auf ihre Rosse und ritten davon – sechs nach Süden und sechs nach Norden.

Diese beiden Richtungen weisen sehr wahrscheinlich auf das gefürchtete Eis-Jenseits Niflheim der Hel im Norden und auf das erhoffte Sonnen-Jenseits der Alfen im

Süden hin – vielleicht jedoch auch auf die Sieger (Süden) und die Verlierer (Norden) der Schlacht.

III 1. o)   Die Vision der Seherin

Die „Nida-Berge" sind die „niederen Berge" oder die „Berge in der Tiefe", d.h. die Berge der Unterwelt. Sie sind die Heimat der Zwerge („Sindris Geschlecht"). Die „Nida-Berge" werden daher eine der vielen Umschreibungen der Hügelgräber sein, die hier sozusagen „Jenseits-Berge" genannt werden.

„Okolnir" bedeutet „Nie-kalt" und ist daher der Süden. Der Riese Brimir ist manchmal der Urriese Ymir und manchmal der ehemalige Göttervater Tyr als Riese im Jenseits. Tyr als der rangmäßig erste Riese und Ymir als der altersmäßig erste Riese sind oft miteinander identifiziert worden.

In diesen vier Versen wird der Norden dem Süden gegenübergestellt.

Nördlich stand an den Nidabergen
Ein Saal aus Gold für Sindris Geschlecht.
Ein andrer stand auf Okolnir:
Des Riesen Biersaal, Brimir genannt.

III 1. p)   Die Geschichte über Thirandi und Thorhall

In dieser Geschichte wird berichtet, wie Thirandi, der achtzehnjährige Sohn des Hall von Sida, die Warnungen Thorhalls des Sehers, der der Freund seines Vaters ist, mißachtet hat. Thorhall der Seher hatte gesagt, daß in der Julnacht die Seher dem Tod geweiht sind und daß demjenigen Schreckliches geschehen wird, der in dieser Nacht hiunausgeht.

Thirandi öffnete jedoch beim dritten Klopfen die Türe, weil er es nicht für ehrenhaft hielt, Gäste draußen stehen zu lassen. Da sah er neun schwarzgekleidete Frauen mit gezogenen Schwertern auf schwarzen Pferden von Norden her und neun weiße Frauen von Süden auf weißen Pferden auf den Hof reiten. Er wurde von den schwarzgekleideten Frauen getötet.

Thorhall erklärte Hall, daß dies die Fylgjas seiner Familie oder die Disen seien und daß die schwarzgekleideten wütend über den Wandel des Glaubens in Island seien, während die weißen Thirandi zwar helfen wollten, aber nicht dazu in der Lage waren.

In dieser Saga findet sich eine weitgehende Umdeutung der Nord-Süd-Polarität: „Norden => Tod => böse => Heiden" und „Süden => Leben => gut => Christen".

III 1. q)   Das andere Lied über Helgi Hunding-Töter

Die Walküre Sigrun wird von dem Geist des toten Helgi, der eine Saga-Variante des ehemaligen Sonnengott-Göttervaters Tyr ist, „Südliche" genannt. Dies bezieht sich möglicherweise darauf, daß die „guten Walküren" im Süden und die „todbringenden Walküren" im Norden wohnten. Evtl. ist die Bezeichnung der Walküre als „Südliche" aber auch nur ein Hinweis auf das Tyr-Jenseits im Süden.

Sigrun:
„Nun will ich küssen den entseelten König
Eh Du die blutige Brünne noch abwirfst.
Das Haar ist Dir, Helgi, in Angstschweiß gehüllt,
Ganz mit Grabestau (Blut) *übergossen der König;*
Die Hände sind urkalt dem Eidam Högnis:
Was bringt mir, Gebieter, die Buße dafür?"

Helgi:
„Du, Sigrun von Sewafiöll, bist schuld,
Daß Helgi trieft von tauendem Harm,
Du vergießest, Goldgezierte, grimme Zähren,
Sonnige, Südliche, eh Du schlafen gehst,
Jede fiel blutig auf die Brust dem Helden,
Grub sich eiskalt in die Angstbeklommene."

III 1. r)   Das erste Lied über Helgi Hunding-Töter

Auch in den folgenden Versen werden die Walküren „südliche Frauen" genannt. Die Walküren sind die Botinnen des Tyr, der im Süden am Himmel thront – nach der Absetzung des Tyr um 500 n.Chr. wurden die Walküren zu den „Mädchen des Odin".

Da brach ein Licht aus Logafiöll,
Und aus dem Lichte kam Wetterleuchten.
Helmträgerinnen sah man auf Himinwangi:
Ihre Brünnen waren mit Blut bespritzt
Und Strahlen standen still auf den Geren.

Da trug in der Frühe der Männerfürst
Die südlichen Frauen vom Schlachtfeld her:
Ob sie daheim bei den Helden wollten
Bleiben bei der Nacht? Die Bogen schnurrten.

Helmträgerinnen = Walküren
Himinwangi = Himmelsfeld = Himmel

III 1. s) Das Wieland-Lied

Die Bezeichnung der Walküren als „Frauen des Südens" u.ä. ist recht weit verbreitet gewesen:

Durch Myrkwid flogen Mädchen von Süden,
Alwit die junge, Urlog zu entscheiden.
Sie saßen am Strande der See und ruhten;
Schönes Linnen spannen die südlichen Frauen.

Fliegende Mädchen = Walküren in Schwanengestalt
Urlog = Schicksal, Kampf

III 1. t) Skaldskaparmal

In der folgenden Strophe sitzt die Norne Urd im Süden an einer Quelle. Urd, die sonst an der Quelle zwischen den Wurzeln des Weltenbaumes am Nordpol sitzt, ist hier wie die Walküren im Süden.

„Roms mächtiger Herrscher", also der Papst, scheint hier dem Tyr verglichen zu werden. Es ist zudem auch denkbar, daß Roms Herrscher als Führer der Christen als der Schicksalsbestimmer angesehen worden ist und Eilifir deshalb bildhaft sagt, daß er an der Quelle der Nornen sitzt – derartige Bilder haben oft mehrere Bedeutungen gleichzeitig.

So sang Eilifir Godrunason:
„So hat Roms mächtiger Herrscher
in den Felsen-Reichen seine Macht
bestätigt – sie sagen, er säße
im Süden an der Quelle der Urd."

41

III 1. u)   Lausavisur des Thjodolfr Arnorson

In dem folgenden Loblied auf König Harald III von Norwegen, das um 1050 n.Chr. verfaßt worden ist, sind die beiden Richtungen „Süden" und „Norden" zunächst einmal nur Angaben von Himmelsrichtungen.

Der Baldur der Brünnen-Versammlung (Sveinn)
hat dem Baldur der Schwertgurt-Stacheln (Harald) *die Treue gebrochen –*
der Brecher des Schlangen-Landes (Sveinn),
der das Land weiter im Süden beherrscht.
Daher muß der Njörd
des zusammenprallenden Schild-Sturmes im Nordens (Harald)
noch fester zu seinem Wort stehen
und hervorragender sein.

 Brünnen-Versammlung = Kampf
 Schwertgurt-Stacheln = Schwerter
 Schlangen = Totengeister; deren Land = Goldschatz im Hügelgrab; Zerbrecher des Goldes = freigiebiger Fürst
 Schild-Sturm = Kampf

Möglicherweise sind die beiden Zuordnungen des Baldurs zum Süden und des Njörd zum Norden jedoch nicht nur zufällig – Baldur ist der Sommergott und somit mit dem warmen Süden verbunden und Njörd ist der ehemalige Sonnengott-Göttervater Tyr in der winterlichen Unterwelt in dem nördlichen Eis-Jenseits Niflheim.

III 1. v)   Die Saga über Olaf Tryggvason

In der folgenden Textstelle, die schon in dem Kapitel über den Osten angeführt worden ist, befindet sich ein Stier sowie ein Schar von Landgeistern („Pukis") im Süden.

Als er in die Nähe des Landes kam, zog er im Norden Islands herum zu der West-seite des Landes, wo er sah, daß all die Berge und Hügel voller Schutzgeister waren – einige groß, andere klein. Als er zum Vapnafjord kam, näherte er sich dem Land und hatte vor, dort an Land zu gehen, aber dort stürzte ihm ein riesiger Drache mit einem Gefolge von Schlangen, Fröschen und Kröten entgegen, die ihm Gift entgegenspien.
Da wandte er sich nach Westen und umkreiste die Insel bis hin nach Eyjafjord und schwamm in diesen Fjord hinein. Da flog ihm ein Vogel entgegen, der so groß war,

daß seine Flügel über die Berge auf beiden Seiten des Fjordes reichten. Er wurde von vielen anderen großen und kleinen Vögeln begleitet.

Da schwamm er noch weiter nach Westen und dann nach Süden bis in den Breida-fjord. Als er den Fjord schwamm, stürmte ihm ein grauer Stier entgegen und brüllte fürchterlich. Ihm folgte eine Schar von Landgeistern.

Von dort schwamm er weiter um die Insel herum bis nach Raykjanes und wollte in Vikarsskeid an Land gehen, doch dort stürzte ihm ein Bergriese mit einem eisernen Stab in den seinen Händen entgegen. Er war einen Kopf größer als die Berge und viele andere Riesen folgten ihm.

Der Magier schwamm in seiner Wal-Gestalt ostwärts an der Küste entlang, wo, wie er berichtete, nichts außer Sand und weites Ödland zu sehen war und wo außerhalb der Schären die Brandung hoch emporschäumte. Das Meer zwischen den Ländern war so breit, daß man es mit einem Langschiff nicht überqueren konnte.

Zu dieser Zeit lebte Brodhelge in Vapnafjord, Eyjolf Valgerdson in Eyjafjord, Thord Geller in Breidafjord und Thorod Gode in Olfus.

Da wandte der dänische König Harald seine Flotte und segelte zurück nach Däne-mark.

Der Stier ist das übliche Opfertier für Tyr. Die Pukis sind möglicherweise mit den Zwergen identisch – sie wären dann die Ahnen im südlichen Jenseits des Tyr und somit auch mit den Alfen identisch.

III 1. w) Sonnenlied

In diesem Lied erscheint im Süden nicht der Stier, sondern das zweite der beiden Opfertiere für den Göttervater: der Hirsch.

Den Sonnenhirsch sah ich von Süden kommen
Von zwein am Zaum geleitet;
Auf dem Felde standen seine Füße,
Die Hörner hob er zum Himmel.

Der Süden wurde mit dem Muspelheim des Göttervaters und mit den Alfen im Himmelsjenseits assoziiert. Die Hirsche waren ein beliebtes Opfertier bei Bestattungsritualen.

Zumindestens bei den Kelten, die die direkten Nachbarn der Germanen waren, wurden auch die Ritualwagen, auf denen der Met in einem großen Kessel transportiert wurde, manchmal von zahmen Hirschen gezogen. Es wäre somit denkbar, daß die

Hirsche hier die Boten des Göttervaters sind – zumal die Sonne, denen der Göttervater verglichen wurde, im Süden am höchsten steht und die größte Kraft hat.

Der Hirsch ist auch die Gestalt der beiden Söhne des Tyr, die Alcis („Elch, Hirsch") genannt wurden und die u.a. der Ursprung der beiden zauberkundigen Zwerge sind (siehe den Band 12 über die Alcis). Da Tyr ist Süden wohnt, sollen sich auch seine beiden Söhne, die in der Gestalt von zwei Rossen (oder Hirschen?) seinen Sonnen-Streitwagen ziehen, im Süden befinden.

III 1. x)   Haustlöng

Auch Idun befindet sich normalerweise im Süden, d.h. dort, wo der ehemalige Sonnengott-Göttervater Tyr am stärksten ist – im Reich der Mittagssonne am Südhimmel.

Die Bewohner der Rand-Berge
waren nicht unglücklich darüber,
daß Idun von Süden her
zu den Riesen gekommen war.
Alle Sippen des Yngvi-Freyr,
nun alt und grau,
versammelten sich zum Thing:
die Regin waren häßlich anzusehen, ...

Rand-Berge = der schmale Gebirgsstreifen von Utgard rings um das Weltenmeer; Utgard-Bewohner = Riesen

von Süden her = Hier wird das Heim der Riesen mit dem Niflheim-Jenseits im hohen Norden assoziiert, zu dem Idun „von Süden her" kommt. Sie entspricht hier den „Walküren im Süden".

alle Sippen des Yngvi-Freyr = Asen und Wanen

Regin = Könige = Asen

III 1. y)   Die Saga über Pfeile-Odd

Hjalmar:
„Und von Süden her
fliegt der Rabe,
und hinter ihm
folgt in begleitend der Adler;

Ich opfere ihm Fleisch,
um den Adler zu speisen –
er verläßt seinen Ast.
Er wird mein Blut trinken."

Der Adler im Süden könnte der Seelenvogel des Tyr in dessen Halle Gimle im Südhimmel sein. Das Bild in den Versen wäre dann eine Vermischung der Opfergaben an den Tyr-Adler mit dem Motiv des Fütterns der Raben und Adler mit den Leichen der im Kampf gefallenen Krieger.

III 1. z)   Die Saga über Hervor und König Heidrek den Weisen

„Du hast eine große Lüge gehört,
die kaum Wahrheit enthält;
Dein Vater war unter den Männern
als ein Edler bekannt.
Mit Erde bedeckt
steht Angantyrs Halle
auf Samsey,
im Süden der Insel."

Der Held Angantyr („Schreckens-Tyr"), der das Schwert Tyrfing („Tyr-Finger") bei sich in seinem Hügelgrab hat, ist eine Saga-Variante des Tyr. Vermutlich befindet sich seine „mit Erde bedeckte Halle", d.h. die Grabkammer in seinem Hügelgrab aus diesem Grund im Süden der Insel.

III 1. aa)   Das andere Lied über Helgi Hunding-Töter

Nach seinem Tod verläßt Helgi sein Hügelgrab und zeigt sich Sigrun, die daraufhin zu ihm ins Hügelgrab geht und sich dort mit ihm vereint – eine sehr deutliche Darstellung der Wiederzeugung.

Sigruns Magd ging am Abend zum Hügel Helgis und sah, daß Helgi zum Hügel ritt mit großem Gefolge.

Magd:
„Ist es ein Traum, den ich zu schauen meine,
oder Ragnarök, daß Tote reiten
und die Rosse hierher anspornen
oder ist nun den Helden Heimfahrt gewährt?"

Helgi:
„Es ist weder ein Traum, was Du zu schauen meinst,
Noch das Ende der Welt, obwohl Du uns
Die raschen Rosse anspornen siehst,
und den Helden ist auch nicht Heimfahrt gewährt."

Da ging die Magd heim und sprach zu Sigrun:
„Geh hinaus, Sigrun von Sewafiöll,
Wenn Du den Volksfürsten sehen willst:
Der Hügel ist offen, Helgi ist gekommen.
Die Schwert-Spuren bluten; der König bittet Dich,
daß Du ihm seine Wunden pflegst."

Sigrun ging in den Hügel zu Helgi und sprach:
„Nun bin ich so froh über unser Treffen,
Wie die aasgierigen Habichte Odins,
Wenn sie Leichen wittern und warmes Blut,
Oder Tau-feucht das Morgenrot sehn.

Diese Weise, ihre Wiedersehensfreude zu beschreiben, entspricht ganz dem Wesen der Walküre Sigrun – schließlich bringen die Walküren die Schlachten zu den Menschen.

Als erstes will ich den leblosen König küssen
Eh du die blutige Brünne ablegst.
Das Haar ist Dir, Helgi, Frost-farben geworden,
Und feucht bist Du vom Tau des Todes;
Eiskalt sind die Hände des Mannes aus Högnis Sippe;
Was kann ich tun, Fürst, um Dir Erleichterung zu bringen?"

Der „Tau des Todes" ist eine Kenning für „Blut".

Helgi:
„Du allein, Sigrun von Sewafiöll,
Bist schuld, daß Helgi schwer ist vom Tau,
Goldbekleidete Maid, Deine Tränen sind schwer
– sonnengleiche Süd-Maid, bevor Du schliefst –
jede von ihnen fällt wie Blut auf des Helden Brust
– ausgebrannt, kalt, und sorgfältig zerdrückt."

Helgi versucht Sigrun zu beruhigen und sagt, daß er nur von ihren Tränen feucht und kalt ist.

Die Umschreibung „sonnengleiche Süd-Maid" erinnert sehr an die Walküre „Swanhild Sonnenstrahl". Der Süden ist sehr oft der Ort, von dem die Walküren kommen – aus der Jenseitshalle des Tyr am südlichen Himmel.

Die beiden letzten Worten in der letzten Zeile sind etwas unklar – vielleicht ist gemeint, daß der Stoff von Helgis Kleidung die Tränen aufgesaugt hat.

III 1. ab) Sudri

Der folgende Text ist die Zusammenfassung der Betrachtung des Sudri in Band 32.

Der Zwerg „Sudri" („Südlicher") steht zusammen mit seinen drei Brüdern am Rand der Welt auf dem ringförmigen Utgard-Gebirge, der das Weltmeer umgibt, in dessen Mitte die Insel Midgard liegt, und trägt den Himmel, d.h. den Schädel des Urriesen Ymir.

Er ist der Sohn des ehemaligen Göttervaters Tyr und der Jenseitsgöttin, die in den Mythen als Gefion, Freya und Huldar erscheint. Er wurde manchmal als Zwerg und manchmal als Riese aufgefaßt, aber stets als Jenseits-Wesen.

Seine Kategorisierung als Erd-Zwerg aus der Sippe des Durin ist sicherlich eine recht neue Systematisierung.

Sudri ist wie seine drei Brüder möglicherweise gehörnt – entweder mit dem Geweih eines Hirsches oder mit den Hörnern eines Stieres. Hirsch und Stier waren die Opfertiere des Göttervaters Tyr. Auch die Hörner kennzeichnen ihn als ein Jenseitswesen, da die Toten bei ihrer Bestattung mit dem für sie geopferten Herdentier, das meistens gehörnt war, identifiziert wurden.

Als Hirsch und als einer der vier Zwerge, mit denen sich Freya vereinte, um von ihnen ihren goldenen Halsreif Brisingamen zu erhalten (eine Umdeutung der ursprünglichen Mythe) hat der Himmelsträger zwei weitere Namen: Der Zwerg „Sudri" („Südlicher") ist mit der Mittagssonne im Süden verbunden und entspricht dem Feuer des Sonnengott-Götterkönigs Tyr: dem Hirsch „Dunneir" („der über Feuer geht") und dem Zwerg „Allfrigg" („All-König").

Die Erschaffung der Midgard-Insel wurde auf die Erschaffung der Insel Seeland übertragen. In dieser Mythe helfen Sudri und seine drei Brüder in der Gestalt von vier Stier-Riesen der Gefion auf ähnliche Weise wie sie als die vier Hirsch-Zwerge den Asen bei der Erschaffung des Himmels geholfen haben.

Die vier Riesen sind ein relativ häufiges Motiv in den mittelalterlichen Heldensagen, was zeigt, wie tief verwurzelt das Motiv der vier Himmelsträger gewesen sein muß.

III 1. ac)   Die Geschichte über Gunnlaug Schlangenzunge

Es ist in dieser Geschichte unsicher, ob der Süden nur eine geographische Richtung darstellt oder ob er eine mythologische Bedeutung hat.

Die Sonne brannte heiß und verursachte Thorstein und dem Normann Beschwerde; und als sie die Wand aufgerichtet, da setzten sich beide auf dem Zeltplatze nieder und Thorstein schlief ein und warf sich im Schlafe unruhig hin und her. Der Normann saß bei ihm und ließ ihn ungestört seinen Traum genießen; als jener aber dann aufwachte, fühlte er sich unbehaglich.

Da fragte ihn dar Normann, was ihm geträumt hätte, da er so unruhig geschlafen. Thorstein versetzte: „Träume haben nichts zu bedeuten!"

Als sie aber gegen Abend heim ritten, fragte der Normann noch einmal, was Thorstein geträumt habe.

Thorstein sprach: „Wenn ich Dir den Traum sage, dann sollst Du ihn auslegen, wie er ist!"

Der Normann entgegnete, er wolle es versuchen.

Da sprach Thorstein: „Mir träumte, ich wäre zu Hause in Borg und stünde außen vor der Haupttür; da sah ich an dem Hause hinauf und sah oben an der Dachkante einen schönen Schwan sitzen, der mir gehörte und mir außerordentlich wohlgefiel. Da sah ich oben von den Bergen her einen großen Adler fliegen; er flog hinzu und setzte sich neben den Schwan und zwitscherte zärtlich mit ihm, und jener schien das ganz gut aufzunehmen. Der Adler war schwarzäugig und hatte eiserne Klauen an sich und schien mir ein tüchtiges Thier zu sein.

Dann sah ich einen anderen Vogel von Süden her fliegen; auch dieser kam nach Borg, setzte sich auf das Haus zum Schwan und wollte ihn für sich gewinnen. Auch das war ein großer Adler. Aber bald schien mir der Adler, der zuerst dagewesen war, gar zornig über den neuen Ankömmling zu werden, und sie stritten heftig und lang, und ich sah, dass beide bluteten. Damit schloß ihr Kampfspiel damit, daß beide, jeder nach einer anderen Seite hin, von der Dachkante fielen und tot waren. Aber der Schwan blieb sitzen, sehr traurig und betrübt.

Da sah ich einen Vogel von Westen her fliegen, das war ein Habicht; er setzte sich zum Schwan und tat schön mit ihm, und dann flogen beide fort nach derselben Himmelsrichtung zu; und da erwachte ich.

Und", fügte er hinzu, „dieser Traum hat nichts zu bedeuten; das wird Stürme anzeigen, daß sie sich in der Luft treffen, und zwar von den Himmelsrichtungen her, aus denen die Vögel kamen."

Der Normann sprach: „Das ist meine Ansicht nicht, daß es sich so verhält."

Thorstein versetzte: „Nimm Dir aus dem Traume das, was Dir am wahrscheinlichsten scheint und laß es mich hören!"

Der Normann, sprach: „Die zwei Vögel mögen die Hamingjas von Männern sein; Deine Gattin aber ist unpäßlich und wird ein hübsches Mädchen zur Welt bringen, das Du sehr lieben wirst; dann werden zwei stattliche Männer um Deine Tochter anhalten, aus den Gegenden des Landes, woher Dir die Adler zu kommen schienen; beide werden die heftigste Liebe zu ihr fassen, werden um sie kämpfen und beide dabei ihr Leben lassen. Dann wird ein Dritter um sie freien aus der Richtung, wo der Habicht herkam, und mit ihm wird man sie verheiraten. Nun habe ich Deinen Traum gedeutet, und ich glaube, es wird so kommen!"

Thorstein versetzte: „Übel ist der Traum ausgelegt und nicht gerade wohlwollend, und ich hoffe, daß Du Dich nicht gut auf das Traumdeuten verstehst!"

„Du wirst ja die Probe machen können", entgegnete jener, „wie die Sache gehen wird!"

Thorstein zeigte sich von da an kalt gegen den Normann; dieser segelte dann im Sommer wieder fort und kommt nun in der Geschichte nicht mehr vor.

III 1. ad)   Die Saga über Hovard von den Eisfjord-Leuten

Auch in dieser Geschichte ist es schwer zu entscheiden, ob „Süden" nur eine geographische Richtung ist oder ob der „Süden" eine tiefere Bedeutung hat.

Nun ist zu erzählen, was sich unterdessen daheim auf Otrardal begab.

Sie schliefen wie gewöhnlich die Nacht hindurch im Vorrathshaus; gegen Morgen jedoch erwachten sie darüber, dass Atli in so schweren Träumen lag und dabei so schrecklich stöhnte, daß keiner mehr schlafen konnte; er wälzte sich nämlich voll Angst und Unruhe auf dem Lager hin und her, ächzte und schlug mit Armen und Beinen aus, bis Thorfi Valbrandsson endlich aufsprang, ihn weckte und ihm sagte, daß keiner von ihnen mehr schlafen könnte wegen des Lärmes, den er da machte.

Atli setzte sich im Bett auf und fuhr mit der Hand über seine Glatze hin. Hovard frug ihn, ob er denn einen so schweren Traum gehabt habe?

Das habe er freilich, sagte Atli, „es kam mir vor," hub er an zu erzählen, „als ginge ich hinaus aus dem Vorratshaus und sähe da achtzehn Wölfe vom Süden her über das Feld laufen, und diesen voran lief ein Fuchs, der war so falsch und bösartig anzuschauen, wie ich noch nie ein anderes Thier gesehen habe; ein Gesicht machte er, so heimtückisch und scheußlich, dass einem dabei angst und bange ward. Das Untier sah sich ringsum mit scharfen und stechenden Augen um, und auch die andern Tiere sahen sämtlich entsetzlich aus. Doch gerade im nämlichen Augenblick, wo sie zum Hofe herkamen, weckte mich Thorfi auf, und das ist einmal gewiß, daß die Tiere Menschengedanken bedeuten, und drum wollen wir jetzt gleich aufstehen."

Atli tat, wie er es zu tun pflegte, sprang auf, zog schnell sein Wamms an und schoß dann davon wie ein Pfeil; die andern griffen zu Schwert und Streitaxt und rüsteten sich auf das Mordlichste; und als sie fertig waren, kam auch Atli wieder zurück, und nun hatte er einen starken Panzer an und ein blankes Schwert in der Hand.

„Wahrscheinlich ist es," sagte er, „daß es nun gehen wird, wie es sich ohnehin schon mancher gedacht hat; daß es nämlich meinem Schwager Steinthor nicht viel helfen wird, euch hierher gebracht zu haben; doch bitt' ich euch nun, meinem Rat und Befehl zu folgen, wie wir es jetzt anfangen und wie wir uns in Kampfordnung stellen. Erstlich rate ich dazu, daß wir hinausgehen, und sie mit dem Rücken gegen die Hauswand gekehrt erwarten, und uns nicht da herinnen niedermetzeln lassen; ich glaube auch, daß ihr nicht etwa im Sinn habt zu fliehen, was da auch kommen möge."

Und Mann für Mann sagten sie, daß es so wäre, wie er sagte.

III 1. ae) Zusammenfassung

Der Süden ist die Richtung, in der die Sonne am Mittag am höchsten steht und daher am stärksten ist. Daher ist der Süden die Richtung der Sonne.

Die Südhälfte der Welt ist das heiße Muspelheim, die Nordhälfte ist das kalte Niflheim.

Im Süden befindet sich im Himmel in dem Bereich, der „Okolnir" („Nie-kalt") oder „Alfheim" („Alfen-Heim") genannt wird, die Halle „Gimle" („Alter" = „Adler"). Diese schönste aller Hallen mit Gold gedeckt und strahlt heller als die Sonne. In ihr leben die Lichtelfen, d.h. die Menschen, die ein gutes Jenseits verdient haben. Diese Halle übersteht den Ragnarök.

50

In Gimle und im Süden allgemein herrscht der Tyr-Riese, der Surtur oder Muspel genannt wird. Surtur trägt das flammende Sonnenschwert des ehemaligen Göttervaters, Sonnengottes und Schwertgottes Tyr.

Diese Halle im Süden wurde auch „Bierhalle des Brimir" genannt.

Der Süden ist auch die Richtung des Sommergottes Baldur – der Norden wurde mit Njördr assoziiert.

Da Tyr als Göttervater auch ein Gerichtsgott ist, schwur man u.a. „bei der südlichen Sonne" und „bei dem Bett des Sigtyr" (Bett = Hügelgrab).

Die Eingänge fast aller Hallen, Tempel und Hügelgräber weisen nach Süden – zu der Sonne und zu dem ehemaligen Sonnengott-Göttervater Tyr.

Anscheinend hatte man die Ansicht, daß nachts verstorbene Tote in das üble Niflheim-Jenseits im Norden gelangten und am Tage verstorbene Tote in das gute Muspelheim-Jeneits im Süden. Daher wurden Hinrichtungen stets Mittags durchgeführt. Möglicherweise galt der Mittag auch als die Zeit des Tyr und somit als die Zeit der Gerechtigkeit.

Auch die Walküren wurden manchmal in die Üblen aus dem Norden und in die Guten aus dem Süden eingeteilt. In der Regel wurde der Süden, also die Himmels-Halle des Tyr, als die Heimat der Walküren und auch der Idun angesehen.

Möglicherweise wurde das Adjektiv „südlich" auch im Sinne von „in seiner vollen Kraft stehend" gebraucht – aber das ist nicht sicher.

Island wurde im Süden von einem Stier und von den Landgeistern („Pukis") beschützt. Auch der Hirsch war ein Tier des Südens, der in Ritualen oder Prozessionen von zwei Männern geführt wurde – er wurde „Sonnenhirsch" genannt und geht vermutlich auf die beiden Pferde-Söhne des Tyr, die auch „Alcis" („Hirsche") genannt wurden, zurück. Stier und Hirsch sind die beiden Opfertiere für den ehemaligen Göttervater Tyr gewesen.

Der möglicherweise gehörnte Zwerg Sudri trägt die Himmelskuppel im Süden. Er kann auch als Stier erscheinen und ist mit dem Hirsch „Dunneir" („der über Feuer geht") und dem Zwerg „Allfrigg" („All-König") identisch. Er ist der Sohn des Tyr-Riesen und der Göttin Gefion/Freya/Huldar.

51

III 2.   Sommer

III 2. a)   Der Sommer bei den Germanen

Der Sommer dauerte bei den Germanen nur drei Monate – der Winter hingegen neun Monate. Über den Winter gibt es in den Schriften der Germanen deutlich mehr Informationen als über den Sommer – über das Unangenehme läßt sich lange und ausführlich und detailreich reden, während das Angenehme in wenigen Worten schnell gesagt werden kann (wie Tolkien im „Hobbit" so treffend anmerkt).

III 2. b)   Der Begriff „Sommer"

Das altnordische Wort für „Sommer" lautete „sumar". Es stammt von dem germani- schen „sumeraz, sumaraz" mit derselben Bedeutung ab. Auch die indogermanische Wurzel „sem" dieses Wortes klang nicht sehr viel anders und hatte ebenfalls die Bedeutung „Sommer". Der eurasiatische Ursprung dieses Wortes ist „sunu", das sich zusammen mit dem Wort für „Seele", das ebenfalls „sunu" lautet, von dem Substantiv „sianu" für „Sonne" ableitet.

Der Sommer ist somit letzten Endes die „Sonnen-Zeit".

Die Seele ist bei den Eurasiaten ursprünglich als die „Sonne im Menschen" benannt worden – deren Sitz das Herzchakra/Sonnenchakra ist. Dazu paßt in der alten nord- germanischen Mythologie, daß die Alfen, also die Seelen der Verstorbenen in der Halle des ehemaligen Sonnengott-Göttervaters Tyr am südlichen Himmel lebten.

Der altnordische Wortschatz enthält einige mit „sumar" gebildete zusammengesetz- te Substantive:

sumar-dagr	= Sommertag
sumar-natt	= Sommernacht
sumar-full	= sommerliche Fülle = große Fülle
sumar-höll	= Sommer-Palast, Sommer-Residenz
sumar-magn	= Mittsommerzeit
sumar-lidi	= Sommer-Fahrer = Wikinger, der im Sommer auf Raubfahrt zog
sumar-auki	= die Woche, die jedes siebte Jahr am Ende des Sommers eingefügt wird (entspricht von ihrer Funktion her unserem Schalttag in jedem vierten Jahr)

Der Sommer ist diesen zusammengesetzten Substantiven zufolge somit die warme Zeit der Fülle gewesen, in der die Wikinger auf Raubfahrt zogen und in der man das Mittsommerfest feierte.

III 2. c)   Gylfis Vision

Snorri Sturluson erklärt das Wesen des Sommers und des Winters durch den Charakter der Väter dieser beiden Jahreszeiten, die als zwei Götter aufgefaßt wurden.

Da frug Gangleri: „Wie kommt es, daß der Sommer heiß ist und der Winter kalt?"

Har antwortete: „Nicht soll ein kluger Mann also fragen, denn hiervon weiß ein jeder Kunde zu geben. Wenn Du aber allein so unwissend bist, daß Du dies nie gehört hast, so will ich Dir lieber zulassen, daß Du einmal unweise fragst, als daß Du länger dessen unkundig bleibst, was ein jeder wissen sollte.

Swasud heißt der Vater des Sommers; der ist so wonnig, daß nach seinem Namen alles süß heißt, was milde ist.

Aber der Vater des Winters heißt bald Windloni, bald Windswal, und dieses Geschlecht ist grimmig und kaltherzig und der Winter artet ihm nach."

Swasud = „lieblicher Süden"
Windloni = „Windbringer"
Windswal = „Windkühl"

Der Sommergott ist in den alten, Tyr-zentrierten Mythen Tyr gewesen, der Wintergott ist Loki gewesen.

III 2. d)   Skaldskaparmal

In diesem Skaldenkunst-Lehrbuch findet sich eine ausführliche Schilderung von Thors Kampf mit dem Riesen Geirröd. In ihr wird die dreimonatige Gefangenschaft des Wintergottes Loki genannt, die ursprünglich der sommerlichen Herrschaft des Tyr, der in dieser Mythe bereits zu dem dem Jenseitsriesen Geirröd geworden ist, entsprochen hat.

Es verdient gar sehr erzählt zu werden, wie Thor nach Geirrödsgard fuhr, denn da hatte er weder den Hammer Miölnir, noch den Stärkegürtel, noch die Eisenhandschuhe bei sich, woran Loki schuld war, der ihn begleitete.

Der Hammer ist Thors Waffe, mit der er vermutlich auch den Donner erzeugt. Dieser Hammer wurde schon bei den Hethitern um ca. 1400 v.Chr. erwähnt.

Der Stärkegürtel und die Eisenhandschuhe sind hingegen martialische Umdeutungen der „Amts-Insignien" der Priester und Seherinnen. Sowohl der Gürtel als auch die Handschuhe werden in den Isländersagas mehrmals zusammen mit dem Stab als Kennzeichen der Seherinnen beschrieben (siehe auch „Gürtel und Handschuhe" in Band 60).

Denn dem Loki war es einstmals begegnet, als er zu seiner Kurzweil mit Friggs Falkenhemd ausflog, daß er aus Neugierde nach Geirrödsgard flog, wo er eine große Halle sah. Da ließ er sich nieder und sah ins Fenster. Aber Geirröd erblickte ihn und befahl, den Vogel zu greifen und ihm zu bringen. Der Ausgesandte gelangte mit Not die Hallenwand hinan, so hoch war sie. Loki ergötzte sich daran, wie jener ihm so mühsam nachstrebte, und dachte, es sei noch früh genug für ihn, aufzufliegen, wenn der Mann das Beschwerlichste überstanden habe.

Loki flog mehrfach mit Freyas Falkenhemd nach Utgard zu einem Riesen, der „Tyr in der Unterwelt" ist. Der Falke ist offenbar Lokis Seelenvogel.

Freya-Frigg ist die Jenseitsgöttin, mit der sich der Wintergott Loki im Sommer in der Unterwelt während der Diesseits-Herrschaft des Tyr vereint, um dann im Herbst von ihr wiedergeboren zu werden.

Der Sommergott Tyr vereint sich im Winter in der Unterwelt während der Diesseits-Herrschaft des Loki mit Freya-Frigg, um dann im Frühjahr wiedergeboren zu werden.

Als dieser nun nach ihm langte, da schlug er die Flügel und spreizte die Füße; aber diese hingen fest. Da wurde Loki ergriffen und dem Riesen Geirröd gebracht.

Diese Szene erinnert an die Thiazi-Mythe, in der Loki unter dem Weltenbaum mit einem Stab nach dem Adler-Seelenvogel des Tyr-Thiazi schlägt. Dieser Stab ist eigentlich der Stab der Priester und Seherinnen, der den Weltenbaum als die Verbindung zwischen Menschen und Göttern darstellt. Diese „religio" zwischen Midgard und Asgard wird in ironischer Weise wörtlich genommen, sodaß der Stab an Lokis Hand und an dem Gefieder des Adlers klebenbleibt.

Auch in der Geirröd-Mythe bleibt Loki auf diese umgedeutete Weise an Geirröd „kleben". Diese Umdeutung ist wie viele der Szenen aus dem Hymir-Lied vor allem eine Verhöhnung und Demütigung des ehemaligen Göttervaters.

Der Priesterstab ist hier zu einer Leimrute geworden, mit der man Vögel fängt.

Als der ihm in die Augen sah, da ahnte ihm, daß es ein Mann sein möge, und gebot ihm, Rede zu stehen; aber Loki schwieg. Da schloß ihn Geirröd in eine Kiste und ließ ihn da drei Monate hungern.

Diese drei Monate in einer Kiste sind ein Aufenthalt in der Unterwelt sein. Mit dem Wort „Kiste" wurde auch die Grabkammer in einem Hügelgrab bezeichnet.

Diese drei Monate sind Sommer, also der Teil des Jahres, in dem Loki in Hels Halle gefangen ist und deshalb keine Kälte bringen kann. Die Gefangenschaft des Loki bei Geirröd entspricht seiner Fesselung in der Höhle der Hel nach seinem Mord an dem neuen Sommergott Baldur, der in den Mythen nach 500 n.Chr. den ehemaligen Sommergott Tyr abgelöst hat.

Geirröd ist als Gegner des Loki wie Hymir der „Göttervater Tyr im Jenseits".

III 2. e) Jacob Grimm: Deutsche Mythologie

Die Betrachtungen Jacob Grimms über den Sommer und den Winter finden sich in voller Länge in dem noch folgenden Kapitel „Winter" in diesem Band.

Die Ergebnisse von Grimms Untersuchungen sind:

Die beiden wesentlichen Jahreszeiten sind der Sommer und der Winter. Das Jahr wurde als ein Kreis, also als ein zyklischer Vorgang angesehen.

Sommer und Winter sind zwei Männer, die wie zwei Könige oder Götter gegeneinander kämpfen. Der Sommer wird oft mit dem Monat Mai gleichgesetzt, mit dem er beginnt.

Das grüne Gras und das Laub der Pflanzen sowie die Blumen werden als der Sommergott angesehen oder als dessen grünes Gewand. Der Winter ist hingegen nackt – kahl wie die Wälder und Felder.

Ein sehr häufiges Element in dem Kampf des Sommers mit dem Winter ist das Ausstechen der Augen des Winters, das der Symbolik der Blindheit bei den Germanen entspricht (siehe „Blindheit" in Band 63).

Das Fest der Vertreibung des Winters, d.h. des Sieges des Sommergottes über den Wintergott ist nach der Christianisierung mit dem Osterfest verbunden worden, das zu ungefähr derselben Zeit stattgefunden hat. Vielleicht ist das Osterfest auch auf das Fest des Sommergott-Sieges gelegt worden, um das alte heidnische Fest allmählich umdeuten zu können – so wie man auch die Christgeburt, also Weihnachten auf das Fest der Sonnengeburt in der Julnacht gelegt hat.

Dieses sehr bewußte Vorgehen bei der Umdeutung der heidnischen Feste wird in der katholischen Kirche „kontextuelle Missionierung" genannt.

Mit dem Sieg des Sommergottes scheint ein Bär assoziiert worden zu sein. Er taucht u.a. noch in dem Märchen „Schneeweißen und Rosenrot" als verwunschener Prinz auf, in dem Schneeweißen auf den Beinamen „Schneeweiß-Goldschöne" der Mutter des Tyr, also der Freya-Menglöd zurückgeht.

III 2. f) Zusammenfassung

Der Sommer ist die Sonnen-Zeit, in der der Sonnengott-Göttervaters Tyr drei Monate lang herrscht. Am Ende des Sommers wird er von dem Wintergott Loki besiegt und muß nun an dessen Stelle für neun Monate in die Unterwelt. Am Ende des Winters besiegt Tyr Loki und kehrt ins Diesseits zurück und verbannt nun seinerseits Loki für drei Monate in die Unterwelt – aus diesem Fest ist dann später im Christentum Ostern geworden.

Die Germanen oder zumindestens Snorri Sturluson erklärten die warme Qualität des Sommers durch den milden Charakter und den Namen „Milde" („Swasud") seines Vaters.

Die Blätter der Pflanzen und die Blumen wurden manchmal als das Kleid des Sommergottes angesehen – dies ist jedoch möglicherweise eine recht späte Vorstellung.

Mit dem Sieg des Sommergottes scheint ein Bär assoziiert worden zu sein. Vermutlich wurde die Stärke des zurückkehrenden Sommergottes Tyr als Bär angesehen – und Tyr erwacht im Frühjahr in der Kammer seines Hügelgrabes wie ein Bär in seiner Höhle aus seinem Winterschlaf.

III 3.   Sommersonnenwende

Im Gegensatz zu Mittwinter („Jul") spielte Mittsommer in der Religion der Germanen offenbar kaum eine Rolle.

Es gibt zwar einzelne Erwähnungen, aber nur eher allgemeine Hinweise auf ein Ritual.

III 3. a)   Der altnordische Name für „Mittsommer"

Der Name „midsumar" bedeutet wörtlich „Mittsommer", also die Zeit in der Mitte des Sommers, d.h. der 21. Juni.

Der Name „ha-sumar" bedeutet „Hoch-Sommer".

Der Mittsommer-Tag wurde „midsumars-helgr" genannt, was „Mittsommer-Heiliger", „Mittsommer-Fest" oder „Mittsommer-Tyr" bedeutet, da „Helgr, Helgi, Helge" einer der Beinamen des ehemaligen Sonnengott-Göttervaters Tyr gewesen ist. Es läßt sich allerdings kaum entscheiden, ob mit „Helgr" in diesem Zusammenhang der „heilige Tag", das „Fest" oder „Tyr" gemeint ist. Immerhin legt dieser Begriff die Vermutung nahe, daß auch der Mittsommertag mit Tyr assoziiert worden ist und daß er auch in diesem Sinne gefeiert worden ist.

Etwas allgemeiner ist der Begriff „midsumar-skeid", der „Mittsommer-Zeit" bedeutet.

III 3. b)   Heimskringla-Prolog

Am Wintertag (erster Tag des Winters = Herbst-Tagundnachtgleiche) *soll ein Blutopfer für ein gutes Jahr dargebracht werden und an Mittwinter eines für eine gute Ernte; das dritte Opfer soll am Sommertag* (erster Tag des Sommers = Mittsommer) *sein – für den Sieg in der Schlacht.*

III 3. c)   Die Geschichte über Gunnlaug Schlangenzunge

In dieser Geschichte bezeichnet „Mittsommer" lediglich einen Zeitpunkt im Jahr.

Und nach dem Mittsommer erhielt Gunnlaug vom König die Erlaubnis, zu reisen, begab sich nach Norwegen und fand Jarl Eirek in Thrandheim, und zwar in Hladir.

III 3. d)   Egil-Saga

Im Frühjahr wurde beschlossen, daß im Sommer in Gaular ein großes Opferfest stattfinden sollte. Dort stand der berühmteste Haupttempel.

III 3. e)   Skaldskaparmal

Der Sommer dauerte bei den Nordgermanen 3 Monate und der Winter 9 Monate. Da sie das Jahr durch die vier Feste zu den beiden Sonnenwenden und zu den beiden Tagundnachtgleichen in vier gleiche Teile zu je drei Monaten eingeteilt hatten, stellt sich die Frage, welchen Teil sie als „Sommer" bezeichneten. Vermutlich ist dies der wärmste Teil des Jahres, also die Zeit zwischen der Sommer-Sonnenwende und der Herbst-Tagundnachtgleiche, die auch heute allgemein „Sommer" genannt wird.

Daraus ergibt sich, daß die dreimonatige Herrschaft des Tyr zu Mittsommer beginnt (Sieg des Tyr über Loki => Tyr kommt ins Diesseits) und am Herbstanfang endet (Sieg des Loki über Tyr => Tyr geht ins Jenseits).

Diese beiden Zeitpunkte wurden durch zwei Feste markiert, die drei Monate auseinanderlagen.

Ägir ging nach Asgard zu einem Fest, aber als er sich bereit machte, nach Hause zurückzukehren, lud er Odin und all die Asen ein, ihn in drei Monaten besuchen zu kommen.

Das erste dieser beiden Feste fand „auf Götter-Ebene" in Asgard, also im „Diesseits der Götter" statt, während das zweite Fest drei Monate später in der Halle des Ägir, der der ehemalige Göttervater Tyr als Jenseits-Riese ist, in der Wasserunterwelt gefeiert wurde.

Das Fest in Asgard fand somit auf Mittsommer und das Fest in Ägirs Halle zur Herbst-Tagundnachtgleiche statt.

Man kann wohl davon ausgehen, daß in den alten, Tyr-zentrierten Mythen der Nordgermanen vor 500 n.Chr. Tyr an Mittsommer aus der Unterwelt nach Asgard zurückgekehrt ist und daß Tyr dann an der Herbst-Tagundnachtgleiche von Loki getötet wieder in sie Grabkammer in seinem Hügelgrab zurückkehren mußte.

III 3. f) Lokasenna

In der Lokasenna wird über ein Streitgespräch in Ägirs Halle berichtet, das damit endet, daß Loki von den Göttern gefangen und in der Hel gefesselt wird.

Dieser Streit findet also in der Wasserunterwelt des Tyr-Ägir statt, der dann nach der Fesselung des Loki wieder frei wird, wodurch der Sommer beginnt.

Dieses Fest bei Ägir ist dasselbe Fest wie das ebengenannte, bei dem Tyr-Ägir die Asen eingeladen hat, ihn in drei Monaten besuchen zu kommen.

III 3. g) Skaldskaparmal

Während der drei Sommermonate wurde Loki von Tyr, der auch den Beinamen „Geirröd" trug, gefangengehalten:

Da schloß Geirröd Loki in eine Truhe ein und ließ ihn dort drei Monate lang hungern.

III 3. h) Gylfis Vision

Dieser Rhythmus von 9 Monaten und 3 Monaten findet sich auch in der Mythe über Njörd und Skadi.

Dabei ist Njörd der Sommergott Tyr – eigentlich Tyr in der Wasserunterwelt, die hier zu der Stadt Noatun am Meer geworden ist: Das Paar wohnt drei Nächte (d.h. Monate) am Meer in Noatuns Halle.

Skadi ist die Jenseits-, Winter- und Wiedergeburtsgöttin: Das Paar wohnt anschließend neun Nächte (d.h. Monate) in den Bergen, d.h. im winterlichen Hügelgrab des Tyr. Skadi wird in dem folgenden Text als die Tochter des Riesen Thiassi, d.h. des Tyr angesehen. Diese Umdeutung der Jenseitsgöttin als der Wiederzeugungs-Geliebten und der Wiedergeburts-Mutter des Göttervaters findet sich in den Mythen vieler Völker (siehe „Wiederzeugung" und „Inzest" in Band 51).

Der dritte Ase ist Niörd genannt, er bewohnt im Himmel die Stätte, welche Noatun heißt. Er beherrscht den Gang des Windes und stillt Meer und Feuer; ihn ruft man zur See und bei der Fischerei an. Er ist so reich und vermögend, daß er allen, welche ihn darum anrufen, Gut, liegendes sowohl als fahrendes, gewähren mag.

Er wurde in Wanaheim erzogen, und die Wanen gaben ihn den Göttern zum Geisel und nahmen dafür von den Asen zum Geisel den Hönir: so verglichen sich durch ihn die Götter mit den Wanen.

Niörds Frau heißt Skadi und ist die Tochter des Riesen Thiassi. Skadi wollte wohnen, wo ihr Vater gewohnt hatte, nämlich auf den Felsen in Thrymheim: aber Niörd wollte sich bei der See aufhalten. Da verglichen sie sich dahin, daß sie neun Nächte in Thrymheim und dann andere drei in Noatun sein wollten.

Aber da Niörd von den Bergen nach Noatun zurück kam, sang er:

„Leid sind mir die Berge; nicht lange war ich dort,
Nur neun Nächte.
Der Wölfe Heulen dauchte mich widrig
Gegen der Schwäne Singen."

III 3. i) Gylfis Vision

Der Wiedergeburt des Tyr und seinem Sieg über Loki geht die Wiederzeugung voraus, was in den Mythen alles auf denselben Termin fällt.

Da auch Freyr ein Götterkönig ist, findet sich auch bei ihm die Symbolik der neun Monate (hier: neun Nächten) Wartezeit – diesmal nicht die Wartezeit auf die Rückkehr ins Diesseits, sondern auf die Hochzeit mit der Jenseitsgöttin Gerdr.

Da fuhr Skirnir und warb um das Mädchen für ihn und erhielt die Verheißung, nach neun Nächten wolle sie an den Ort kommen, der Barrey heiße, und mit Freyr Hochzeit halten.

III 3. j) Gylfis Vision

Das Symbol für die Jenseitsreise war der Ring Draupnir, der zunächst Tyr und später den Odin gehört hat. Auch er hat die Symbolik der Zahl „9":

Odin legte auf den Scheiterhaufen den Ring, der Draupnir hieß, der seitdem die Eigenschaft gewann, daß jede neunte Nacht acht gleich schöne Goldringe von ihm tropften.

Das Motiv des Abtröpfelns von acht weiteren Ringen in der „neunten Nacht" ist wie die „neunte Nacht" in der Mythe über Njörd und Skadi ursprünglich die Rückkehr des Göttervaters aus dem Jenseits „nach neun Monaten" gewesen. Die „9" ist bei den

Indogermanen wie ein Adjektiv mit der Bedeutung „zum Jenseits gehörend" benutzt worden.

III 3. k)   Gylfis Vision

Auch Skirnir muß „neun Nächte" reiten, um in das Jenseits zu gelangen und von dort den „Sommergott" Baldur zurückzuholen.

Von Hermod aber ist zu sagen, daß er neun Nächte tiefe dunkle Täler ritt, so daß er nichts sah, bis er zum Giöllflusse kam und über die Giöllbrücke ritt, die mit glänzendem Gold belegt ist.

III 3. l)   Gylfis Vision

Dieselbe Symbolik findet sich auch bei Thor, der nach seinem Sieg über Jörmungandr noch „neun Schritte" geht, bevor er stirbt – dies sind wieder die neun Monate des Winters.

Dem Thor gelingt es, die Midgardschlange zu töten; aber kaum ist er neun Schritte davongegangen, so fällt er tot zur Erde von dem Gift, das der Wurm auf ihn gespien hat.

III 3. m)   Die Saga über König Olaf Tryggvason

Olaf war noch nicht viele Tage zurück in Nidaros, als er hörte, die Leute von Thrand ihre Tempel wiederaufgebaut, ihre Statuen wiederhergestellt und ihre Blutopfer wiederaufgenommen hatten. Der junge König war darüber so beunruhigt, daß er beschloß, dem ein schnelles Ende zu setzen.
Daher sandte er seine Boten durch alle an den Thrandheim-Fjord grenzenden Länder und berief ein Thing aller Freibauern an einem Ort, der Frosta genannt wurde, ein.
Die Freibauern errieten sofort die Bedeutung dieses Things. Sie wußten, daß der König wollte, daß sie von ihren alten Bräuchen abwichen und den neuen Glauben annahmen. Sie fanden jedoch, daß er kein Recht hatte, ihnen dies zu befehlen. Daher verwandelten sie diesen Ruf zu einer Versammlung in einen Ruf zu einem Krieg, dem

alle Adlige und Knechte aus allen Gebieten von Thrandheim folgen sollten.

Als König Olaf zu dem Treffen kam, war auch das Heer der Freibauern in voller Rüstung dorthin gekommen, um sich dem König entgegenzustellen.

Als das Thing eröffnet worden war, sprach der König zu seinen Lehnsleuten – zunächst über Angelegenheiten des Friedens und des Gesetzes und dann gebot er ihnen, sich wieder taufen zu lassen.

Unter den Freibauern war einer, der Skeggi Eisenbart genannt wurde, ein sehr reicher Bauer, der sich wenig um Jarl oder König kümmerte, sondern die Freiheit seines Hofes liebte, sein Bier in der Nacht und die Wärme an seinem Feuerplatz. Er war ein großer und störrischer Mann mit einem eisengrauen Bart und als er so neben seinem Pferd stand, konnte man sehen, daß seine Füße mit der Erde seiner Felder bedeckt waren.

Nah bei ihm stand ein schönes Mädchen mit schwarzen Haaren und dunkelbraunen Augen. Sie war seien Tochter Gudrun.

Nun, als König Olaf sie zu tadeln begann, daß sie wieder von ihrem christlichen Weg abgewichen waren, sahen viele Männer mit wissenden Blicken auf Eisenbart.

„Nun haltet Euren Frieden, O König!" rief er, während er sich an König Olaf wandte, „Sprich kein Wort mehr über den christlichen Glauben, den ihr angenommen habt, oder wir werden, bei dem Hammer des Thor und bei den Raben des Odin, über euch herfallen und euch aus dem Land vertreiben. So haben wir es mit König Hakon dem Guten getan und wir schätzen Euch kein bißchen mehr als ihn!"

Als König Olaf sah, mit welch finsterer Entschlossenheit die Freibauern ihm gegenüberstanden und wie groß das Heer der bewaffneten Männer dort war, sah er, daß er nicht darauf vorbereitet war, ihnen standzuhalten und änderte daher seine Rede so, als ob er mit ihnen übereinstimmen würde.

„Es ist mein Wunsch," sagte er, „daß wir wir Frieden und gute Freundschaft miteinander schließen, so wie sie bisher gehabt haben. Daher bin ich bereit, jederzeit an eurem Kult teilzunehmen und bei euren größten Blutopfern zugegen zu sein. Dann können wir zusammen Rat halten und schauen, welche Form des Kultes wir beibehalten."

Da schien den Freibauern, daß der König leicht dazu zu überreden sein werde, daß sie ihre Bräuche aus der alten Zeit beibehalten konnten, und ihre Abneigung gegen ihn legte sich. Danach waren ihre Reden friedlich und schließlich wurde bestimmt, daß ein großes Mittsommerfest in Mere stattfinden sollte und daß alle Landherren und Anführer der Freibauern dorthin kommen sollten. König Olaf versprach ebenfalls, dorthin zu kommen.

Als die vereinbarte Zeit für das Opfer näherrückte, veranstaltete Olaf ein großes Fest in Lade, zu dem er alle Anführer und die mächtigsten Landbesitzer der Gegend einlud. Die Gäste wurden königlich unterhalten und als das Fest vorüber war, befahl der König seinen Priestern, die Messe zu lesen. Eine Gruppe von bewaffneten Män-

nern aus Olafs Schiffen waren bei der Messe anwesend. Die Gäste sahen, daß sie nicht die Macht hatten, Widerstand zu leisten und nahmen daher an der Messe teil und blickten dem, was da kommen mochte, entgegen.

Als die Messe geendet hatte, erhob sich der König und wandte sich an seine Gäste. Er sprach: „Ihr erinnert euch sicherlich, daß ich einerseits, als wir uns beim letzten mal in Frosta zum Thing versammelt hatten, die Bauern aufgefordert habe, sich taufen zu lassen, und daß sie andererseits mich aufgefordert haben, an ihrem Kult teilzunehmen und Blutopfer darzubringen – so wie dies mein Verwandter König Hakon der Gute getan hat.

Ich habe dem nicht widersprochen, sondern habe versprochen, daß ich bei dem Opferfest in Mere dabeisein werde. Nun will ich euch sagen, daß ich, wenn ich ein Menschenopfer darbringe, daß größte Opfer darbringen werde, daß jemals in Norwegen dargebracht worden ist. Ich werde Odin und Freyr ein Menschenopfer für gute Ernte und gutes Wetter bringen. Aber, hört gut zu!, es werden nicht Sklaven und Übeltäter sein, die ich euren Göttern opfern werde! Ich werde die Edelsten unter euch opfern."

Dann zeigte er der Reihe nach auf seine Gäste und sprach: „Du, Ligra von Medalhus, wirst als Opfer dargebracht werden; und Du, Kar von Griting; und Du, Haldor von Skerding!"

Er nannte noch acht weitere Adlige und gebot ihnen, sich auf ihren Tod vorzubereiten. Sie blickten ihn alle entsetzt an. König Olaf lachte über ihre feige Angst.

„Ich sehe deutlich, daß ihr diesen Vorschlag nicht genießt," sagte er, „aber da ich der König dieses Landes bin, werdet ihr mir gehorchen. Ich habe befohlen, daß Norwegen christlich wird, und daß wird so sein, selbst wenn ich dabei mein Leben verlieren sollte! Hier ist mein Bischof, bereit, um euch zu taufen. Nehmt die Taufe an und ihr werdet am Leben bleiben. Lehnt ab und ihr werdet gewißlich in der Weise sterben, die ich gesagt habe."

Sie mußten nicht lange überlegen, um sich für den einfacheren Weg zu entscheiden. Sie stimmten zu, dort sofort getauft zu werden und Bischof Sigurd taufte sie sofort und alle Freibauern waren anwesend.

Aber bevor ihnen zu gehen erlaubt wurde, verlangte König Olaf von ihnen, daß sie ihm ihre Söhne oder Brüder als Geiseln gaben.

III 3. n)   Die Saga über Olaf Tryggvason

Der folgende Bericht schildert dieselben Ereignisse wie der vorige Bericht.

Eines frühen Morgens, nachdem sich der König angekleidet hatte, befahl er, die

63

Messe zu lesen, und als die Messe geendet hatte, bliesen seine Männer zu einem Haus-Thing ins Horn.

Als alle zu dem Thing zusammengekommen waren, erhob sich der König, sprach und sagte: „Wir hielten ein Thing in Frosta und dort gebot ich den Bauern, sich taufen zu lassen, doch sie baten mich, mit ihnen zusammen an einem Blut-Opfer teilzunehmen, so wie der Ziehsohn des Königs Adelstein an einem teilgenommen hatte.

Wir kamen überein, daß wir uns in Maerin treffen und dort ein große Blut-Opfer bringen sollten. Aber wenn ich zusammen mit euch opfern soll, dann werde ich bestimmen, daß das größte mögliche Opfer dargebracht werden soll, das heißt das Opfer von Menschen. Aber ich werde als Opfer für die Götter nicht Sklaven und Übeltäter wählen, sondern die edelsten Männer und dafür bestimme ich Orm Lygra von Medalhus, Styrkar von Gimsar, Kar von Gyrting, Asbiorn Thorbergson von Varnes, Orm von Lyxa und Haldor von Skerdingstad."

Zu diesen Namen fügte er noch fünf weitere der edelsten Männer, die dort anwesend waren, hinzu. Alle diese, sagte er, sollten für Frieden und ein gutes Jahr geopfert werden und er befahl, daß sie sofort ergriffen würden.

Die Bauern, die sahen, daß sie nicht zahlreich genug waren, um dem König zu widerstehen, baten um Gnade und legten die ganze Angelegenheit in seine Hände, woraufhin man übereinkam, daß alle, die dorthin gekommen waren, sich taufen ließen und dem König einen Eid schwuren, daß sie sich fest an den Wahren Glauben halten würden und daß sie nie wieder etwas mit Opferungen zu tun haben würden.

Alle diese Männer hielt der König gefangen, bis sie ihm ihre Söhne oder Brüder oder andere nahe Verwandten als Geiseln gaben.

III 3. o) Zusammenfassung

Es hat recht wahrscheinlich ein Mittsommer-Fest gegeben, das möglicherweise mit dem ehemaligen Sonnengott-Göttervater Tyr in Zusammenhang gestanden hat.

Dieses Fest wird am ausführlichsten in der „Lokasenna" geschildert, das damit endet, daß Loki von den Asen in der Hel gefesselt bzw. von Tyr-Geirröd für drei Monate in eine Truhe gesperrt wird.

Über das Mittsommer-Fest ist nur bekannt, daß an ihm viel getrunken und anschließend geopfert wurde – vermutlich an wurde an Odin und Freyr für eine gute Ernte und gutes Wetter.

Freyr ist das Urbild des Toten oder des Gottes, der sich zusammen mit der Jenseitsgöttin (Freyr) wiedergezeugt hat und anchließend von ihr wiedergeboren wird. Daher ist auch der Sommergott Tyr ein „Freyr" (siehe auch den Band 15 über Freyr).

III 4.   Der Süden in der vor-germanischen Überlieferung

Der Süden ist die Richtung der Sonne – dort steht sie am höchsten über dem Horizont und scheint daher am hellsten und wärmsten.

Einer der wenigen konkreten Hinweise auf diese Symbolik sind die Eingänge der Hügelgräber, die stets nach Süden, also zur Sonne hin zeigen.

Diese Sonne/Süden-Symbolik wird auch einmal außerhalb der germanischen Überlieferung bei den Persern erwähnt. Im Zend-Avesta wird berichtet, wie sich Yima, der erste König der Menschen, nach Süden wendet, um einen Zauber zu vollbringen. Yima entspricht dem germanischen Urriesen Ymir. Yima hat sich vermutlich nach Süden gewendet, um zu dem obersten Gott Ahura Mazda, der vermutlich der Sonne gleichgesetzt wurde, zu sprechen. Ahura Mazda entspricht dem indogermanischen Sonnengott-Göttervater Dhyaus, dessen Name bei den Germanen zu „Tyr" geworden ist.

Zend Avesta, Fargard 2:

Da warnte ich den schönen Yima und sprach: 'O schöner Yima, Sohn des Vivanghat, die Erde ist voll von Tier-Scharen und Herden, von Menschen und Hunden und roten, flammenden Feuern geworden, und es ist kein Raum mehr für Tier-Scharen, Herden und Menschen.'

Da trat Yima vor zu dem leuchtenden Raum, südwärts, um die Sonne zu treffen, wonach er den goldenen Ring auf die Erde preßte und den Dolch in sie bohrte und sprach: 'O Spenta Armati, sei so freundlich, Dich zu öffnen und Dich in die Weite zu erstrecken und Tier-Scharen und Herden und Menschen zu tragen.'

Spenta Armati = Geist der Erde
Süden = Mittag; Kraft-Ort der Sonne

Und Yima ließ die Erde um ein Drittel größer werden als sie zuvor gewesen war und es kamen nach seinem Wunsch und Willen neue Tier-Scharen und Herden und Menschen – so viele er wollte.

Diesen Zauber wiederholte Yima noch zweimal.

Die Sommersonnenwende wurde bei den Germanen, Kelten, Balten und Slawen gefeiert.

Da sie inhaltlich das Gegenstück zum Wintersonnenwendenfest ist und beide Teil des Sonnenkalenders sind, scheinen beide auf einen alten Sonnenkalender zurückzugehen, deren Eckpunkte (Sonnenwenden, Tag- und Nachtgleichen) gefeiert wurden.

Das Sonnenwendfest ist bei den Germanen und evtl. auch bei den Kelten offenbar wichtig genug gewesen, um die Kirche zu veranlassen, an diesen Zeitpunkt das Fest des Johannes der Täufer zu legen („Johanni-Fest").

Eines der Shakespeare-Stücke handelt von diesem Fest: „Ein Mittsommernachtstraum".

In den ersten Tempeln der Menschen, die um 10.000 v.Chr. in Göbekli Tepe in Nord-Mesopotamien errichtet worden sind, weisen die Tempeleingänge stets nach Süden – so wie die Tore der germanischen Tempel, Hügelgräber und Hallen, die direkte Nachfolger dieser frühen Tempel in Göbekli Tepe sind (siehe „Tempel" in Band 56 und mein Buch „Totempfähle").

Die Treppe des Turmes von Jericho, der um 9400 v.Chr. erbaut worden ist, weist auf den Aufgangspunkt der Sonne zur Sommersonnenwende hin.

Die Hinweise auf eine Bedeutung der Sommersonnenwende für die Jäger von Göbekli Tepe sind eher indirekt:

Die Notwendigkeit für die Menschen in den kalten nordeurasiatischen Gebieten sowie allgemein während der Eiszeit, ihre Kinder zu Frühlingsbeginn zur Welt zu bringen, damit sie eine größere Überlebenschance im nächsten Winter hatten, verlangte, daß die Kinder neun Monate vor Frühlingsbeginn, d.h. zur Sommersonnenwende gezeugt wurden. Dieses „Zeugungsfest" ist in ganz Eurasien und bei den Indianern in Amerika in Ritualen und Bräuchen nachweisbar. Man kann sicherlich davon ausgehen, das dieses Fest eine große Bedeutung hatte – schließlich war das Ausleben der Sexualität durch die Notwendigkeit, die Kinder zu Frühlingsbeginn zu gebären, auf eine relativ kurze Zeitspanne um die Sommersonnenwende herum begrenzt.

Für die Erbauer von Göbekli Tepe lag die Eiszeit sicherlich noch in der Reichweite ihrer mündlichen Überlieferung: die lange Zeit des Eises, des Schnees und der Kälte. Im Vergleich dazu muß der Beginn der Warmzeit um ca. 11.000 v.Chr. für die damaligen Jäger ein geradezu paradiesischer Zustand gewesen sein.

Zu dieser Wichtigkeit der Sommersonnenwende paßt auch die Ausrichtung der Eingänge der T-Pfeiler-Tempel nach Süden sowie der Blick der Mittelpfeiler in den Tempeln ebenfalls nach Süden hin.

Diese vier Hinweise, also das Zeugungsfest zu Mittsommer, die nach Süden gerichteten Tempeltore, die Ausrichtung der Mittelpfeiler nach Süden und der Ausrichtung des Treppenaufgang in dem Turm von Jericho auf den Sonnenuntergangspunkt zur Sommersonnenwende hin, machen ein Mittsommer-Ritual bei den Menschen von Göbekli Tepe, das vor allem ein Sonnen- und Zeugungsfest gewesen ist, wahrscheinlich erscheinen.

Spätere, weiterentwickelte Formen dieses Festes finden sich z.B. in der Heiligen Hochzeit in Mesopotamien und im indisch-tibetischen Tantra-Yoga.

Der Süden ist die Zeit der Stärke der Sonne und der Zeitpunkt des Zeugungsfestes. Die ersten Tempel in Göbekli Tepe und die späteren Hügelgräber, die sich von diesen Tempeln ableiten, sind nach Süden, d.h. auf die Sonne am Mittag ausgerichtet.

IV   Der Südwesten

IV 1. Der Südwesten in der germanischen Überlieferung

IV 1. a)   Der Name des Südwest-Windes

Über die Himmelsrichtung „Südwest" ist nur der Wind-Name bekannt: „ut-synningr", was wörtlich „Wind von jenseits des Nordens" oder „Wind von außerhalb des Nordens" bedeutet. Der Name der Himmelsrichtung „Südwest" müßte entsprechend den anderen Himmelsrichtungen „ut-sudr" lauten.

IV 1. b)   Zusammenfassung

Eine mythologische Bedeutung des Südwestens ist nicht bekannt.

V Westen – Herbst – Herbsttagundnachtgleiche

V 1.   Der Westen

Der Westen ist wie der Norden eine „Jenseits-Richtung" – der Norden hat diese Bedeutung wegen der Kälte und Dunkelheit in dieser Richtung und der Westen hat sie, weil dort die Sonne untergeht.

V 1. a) Odins Rabenzauber

Im Osten geht die Sonne auf … und vom Osten her kommt auch die Nacht, wenn die Sonne im Westen untergeht.

Auch wenn hier der Osten genannt wird, gehört diese Textstelle doch zu dem Sonnenuntergang im Westen, der die Ursache des Anbruches der Nacht ist.

Da hebt sich von Osten aus den Eliwagar
die dornige Rute aus dem Feld des reifkalten Riesen,
mit dem Dain jede Nacht alle Menschen in Schlaf schlägt,
die Midgard bewohnen.

„Eliwagar" sind die kalten Gletscher im Norden und im Osten. Der „Riese" ist Nörwi, der Vater der Riesin Nott („Nacht"). Das *„Feld des reifkalten Riesen"* ist eine Kenning für Eliwagar, also für das Jenseits.

Mit einem „*Schlafdorn*" versetzte auch Odin die Walküre Brünhilde in einen tiefen Schlaf. Dieser Dorn ist eine Kenning für das Schwert – ursprünglich das des Tyr.

„*Dain*" ist der magiekundige Zwerg – einer der beiden Alcis-Pferdesöhne des Tyr im Jenseits.

„*Midgard*" („der Ort in der Mitte", „Mittelerde") ist der Name für das Diesseits, in dem die Menschen leben.

V 1. b) Wafthrudnir-Lied

Auch diese beiden Strophen gehören inhaltlich zum Sonnenuntergang und somit zum Westen, auch wenn in ihnen der Osten genannt wird.

Wafthrudnir (Tyr):
„Sage denn, so Du von der Flur versuchen willst,
Gangrad, Dein Glück,
Den Namen des Rosses, das die Nacht bringt von Osten
Den waltenden Wesen?"

Gangrad (Odin):
„Hrimfaxi heißt es, das die Nacht herzieht
Den waltenden Wesen.
Mehltau fallt ihm am Morgen vom Gebiß
Und füllt mit Tau die Täler."

V 1. c) Das erste Lied über Helgi Hunding-Töter

In diesem Lied wird der Westen und der Osten mit den Nornen in Verbindung gebracht.

In alten Zeiten, als Aare sangen
Heilige Wasser vom großen Himmel rannen,
Da hatte Helgi den Großherzigen,
Borghild (Freya) *geboren in Bralund.*

Nacht in der Burg war's, Nornen kamen,
Die dem Edeling das Alter bestimmten.
Sie gaben dem König der Kühnste zu werden,
Aller Fürsten Edelster zu dünken.

Sie schnürten scharf die Schicksalsfäden,
Daß die Burgen brachen in Bralund.
Goldene Fäden fügten sie weit,
Sie mitten festigend unterm Mondessaal.

70

Westlich und östlich die Enden bargen sie,
In der Mitte lag des Königs Land.
Einen Faden nordwärts warf Neris Schwester,
Ewig zu halten hieß sie dies Band.

Helgi der Großherzige ist eine Saga-Variante des Tyr.

Borghild ist Freya als Walküre/Königin – Freya ist die Wiedergeburts-Mutter des Tyr und „Hild" ist der älteste Name der Walküren, die aus Freya entstanden sind.

„Bralund" bedeutet „Glanzwald". Der Tyr-Beiname „Helgi von Bralund" („Der Heile vom Glanzwald") ist somit eine Variante des Tyr-Beinamens „Gudmund von Glaesisvellir" („Guthand vom Glanzgefilde").

Der Mondessaal ist der Himmel.

Neri bedeutet „Spinnerin" und ist eine Heiti für „Norne".

Wenn die Ortsangabe „westlich und östlich" einen mythologischen Hintergrund haben sollte, dann wird es wohl der Hinweis auf den Sonnenaufgang im Osten und den Sonnenuntergang im Westen sein. Das „Bergen der Enden im Westen und Osten" hätte dann die Bedeutung, daß die Nornen das Leben des ehemaligen Sonnengott-Göttervaters Tyr-Helgi „von der Geburt (Osten) bis zum Tod (Westen)" festgelegt haben.

Der Nord-Faden paßt allerdings nicht in dieses Bild – und warum fehlt der Süden? Es werden allerdings auch im Sonnenlied nur drei Richtungen mit je einer Strophe beschrieben – dort fehlt der Osten.

V 1. d)   Sonnenlied

Der Westen ist der „Todes-Ort" in den von der Sonne geprägten mythologischen Weltbildern. Der Norden ist der „Todes-Ort" in den von dem Weltenbaum am Nordpol geprägten mythologischen Weltbildern.

Daher können sich in beiden Richtungen Drachen, d.h. Totengeister finden.

Von Westen drangen die Drachen des Wahns
Und bedeckten die glühenden Gassen.
Sie schlugen die Schwingen als sollte der Himmel
Bersten und die Erde.

Hier sind die Totengeister in Schlangengestalt zu Plagegeistern der Toten umgedeutet worden. Der besondere Bewußtseinszustand der Schamanen, die ins Jenseits reisen und dabei wie Odin auf seiner Reise in das Hügelgrab zu Gunnlöd die Gestalt einer

Schlange annehmen, ist hier bereits zu „Drachen des Wahns" umgedeutet worden.

Der Westen ist der Ort des Sonnenunterganges und somit des Einganges in die Unterwelt und des „Todes der Sonne".

V 1. e) Hamdir-Lied

Möglicherweise geht auch der folgende Vers aus dem Hamdir-Lied auf die Auffassung des Westens als Todesort zurück. Der „windkalte Wolfsbaum" ist der Galgen.

Am windkalten Wolfsbaum westlich der Burg.

V 1. f) Die Saga über Olaf Tryggvason

In dieser bereits zweimal zitierten Saga befindet sich im Westen ein großer Vogel, der an den Riesenadler Hraesvelgr am Himmelsrand erinnert der mit seinen Flügeln den Wind in der Welt erzeugt.

Als er in die Nähe des Landes kam, zog er im Norden Islands herum zu der Westseite des Landes, wo er sah, daß all die Berge und Hügel voller Schutzgeister waren – einige groß, andere klein. Als er zum Vapnafjord kam, näherte er sich dem Land und hatte vor, dort an Land zu gehen, aber dort stürzte ihm ein riesiger Drache mit einem Gefolge von Schlangen, Fröschen und Kröten entgegen, die ihm Gift entgegenspien.

Da wandte er sich nach Westen und umkreiste die Insel bis hin nach Eyjafjord und schwamm in diesen Fjord hinein. Da flog ihm ein Vogel entgegen, der so groß war, daß seine Flügel über die Berge auf beiden Seiten des Fjordes reichten. Er wurde von vielen anderen großen und kleinen Vögeln begleitet.

Da schwamm er noch weiter nach Westen und dann nach Süden bis in den Breidafjord. Als er den Fjord schwamm, stürmte ihm ein grauer Stier entgegen und brüllte fürchterlich. Ihm folgte eine Schar von Landgeistern.

Von dort schwamm er weiter um die Insel herum bis nach Raykjanes und wollte in Vikarsskeid an Land gehen, doch dort stürzte ihm ein Bergriese mit einem eisernen Stab in den seinen Händen entgegen. Er war einen Kopf größer als die Berge und viele andere Riesen folgten ihm.

Der Magier schwamm in seiner Wal-Gestalt ostwärts an der Küste entlang, wo, wie er berichtete, nichts außer Sand und weites Ödland zu sehen war und wo außerhalb der Schären die Brandung hoch emporschäumte. Das Meer zwischen den Ländern war so breit, daß man es mit einem Langschiff nicht überqueren konnte.

Zu dieser Zeit lebte Brodhelge in Vapnafjord, Eyjolf Valgerdson in Eyjafjord, Thord Geller in Breidafjord und Thorod Gode in Olfus.

Da wandte der dänische König Harald seine Flotte und segelte zurück nach Dänemark.

V 1. g) Das Grimnir-Lied

Der Wolf und der Adler über dem nach Westen weisenden Tor des Halle des Odin sind die beiden Tiere des Jenseitsführers Odin. Dieser „Adler im Westen" könnte derselbe Adler sein wie der „große Vogel", der Island im Westen beschützt und der letztlich der Seelenvogel des ehemaligen Sonnengott-Göttervaters Tyr sein wird, der jeden Abend dort im Westen stirbt.

Gladsheim heißt die fünfte, wo golden schimmert
Walhalls weite Halle:
Da kiest sich Odin alle Tage
Vom Schwert erschlagne Männer.

Leicht erkennen können, die zu Odin kommen,
Den Saal, wenn sie ihn sehen:
Aus Schäften ist das Dach gefügt und mit Schilden bedeckt,
Mit Brünnen die Bänke bestreut.

Leicht erkennen können, die zu Odin kommen,
Den Saal, wenn sie ihn sehen:
Ein Wolf hängt vor dem westlichen Tor,
Über ihm dräut ein Aar.

V 1. h) Das Wegtamslied

Da das Jenseitstor sowohl im Westen als auch im Norden liegen kann, findet sich auch die Wiedergeburts-Göttin in diesen Himmelsrichtungen.

Wegtam (Odin):
„Schweig nicht, Wala, ich will Dich fragen
Bis alles ich weiß. Noch wüßt ich gerne:
Wer wird uns Rache gewinnen an Hödur,
Und zum Bühle (Hügelgrab) *bringen Baldurs Mörder?"*

Wala:
„Rinda im Westen gewinnt den Sohn,
Der einnächtig, Odins Erbe, zum Kampf geht.
Er wäscht die Hand nicht, das Haar nicht kämmt er
Bis er zum Bühle brachte Baldurs Mörder.
Genötigt sprach ich, nun will ich schweigen."

Ein Gott, der im Alter von nur einer Nacht die Rache an Baldurs Mörder vollstreckt, kann nur der ehemalige Sonnengott-Göttervater Tyr sein, der sich am Abend selber mit der Erd- und Jenseitsgöttin Rindr wiederzeugt und dann am Morgen im Alter von nur einer Nacht seinen Gegner Hödur, den Gott der Nacht und des Winters, besiegt.

Im Wegtam-Lied erzeugt jedoch nicht mehr Tyr sich selber zusammen mit Rindr nach seinem abendlichen Tod auf der Insel Walaskialf („Toteninsel") im Westen, sondern Odin zeugt mit Rindr den Wali-Boe „im Westen".

V 1. i) Westri

Der folgende Text ist die Zusammenfassung der Betrachtung dieses Zwerges in Band 32.

Der Zwerg „Westri" („Westlicher") steht zusammen mit seinen drei Brüdern am Rand der Welt auf dem ringförmigen Utgard-Gebirge, der das Weltmeer umgibt, in dessen Mitte die Insel Midgard liegt, und trägt den Himmel, d.h. den Schädel des Urriesen Ymir.

Er ist der Sohn des ehemaligen Göttervaters Tyr und der Jenseitsgöttin, die in den Mythen als Gefion, Freya und Huldar erscheint. Er wurde manchmal als Zwerg und manchmal als Riese aufgefaßt, aber stets als Jenseits-Wesen.

Seine Kategorisierung als Erd-Zwerg aus der Sippe des Durin ist sicherlich eine recht neue Systematisierung.

Westri ist wie seine drei Brüder möglicherweise gehörnt – entweder mit dem Geweih eines Hirsches oder mit den Hörnern eines Stieres. Hirsch und Stier waren die Opfertiere des Göttervaters Tyr. Auch die Hörner kennzeichnen ihn als ein Jenseits-wesen, da die Toten bei ihrer Bestattung mit dem für sie geopferten Herdentier, das meistens gehörnt war, identifiziert wurden.

Als Hirsch und als einer der vier Zwerge, mit denen sich Freya vereinte, um von ihnen ihren goldenen Halsreif Brisingamen zu erhalten (eine Umdeutung der ursprünglichen Mythe) hat der Himmelsträger zwei weitere Namen: Der Zwerg „Westri" („Westlicher") ist mit dem Sonnenuntergang im Westen verbunden und entspricht dem Tod des Sonnengott-Göttervaters Tyr: dem Hirsch „Dain" („Gestorbener") und dem Zwerg „Grer" („Grauer").

Die Erschaffung der Midgard-Insel wurde auf die Erschaffung der Insel Seeland übertragen. In dieser Mythe helfen Westri und seine drei Brüder in der Gestalt von vier Stier-Riesen der Gefion auf ähnliche Weise wie sie als die vier Hirsch-Zwerge den Asen bei der Erschaffung des Himmels geholfen haben.

Die vier Riesen sind ein relativ häufiges Motiv in den mittelalterlichen Heldensagen, was zeigt, wie tief verwurzelt das Motiv der vier Himmelsträger gewesen sein muß.

V 1. j) Hamburgische Kirchengeschichte

In der „Hamburgischen Chronik" berichtet der Bischof Adam von Bremen um ca. 1075 n.Chr. über eine Insel im Norden, auf der Riesen leben.

Dies ist offensichtlich die auch aus verschiedenen Sagas bekannte Jenseitsinsel Walaskialf („Toteninsel") im Westen (wo die Sonne untergeht), auf der der Sonnengott-Göttervater Tyr als Riese zu finden ist.

In der Erzählung ist diese Insel jedoch in den Norden verlegt worden – vermutlich haben sich hier die Insel Walaskialf im Westen, das Niflheim-Jenseits im Norden und die Berichte über das Eis der Arktis miteinander vermischt.

Ebenso erzählte uns der selige Erzbischof Adalbert, daß in den Tagen seines Vorgängers einige adeliche Männer aus Friesland, um das Meer zu durchschweifen, gen Norden gesteuert seien, darum weil unter den Bewohnern jenes Landes die Rede geht, daß wenn man von der Mündung des Flusses Wirraha in gerader Richtung nach Norden zu ausläuft, einem kein Land, sondern nur der unbegrenzte Ocean entgegentritt.

Um diese so auffallende Erscheinung zu ergründen, hatten sich diese Genossen eidlich mit einander verbunden, und liefen nun mit fröhlichem Jubelgeschrei vom Ufer der Friesen aus. Darauf kamen sie, hier Dänemark, dort Britannien liegen lassend, zu den Orchaden. Nachdem sie darauf diese linker Hand liegen gelassen hatten, während sie Nordmannien zur rechten Hand hatten, kamen sie nach langer Überfahrt zum eisigen Island.

Als sie von da aus das Meer durchfurchend, auf die äußerste Are des Nordens zueil-
ten, und nun alle die oben erwähnten Inseln hinter sich sahen, Gott dem Allmächtigen
und dem heiligen Bekenner Willehad ihre Fahrt und Kühnheit empfehlend, da ver-
fielen sie plötzlich in jene schwarze Finsternis des starrenden Oceans, welche mit den
Augen kaum zu durchdringen war (vermutlich die lange Mittwinternacht nördlich des
Polarkreises).

Und siehe, da zog der Sund des wechselvollen Oceans, zurückeilend zu gewissen
geheimnisvollen Anfängen seiner Quelle, die unglücklichen Seefahrer, die bereits
verzweifelten, ja an nichts, als nur an den Tod dachten, mit der heftigsten Gewalt
nach jenem tiefen Chaos hin (dies soll der Schlund des Abgrundes seines, von
welchem, wie die Sage geht, alle Rückströmungen des Meeres, die abzunehmen schei-
nen, verschlungen und wieder ausgespieen werden, was man die wachsende Flut zu
nennen pflegt).

Da, als jene nur noch die Barmherzigkeit Gottes anflehten, daß er ihre Seelen zu
sich nehmen möchte, riß jene zurücklaufende Gewalt des Meerstroms einige Schiffe
der Genossen hinweg, die übrigen aber trieb der wieder ausspeiende Hervorlauf des
Wassers weit von den anderen rückwärts hin. So unterstützten jene, von der drohen-
den Gefahr, die sie mit den Augen erblickten, durch Gottes gelegene Hilfe befreit,
mit aller Anstrengung rudernd die Macht der sie forttreibenden Strömung.

Und als sie nun der gefahrdrohenden Finsternis und dem Lande der Kälte entran-
nen, da landeten sie unverhofft auf einer Insel, welche mit sehr hohen Klippen wie
eine Stadt mit Mauern rings umgeben war. Wie sie darauf, sich das Land zu besehen,
daselbst ausstiegen, fanden sie dort Menschen, welche in unterirdischen Höhlen zur
Mittagszeit verborgen lagen, vor deren Türen eine unermeßliche Menge von goldenen
Gefäßen und von solchen Metallen lag, welche von den Sterblichen für selten und
kostbar gehalten werden.

Daher nahmen denn die erfreuten Ruderer von diesen Schätzen, soviel sie fortbrin-
gen konnten, und kehrten eilig zu den Schiffen zurück, als sie plötzlich zurückblickend
Menschen von wunderbarer Größe hinter sich herkommen sahen, welche die unseren
Cyklopen nennen. Vor denselben liefen Hunde her, die auch die gewöhnliche Größe
dieser Vierfüßer überschritten. Diese stürzten heran und rissen einen von den Genos-
sen hinweg, der augenblicklich vor ihren Augen zerfleischt wurde; die anderen aber
wurden in die Schiffe aufgenommen und entrannen so der Gefahr, indem die Riesen
sie, wie sie erzählen, beinahe bis auf die hohe See hinaus schreiend verfolgten.

Von solchem Glücke geleitet, gelangten die Friesen nach Bremen, wo sie dem Erz-
bischof Alebrand alles der Ordnung nach erzählten und dem frommen Christ und sei-
nem Bekenner Willehad für ihre Heimkehr und Rettung Opfer des Dankes darbrach-
ten.

V 1. k)   Gesta danorum

Diese Erzählung über Utgardloki in der „Geschichte der Dänen" des Mönches Saxo der Schriftkundigen wurde um ca. 1185 n.Chr. in Dänemark verfaßt.

Diese Fahrt des Thorkill, dem Freund des Königs Gorm, findet sich ganz ähnlich auch noch an einer anderen Stelle in der Gesta danorum beschrieben. Dort führt diese Reise jedoch zu Geirröd und nicht zu Utgarda-Loki – was zeigt läßt, daß Geirröd und Utgarda-Loki dieselben Riesen sind: Tyr im Jenseits.

Eine weitere ähnliche Geschichte findet sich in der Illugi-Saga.

Der Stil dieser Erzählung ist der gelehrte christlich-klassische Stil und nicht der deutlich andere Stil der germanischen Lieder oder Sagas.

Es wird in dieser Saga allerdings nirgendwo explizit gesagt, daß Thorkill nach Westen gefahren ist.

Die Reise des Königs Gorm war zunächst erfolgreich, aber später wurde sein Schiff von schlechtem Wetter hin- und hergeworfen; seine Männer kamen vor Hunger um und nur wenige überlebten.

Da begann er sich in seinem Herzen zu fürchten und begann, dem Himmel Eide zu schwören, weil erdachte, daß ihm nur noch die Götter in seiner großen Not helfen konnten. Schließlich wandten sich die anderen an verschiedene Mächte unter den Göttern und dachten, daß sie der Majestät verschiedener Gottheiten opfern sollten.

Der König jedoch opferte sowohl seine Eide als auch seine Frieden-Opfer an Utgarda-Loki und erhielt die Zeit des guten Wetters, um die er gefleht hatte.

Utgardloki ist hier offensichtlich ein Gott. Da er von dem König angefleht wurde, liegt der Verdacht nahe, daß es sich bei Utgardloki um einen Gott handelt, der insbesondere mit dem Königtum verbunden gewesen ist – was in Bezug auf die Deutung des Utgardloki als „Tyr in der Unterwelt" zutreffen würde, da die Krönungen der Fürsten und der Könige bei allen Völkern vor allem eine Reise zu dem Götterkönig gewesen sind.

Nachdem er heimgekehrt war und spürte, durch wieviele Meere er gefahren und welche schweren Zeiten er durchlebt hatte, fand er, daß es Zeit für seinen von all diesen Widrigkeiten ermüdeten Geist war, sich von seinen Arbeiten zurückzuziehen. Daher nahm er sich eine Königin aus Schweden und tauschte seine früheren Fahrten gegen meditative Beschaulichkeit.

Als er jedoch fast das Ende seiner Tage erreicht hatte, überzeugten ihn gewisse Männer mit plausiblen Argumenten davon, daß die Seelen unsterblich sind. Daher begann er ständig in seinem Geist darüber nachzudenken, zu welchem Ort er gehen würde, wenn der Atem seine Glieder verließ oder welche Belohnung er durch die eifrige Verehrung der Götter erlangen würde.

Diese „gewisse Männer" werden germanische Priester oder Seher gewesen sein, denn der Mönch Saxo hätte es sich sicher nicht entgehen lassen, einen Missionar oder christlichen Priester auch als solchen zu bezeichnen.

Während er zu diesen Betrachtungen neigte, kamen gewisse Männer, die Thorkill übel wollten, zu Gorm und sagten ihm, daß es notwendig sei, Sicherheit in einer derart großen Angelegenheit bei den Orakeln des Himmels zu suchen, da diese zu tief für den menschlichen Verstand und zu schwierig für Sterbliche zu ergründen sei.

Auch der Vorschlag, ein Orakel zu befragen, ist kein christliches, sondern ein germanisches Vorgehen.

Daher, sagten sie, müsse Utgarda-Loki befriedet werden und kein Mensch sei dazu besser geeignet als Thorkill.

Der Begriff „befrieden", den Saxo benutzt, beruht eigentlich auf der Vorstellung, daß ein Gott erzürnt über das Verhalten eines Menschen ist und dieser Mensch daher dem Gott etwas opfern muß, damit dessen Zorn verraucht.
Dies paßt nicht zu der Situation des Königs Gorm, der von Utgarda-Loki die Antwort auf die Frage nach der Beschaffenheit des Jenseits sucht. Daher wird hier dieser Begriff nicht wörtlich zu verstehen sein, sondern in einer eher diffusen Wiese, die die Kontaktaufnahme mit der betreffenden Gottheit bezeichnen soll.

Andere wiederum streuten Gerüchte aus, daß Thorkill des Verrats schuldig und ein Feind des Lebens des Königs sei.
Thorkill, der erkannte, daß ihm die größte Gefahr drohte, verlangte, daß seine Ankläger mit auf seine Reise kommen sollten. Da sahen diejenigen, die einen unschuldigen Mann beschmutzt hatten, daß die Gefahr, die sie für das Leben eines anderen erschaffen hatten, nun auf sie selber zurückschlug, woraufhin sie versuchten, ihren Plan wieder auszulösen.
Doch sie belästigten vergeblich die Ohren des Königs und er befahl ihnen unter der Führung des Thorkill zu segeln und rügte sie sogar wegen ihrer Feigheit.
So ist es: Wenn ein Übel gegen einen anderen ersonnen wird, schlägt es üblicherweise gegen den aus, der es erdacht hat.
Und als diese Männer sahen, daß sie gefangen waren und auf keine Weise der Gefahr entkommen konnten, bedeckten sie ihr Schiff mit Stierfellen und füllten es mit einer üppigen Fülle an Nahrungsmitteln.
In diesem Schiff segelten sie fort und kamen zu einem sonnenlosen Land, das die

Sterne nicht kannte und leer von Tageslicht war und sie mit einer endlosen Nacht zu überschatten schien.

Thorkill und seine Männer sind offenbar in die Unterwelt, in das Land der „Schwarzen Sonne" gelangt. Vielleicht ist aber auch die lange Nacht nördlich des Polarkreises gemeint – dann wären sie nach Norden und nicht nach Westen gesegelt.

Sie segelten lange unter diesem fremdartigen Himmel, bis schließlich ihr Brennholz zu Ende ging und es ihnen an Holz mangelte, sodaß sie, da sie nichts hatten, worin sie ihr Fleisch hätten kochen können, ihren Hunger mit roher Nahrung stillen mußten. Die meisten von denen, die davon aßen, erlitten jedoch schwere Krankheiten, da sie von unverdauter Nahrung überladen waren. Durch die ungewohnte Nahrung stahl sich eine schleichende Schwäche in ihre Mägen; danach breitete sich die Infektion aus, bis die Krankheit die lebenswichtigen Glieder erreichte.
Daher lag Gefahr in beiden Extremen: es war schmerzhaft, nicht zu essen, und sehr gefährlich, sich etwas zu gönnen, denn beides stellte sich für sie als unsicher heraus – sowohl zu essen als zu verzichten.
Dann, als sie vollkommen zu verzweifeln begannen, erleichterte sie auf einmal ein Strahl der Hoffnung – so wie ein Seil am leichtesten reißt, wenn es am straffsten gespannt ist. Denn plötzlich sahen die Männer das Flackern eines Feuers in keiner großer Ferne und sie schöpften wieder neue Hoffnung, ihr Leben verlängern zu können. Thorkill hielt dieses Feuer für eine vom Himmel gesandte Hilfe und beschloß, zu ihm zu gehen und etwas von ihm zu holen.
Um sicherer zu sein, daß er wieder zu seinen Freunden zurückfand, befestigte Thorkill einen Edelstein an der Mastspitze, um sie mit seinem Leuchten zu kennzeichnen.
Als an die Küste ging, sahen seine Augen eine Höhle in einer engen Klamm, zu der ein schmaler Pfad führte. Er befahl seinen Gefährten, außen zu warten, und als er eintrat, sah er zwei Männer, schwarz und sehr groß mit hornigen Nasen, die ihr feuer mit dem unterhielten, was sie durch Zufall fanden.
Zudem war der Eingang sehr widerwärtig, die Türpfosten waren verfault, die Mauern schmierig von Schimmel, und der Boden wimmelte von Schlangen – all dies stieß das Auge genauso sehr ab wie den Geist.

Die Beschreibung dieser Höhle durch den Mönch Saxo erinnert deutlich an seine Beschreibung der Höhle des Geirröd.

Da grüßte ihn einer der Riesen und sagte zu Thorkill, daß er in seinem brennenden Verlangen, einen ihm unbekannten Gott zu besuchen, eine sehr schwierige Fahrt begonnen habe und zudem den Versuch, in seiner neugierigen Suche einen bisher noch nie betretenen Bereich jenseits der Welt zu betreten.

Dennoch versprach er Thorkill die Pfade der Reise, die er zu machen gedachte, zu weisen, wenn er ihnen drei wahre Urteile in der Form von genausoviel Aussprüchen geben könne.

Da sprach Thorkill: „In voller Aufrichtigkeit kann ich mich nicht daran erinnern, jemals einen Haushalt mit solch unförmigen Nasen gesehen zu haben; und ich bin auch noch nie an einen Ort gelangt, an dem ich weniger gern hätte leben wollen."
Und er sprach weiterhin: „Ich denke, das derjenige meiner beiden Füße der glücklichere sein wird, der als erster wieder hier herauskommt."

Dieses Motiv ist auch aus der Illugi-Saga, von dem Riesen Hler auf seiner Jenseits-Insel (Chronicon Lethense) und von den Kelten gut bekannt (z.B. in der Jenseitsreise des Königs Cormac mac Art). Das Nennen von drei wahren Dingen scheint ein Bestandteil eines Einweihungs-Rituales zu sein, da dieses Motiv sowohl bei den Germanen als auch bei den Kelten entweder beim Übergang in das Jenseits oder beim Kochen des Opferstieres auftritt (siehe „Drei wahre Worte" in Band 64).

Der Riese war erfreut über die Scharfsinnigkeit des Thorkill und pries seine Aussprüche und erzählte ihm dann, daß er zunächst zu einem Grasland reisen mußte, das in tiefer Dunkelheit verborgen lag; doch vorher mußte er vier Tage lang fahren und dabei unablässig rudern, bevor er sein Ziel erreichen konnte. Dort könne er dann Utgarda-Loki besuchen, der sich abscheuliche und grausige Höhlen als seinen verdreckten Wohnort auserkoren hatte.

Während Utgarda-Loki am Anfang dieser Erzählung noch als ein Götterkönig erscheint, wird er nun als eine schmutzige Gestalt in einer Höhle geschildert.

Thorkill war sehr bestürzt darüber, daß er auf eine weitere Reise, die so lang und gefährlich war, gehen sollte – jedoch gewann seine zweifelnde Hoffnung schließlich die Oberhand über seine derzeitige Frucht und er bat daher um etwas Brennholz.

Da sprach der Riese: „Wenn Du Feuer brauchst, mußt Du uns drei weitere Urteile in entsprechenden Aussprüchen geben."

Da sprach Thorkill: „Guten Rat sollte man befolgen, auch wenn ihn ein geringer Mann gibt."

Und dann: „Ich bin so weit vorgestürmt, daß ich, wenn ich zurückgelangen sollte, meine Sicherheit nur meinen eigenen Beinen verdanke."

Und noch einmal: „Wäre ich in diesem Augenblick frei, zurückzukehren, so würde ich nie wiederkommen."

Diese drei Aussagen haben nicht den eher humorvollen Charakter, den auch die „drei wahren Worte" haben, die der Riese Hler im Chronicon lethense verlangt, sondern eher den ernsten Charakter, der sich auch beiden „drei wahren Dingen" findet, die in der keltischen Saga über König Cormac mac Art zu finden sind (siehe „Drei wahre Worte" in Band 64).

Daraufhin trug Thorkill das Feuer zu seinen Gefährten und da sie einen freundlichen Wind vorfanden, landeten sie am vierten Tag in dem angewiesenen Hafen. Er betrat mit seinen Männer ein Land, in dem der Anblick einer ununterbrochenen Nacht den Wechsel von Licht und Dunkelheit behinderte. Er konnte kaum etwas vor sich sehen, aber er erkannte einen Felsen von riesiger Größe.

Da er ihn erkunden wollte, sagte er seinen Gefährten, die an der Tür Wache standen, daß sie als eine angebrachte Sicherheitsmaßnahme gegen Dämonen mit ihrem Flintstein ein Feuer schlagen und es im Eingang entfachen sollten.

Dann ließ er andere ein Licht vor ihm hertragen und zwängte seinen Leib durch die engen Kiefer der Höhle, in der er eine Anzahl von eisernen Sitzen inmitten eines Gewimmels von dahingleitenden Schlangen sah.

Dieser enge Eingang entspricht dem Eingang der Hel, der ebenfalls als eine enge Stelle unter einem Felsen beschrieben wird. Möglicherweise ist dieses Motiv durch den schmalen Eingang zu der Grabkammer in den Hügelgräbern inspiriert worden.

Die Totengeister in den Grabkammern der Hügelgräber wurden als Schlangen bzw. Drachen aufgefaßt.

Thorkill betritt hier also ein Hügelgrab durch einen engen Eingangsschacht und begegnet dort zunächst den Schlangen-Totengeister. Dies ist eine ähnliche Szene wie in der Gunnlöd-Mythe, in deren Hügelgrab Odin in Schlangen-Gestalt durch ein enges Loch kriecht.

Als nächstes traf sein Blick auf ein träges Gewässer, das schleppend über einen sandigen Boden dahinfloß.

Dieses Gewässer wird dem Gjallar-Jenseitsfluß entsprechen, auch wenn es gar nicht „gjallr", also „laut tosend" ist.

Er überquerte es und näherte sich ein Höhle, die etwas steiler hinaufführte. Danach öffnete sich den Besuchern ein düsterer und stinkender Raum, in dem sie Utgarda-Loki sahen, der an Händen und Füßen mit riesigen Ketten gefesselt war. Jedes einzelne seiner stinkenden Haare war lang und steif wie ein Speer aus Hartriegel-Holz.

Thorkill, dem seine Gefährten halfen, riß, damit seine Taten noch mehr Ruhm erlangen würden, eines von ihnen aus dem Kinn des Utgarda-Loki heraus, der dies erduldete. Da breitete sich solch ein schädlicher Gestank zu denen, die dort standen, aus, daß sie nicht mehr atmen konnten ohne ihre Nasen hinter ihren Mänteln zu

81

schützen. Sie schafften es kaum hinauszugelangen und wurden von den Schlangen mit Gift bespritzt, die von allen Seiten her auf sie zuschossen.

Nur fünf von Thorkills Gefährten gelangten mit ihrem Anführer auf das Schiff – das Gift hatte die anderen getötet.

Die Dämonen schwebten rasend über ihnen und warfen ihren giftigen Geifer von allen Seiten auf die Männer unter ihnen. Aber diese schützten sich mit ihren Fellen und schleuderten das Gift fort, das auf sie fiel. Einer der Männer wollte an dieser Stelle hinausblicken und das Gift traf seinen Kopf, der daraufhin von seinem Kopf abgetrennt wurde als ob er mit einem Schwert abgeschlagen worden wäre. Ein anderer wagte sich mit seinen Augen aus dem Schutz heraus und als er sie wieder hineinholte, waren sie erblindet. Wieder ein anderer streckte seine Hand hinaus während er seinen Schutz ausbreitete und als er sie wieder hineinzog, war sie durch die Kraft des Geifers verdorrt.

Sie riefen ihre Götter an, freundlicher zu ihnen zu sein – doch vergeblich, bis Thorkill zu dem Gott des Universums betete und ihm sowohl Trankopfer als auch Gebete spendete; und als sie daraufhin sahen, daß der Himmel wieder klar und die Elemente wieder wie zuvor waren, machten sie wieder gute Fahrt.

Da schienen sie eine andere Welt zu erblicken und den Weg zu dem Leben der Menschen. Schließlich gelangte Thorkill nach Deutschland, das damals bereits zum Christentum übergetreten war, und unter diesen Leuten lernte er, wie man Gott verehrt.

Die Männer, die mit ihm gefahren waren, waren fast alle wegen der schrecklichen Luft, die sie geatmet hatten, gestorben, und er kehrte mit nur zwei Männern zurück, die dem Schlimmsten entkommen waren.

In diesen Szenen zeigt sich die Erfahrung der Wikinger mit dem Plündern von Hügelgräbern, denn die Luft in den lange verschlossenen Grabkammern konnte man kaum atmen. Sie war zudem u.a. durch die Verwesungsdämpfe giftig geworden, was natürlich noch verstärkt wurde, wenn man die Leiche (Utgard-Loki) in irgendeiner Weise bewegte.

Die verwesende Masse, die auf Thorkills Gesicht klebte, verbarg sein Antlitz und seine früheren Gesichtszüge so gründlich, daß ihn nicht einmal seine Freunde wiedererkannten. Doch nachdem er sich gereinigt hatte, war er für die, die ihn sahen, wieder erkennbar, und der König war voll der größten Begierde, über seine Fahrt zu hören.

Doch die Versuche seiner Rivalen, ihn herabzusetzen, waren noch nicht beendet, und einige von ihnen gaben vor, daß der König plötzlich sterben würde, wenn er Thorkills Bericht hören würde. Der König war um so mehr geneigt, diesen Worten Glauben zu schenken, da er bereits aufgrund eines Traumes, der dasselbe vorher-

gesagt hatte, leichtgläubig geworden war.

Daher wurden auf den Befehl des Königs Männer angeheuert, die Thorkill in der Nacht töten sollten. Aber irgendwie bekam er Wind von der Sache und verließ sein Bett ohne daß dies irgendjemand wußte und legte an seiner Stelle einen schweren Balken an seinen Platz. Dadurch täuschte er den verräterischen Plan des Königs, den die Söldner zerschlugen nur den Balken.

Am Morgen ging Thorkill zu dem König, der bei seinem Fleisch saß und sprach: „Ich vergebe die Grausamkeit und entschuldige Deinen Irrtum, durch den Du diese Strafe befohlen hast – und keinen Dank für den, der Dir gute Nachrichten von seiner Fahrt bringt. Dir zuliebe habe ich mein Leben all diesen Nöten unterworfen und habe es in all diesen Gefahren verteidigt; und ich habe gehofft, daß Du meine Dienste mit mehr Dankbarkeit belohnen würdest – und siehe: Ich habe Dich gefunden und Du bist alleine und ich könne meine Bestrafung sühnen. Aber ich lasse jede Rache los und bin mit der Scham in Deinem Herzen – wenn nach alldem irgendeine Scham in den Danklosen ist – als Entschädigung für diese Untat mir gegenüber zufrieden. Ich könnte mit Recht sagen, daß Du schrecklicher bist als all die üblen Wesen in ihrer Raserei, wenn ich, nachdem ich den Fallen all dieser Ungeheuer entkommen bin, nun in Deiner Falle umgekommen wäre."

Der König begehrte nun alles von Thorkills eigenen Lippen zu hören; und weil er glaubte, daß es kaum möglich ist, seinem Schicksal zu entkommen, bat er ihn, alles in seiner richtigen Reihenfolge zu berichten.

Er lauschte aufmerksam dieser Erzählung von allen Dingen, doch als zuletzt sein eigener Gott genannt wurde, konnte er nicht ertragen, daß er unvorteilhaft beurteilt wurde. Er konnte es nicht ertragen, daß Utgarda-Loki der Schmutzigkeit geziehen wurde und er verabscheute sein schamvolles Unglück so sehr, daß selbst sein Leben solche Worte nicht ertragen konnte und er gab es in der Mitte von Thorkills Erzählung auf.

So entdeckte er, während er so eifrig in der Verehrung des falschen Gottes war, sein wahres Sorgen-Gefängnis lag. Zudem trat der Gestank aus dem Haar aus, das Thorkill aus den Locken des Riesen gerupft hatte, sodaß viele von denen, die umher standen, davon starben.

In dieser Geschichte sind mehrere Dinge miteinander verwoben worden:

    - die Erinnerung daran, daß Utgarda-Loki einst ein Königsgott, d.h. ein Tyr-Riese gewesen ist,
    - die Erinnerung daran, daß dieser Gott (auch) im Jenseits, d.h. auf der Insel im Westen, wo die Sonne abends im Meer versinkt, zu finden war,
    - die Reise des Thor zu Utgarda-Loki (hier heißt der Reisende Thorkill),
    - und schließlich als Zutat durch den Mönch Saxo die Deutung dieser Reise

als einer Erkenntnis, daß Utgarda-Loki in der Unterwelt gefangen liegt und machtlos ist.

Der erste dieser Punkte bestätigt die Deutung des Utgardloki als „Tyr-Riesen" und der letzte dieser Punkte zeigt, daß der Gefangenschaft des Loki während der drei Sommermonate eine Gefangenschaft des Tyr während der neun Wintermonate entsprach. Diese Gefangenschaft des Tyr findet sich als zentrales Motiv auch im Wieland-Lied, in dem es mit dem Motiv des Neuschmiedens des Schwertes des Tyr-Wieland kombiniert worden ist.

V 1. l)   Ägirs Trinkgelage

In dieser Strophe wird zwar der Osten als Richtung genannt, da es jedoch „von Osten her" heißt, ist „nach Westen hin" gemeint.

Loki:
„Schweig Du, Niörd, von Osten gesendet
Als Geisel bist Du den Göttern.
Hymirs Töchter nahmen Dich da zum Nachtgeschirre
Und machten Dir in den Mund."

Diese Strophe spielt vermutlich auf den Geiseltausch zwischen den Asen und den Wanen an. Hymir ist der Vater des ehemaligen Sonnengott-Göttervaters Tyr, d.h. Tyr selber als Riese im Jenseits im Westen. Er ist mit Utgardloki identisch.

V 1. m)   Noregs Konungatal

Dieses Stammbaum-Lied wurde um 1047 von Jon Lopt-Sohn verfaßt.

Der tapfere Herr herrschte   /   für drei und siebzig Jahre
über die Bettgenossin   /   des Thundr,
bevor die einzige Tochter   /   des Anführers kam,
um ihm   /   das Leben zu rauben.

Herr = König
Thundr = Odin; dessen Bettgenossin = Jörd = die Erde = das Reich des Königs

Anführer = Loki; dessen Tochter = Hel

Der hart-herrschende / Jarl Hakon
erhielt Hars Frau / nach Haralds Tod.
Dieser Herr / herrschte
über Thundrs Bettgenossin / für dreizehn und zwanzig Jahre.

Har = Odin; dessen Frau = Jörd = Erde = Königreich

Jarl Eirikr, / dem Ruhm verliehen wurde,
herrschte zwölf Jahre / über Yggs Maid,
bevor der Herr, / der seine Freunde bereicherte,
von dem Land fort / nach Westen über das Meer zog.

Ygg = Odin; dessen Maid = Jörd = Erde = Königreich
nach Westen ziehen = sterben (der Sonne in das Jenseits folgen; Seebestattung wie Baldur)

V. 1. n)   Bruchstück eines Liedes des Skalden Bjarni

In dem Bruchstück eines Liedes des Skalden Bjarni (sein auf „-ason" endender Abstammungsname ist nur unvollständig erhalten) wird der Westen zwar nicht ausdrücklich erwähnt, aber die Fahrt eines Toten zu dem „Ankerplatz des Tyr-Ägir" kann nur als Analogie zu der Fahrt des Sonnenschiffes am Himmel aufgefaßt werden und führt folglich nach Westen.

Seht, was diesem Fürsten geschah:
Eine Wut-Tat: Ihm wurden die Augen herausgeschlagen
(Das war eine Fehde!) von den Männern –
Dem Heimdall, dem Baum des Honigs.

- Fürst = König Magnus der Blinde
- Heimdall = Fürst
- Honig = Gold (Farbe); Baum = Mann; Goldbaum = reicher Fürst

So kam es, daß von des Eiben-Herrn Haupt
der ein Ausgestoßener wurde,
der bitter unter dem Himmel wanderte,
rotes Blut herabrann.

- Eibe = Bogen; Eiben-Mann = Krieger; Eiben-Herr = Herr der Krieger = Fürst

Der Fürst nahm den Insel-erfüllten Weg
durch den Erd-Gürtel nach Vierzig-Stäbe.

   - Insel-erfüllter Weg = Meer
   - Erd-Gürtel = das Weltmeer rings um Midgard
   - Vierzig-Stäbe = Jenseits (Bestattung im evtl. brennenden Schiff, das man ins Meer hinaustreiben ließ – siehe Baldurs Bestattung); die genaue Bedeutung der Kenning ist unklar (siehe weiter unten)

Ägir gibt mir einen Ankerplatz,
er war Dir gnädig;
zum Kostbar-Rad sprechen:
Die Mark-Heime sind im Schnell-Berg.

   - Ägir = der Sonnengott-Göttervater Tyr im Jenseits (vermutlich auf der Sonnenuntergangs-Insel Walaskialf im Westen)
   - Kostbar-Rad = Sonne
   - Mark-Heim = Knochen (des Königs Magnus)
   - Hnitbiörg = Hügelgrab; wörtlich: schnell zufallendes Tor (der Grabkammer)

Und Lofn befreite den starken Mann
(als das Heer vom Land-Raub erschöpft schlief)
am langen Steuerruder auf dem See-Hirsch
von oben.

   - Lofn = Jenseitsgöttin (evtl. als Wiederzeugungs-Geliebte)
   - See-Hirsch = Schiff (evtl. das Bestattungsschiff des Königs Magnus)

   Der Stab war ein Symbol des Weltenbaumes, den Seher, Seherinnen, Priester, Priesterinnen und Magier als Symbol ihrer Fähigkeiten trugen. Die Zahl „40" setzt sich aus der „4" (Struktur, Himmelsrichtungen) und der „10" (viel) zusammen.
   „4 Stäbe" würden den vier Richtungen und somit den vier Himmelsträger-Zwergen entsprechen. Auch der Stab als Weltenbaum-Symbol würde zu dieser vier Trägern passen, da der Weltenbaum in Mythen manchmal Hinsicht den Himmel trägt – zumindest steht er innerhalb des mythologischen Weltbildes wie ein zentraler Trägerpfosten in der Welt.
   Die „10" macht nun aus der „4" durch Multiplikation eine „40", d.h. aus den „4 Trägern" in den vier Himmelsrichtungen wird gewissermaßen ein Kreis von „40

Stäben", der rings um die Welt an deren Rand den Himmel trägt. Der Außenkreis, an diesem Stäbe stehen, ist somit Utgard, daß sich die Germanen wie einen Kreis von hohen Bergen rings um das Weltmeer vorstellten und das das Jenseits und somit der Wohnort der Riesen war.

„40 Stäbe" könnte somit ein Name für das Utgard-Gebirge am Rande der Welt als Träger der Himmelskuppel (Ymirs Schädel) gewesen sein.

V 1. o) Saga über Harald Hart-Rat

Als sie bei Solund vor Anker lagen, hatte ein Mann, der Gyrd genannt wurde und der an Bord des Schiffes des Königs war, einen Traum.

Ihm schien, daß er auf dem Schiff des Königs stand und eine große Zauber-Frau auf der Insel stehen sah, die eine Mistgabel in der einen Hand und einen Trog in ihrer anderen Hand hielt.

Ihm schien auch, daß er über die gesamte Flotte hinblickte und daß auf dem Heck eines jeden Schiffes ein Vogel saß und daß alle diese Vögel Raben oder Adler waren.

Und die Zauber-Frau sang dieses Lied:

„ Von Osten her hole ich den König,
Nach Westen bringe ich den König;
So mancher Edle wird dorthin gelangen,
Raben über Giukes Schiff sind passend ...
Sie blicken auf die Opfer, die ihnen am passendsten erscheinen.
Auf dem Vordersteven werde ich mit ihnen segeln!
Auf dem Vordersteven werde ich mit ihnen segeln! "

Auch hier ist der Westen die Richtung des Sonnenunterganges und somit des Todes.

V 1. p) Die Geschichte über Gunnlaug Schlangenzunge

In dieser Geschichte, die bereits angeführt worden ist, ist der Westen zwar die „unglückliche Richtung", aber es ist schwer zu sagen, ob dem eine mythologische Vorstellung zugrundeliegt oder ob der betreffende Mann einfach im Westen gewohnt hat.

Die Sonne brannte heiß und verursachte Thorstein und dem Normann Beschwerde;

87

und als sie die Wand aufgerichtet, da setzten sich beide auf dem Zeltplatze nieder und Thorstein schlief ein und warf sich im Schlafe unruhig hin und her. Der Normann saß bei ihm und ließ ihn ungestört seinen Traum genießen; als jener aber dann aufwachte, fühlte er sich unbehaglich.

Da fragte ihn dar Normann, was ihm geträumt hätte, da er so unruhig geschlafen. Thorstein versetzte: „Träume haben nichts zu bedeuten!"

Als sie aber gegen Abend heim ritten, fragte der Normann noch einmal, was Thorstein geträumt habe.

Thorstein sprach: „Wenn ich Dir den Traum sage, dann sollst Du ihn auslegen, wie er ist!"

Der Normann entgegnete, er wolle es versuchen.

Da sprach Thorstein: „Mir träumte, ich wäre zu Hause in Borg und stünde außen vor der Haupttür; da sah ich an dem Hause hinauf und sah oben an der Dachkante einen schönen Schwan sitzen, der mir gehörte und mir außerordentlich wohlgefiel. Da sah ich oben von den Bergen her einen großen Adler fliegen; er flog hinzu und setzte sich neben den Schwan und zwitscherte zärtlich mit ihm, und jener schien das ganz gut aufzunehmen. Der Adler war schwarzäugig und hatte eiserne Klauen an sich und schien mir ein tüchtiges Thier zu sein.

Dann sah ich einen anderen Vogel von Süden her fliegen; auch dieser kam nach Borg, setzte sich auf das Haus zum Schwan und wollte ihn für sich gewinnen. Auch das war ein großer Adler. Aber bald schien mir der Adler, der zuerst dagewesen war, gar zornig über den neuen Ankömmling zu werden, und sie stritten heftig und lang, und ich sah, dass beide bluteten. Damit schloß ihr Kampfspiel damit, daß beide, jeder nach einer anderen Seite hin, von der Dachkante fielen und tot waren. Aber der Schwan blieb sitzen, sehr traurig und betrübt.

Da sah ich einen Vogel von Westen her fliegen, das war ein Habicht; er setzte sich zum Schwan und tat schön mit ihm, und dann flogen beide fort nach derselben Himmelsrichtung zu; und da erwachte ich."

„Und", fügte er hinzu, „dieser Traum hat nichts zu bedeuten; das wird Stürme anzeigen, daß sie sich in der Luft treffen, und zwar von den Himmelsrichtungen her, aus denen die Vögel kamen."

Der Normann sprach: „Das ist meine Ansicht nicht, daß es sich so verhält."

Thorstein versetzte: „Nimm Dir aus dem Traume das, was Dir am wahrscheinlichsten scheint und laß es mich hören!"

Der Normann, sprach: „Die zwei Vögel mögen die Hamingjas von Männern sein; Deine Gattin aber ist unpäßlich und wird ein hübsches Mädchen zur Welt bringen, das Du sehr lieben wirst; dann werden zwei stattliche Männer um Deine Tochter anhalten, aus den Gegenden des Landes, woher Dir die Adler zu kommen schienen; beide werden die heftigste Liebe zu ihr fassen, werden um sie kämpfen und beide dabei ihr Leben lassen. Dann wird ein Dritter um sie freien aus der Richtung, wo der

Habicht herkam, und mit ihm wird man sie verheiraten. Nun habe ich Deinen Traum gedeutet, und ich glaube, es wird so kommen!"

Thorstein versetzte: „Übel ist der Traum ausgelegt und nicht gerade wohlwollend, und ich hoffe, daß Du Dich nicht gut auf das Traumdeuten verstehst!"

„Du wirst ja die Probe machen können", entgegnete jener, „wie die Sache gehen wird!"

Thorstein zeigte sich von da an kalt gegen den Normann; dieser segelte dann im Sommer wieder fort und kommt nun in der Geschichte nicht mehr vor.

V 1. q)   Die Saga über Thorstein Viking-Sohn

In dieser Saga wird der Westen nicht genannt, aber eine Insel beschrieben, die sehr wahrscheinlich die Jenseits-Insel im Westen ist.

Hinter der Halle des Königs standen Berge, die waren so hoch, daß es keine Men-schen-Wege über sie hinüber gab. Eines Tages kam ein Mann – wenn man ihn denn so nennen kann – von diesen Bergen herab. Er war größer und sah grimmiger aus als alle Menschen, die je zuvor gesehen waren worden und er sah eher wie ein Riese und nicht wie ein Mensch aus. In seiner Hand hielt er einen Spieß mit zwei langen Spitzen.

Diese Berge könnten die Grenze zum Jenseits symbolisieren. Dasselbe Motiv findet sich auch bei den beiden Grimen in der Geschichte über Helgi Thorisson, die über ein Gebirge, das noch niemand überquert hat, zu dem König kommen. Die beiden Grime sind eine Sagenvariante der beiden Alcis-Pferdesöhne des Tyr, was vermuten läßt, daß auch der Mann, der hier über das Gebirge kommt, über das es keine Menschen-Wege gibt, etwas mit diesen beiden Alcis zu tun haben könnte.

Dieses Gebirge entspricht Utgard und dem Hügelgrab, das auch „Berg" genannt werden konnte.

Da Riesen Jenseits-Wesen sind und der wichtigste aller Riesen der ehemalige Göttervater Tyr, also der Vater der beiden Alcis ist, bestätigt die Schilderung dieses „Berg-Mannes" den Anfangsverdacht, daß er einer der beiden Alcis oder eben (der stark umgedeutete) Tyr selber sein könnte.

Dies geschah, während der König an seiner Tafel saß.

Dieser riesige, grobe Kerl kam zu der Tür der Halle und verlangte Einlaß, aber die Wächter wollten ihn nicht einlassen. Da tötete er die beiden Wächter mit seinem Spieß und spießte den einen auf die eine Spitze seines Spießes auf und den anderen auf die andere. Dann hob er beide über seinen Kopf und warf sie auf die Erde hinter sich.

Dann trat er ein und nahte dem Thron des Königs und sprach ihn mit den folgenden Worten an: „Da ich Dich, König Hring, dadurch geehrt habe, daß ich Dich besuchen komme, denke ich, daß es Deine Pflicht ist, mir meinen Wunsch zu erfüllen."

Der König frug, was dieser Wunsch sei und was sein Name wäre.

Er antwortete: „Mein Name ist Harek Eisenkopf und ich bin der Sohn von König Kol dem Buckligen von Indien, aber der Grund meiner Reise ist, daß ich will, daß Du Deine Tochter, Dein Land und Dein Volk in meine Hände gibst."

„Indien" ist wie das Weiße Meer östlich von Finnland („Gandvik" = Magie-Bucht") in den Sagas meist ein fernes Land, aus dem die Wesen kommen, die in den Mythen in der Unterwelt gelebt haben.

Der König des Jenseits („Indien" hinter den „weglosen Bergen") ist der ehemalige Göttervater Tyr. Dieser ist im Jenseits verwundet, da er in den alten Mythen im Herbst von Loki besiegt und in die Unterwelt verbannt wurde. Dort fehlt ihm entweder die rechte Hand (von Fenrir abgebissen) oder er kann nicht laufen (Loki-Nidud durchschneidet die Kniesehnen des Tyr-Wieland). In der Thorstein-Saga ist der „König des Jenseits" stattdessen bucklig.

Später in dieser Saga tritt noch ein Schwager des Harek Eisenkopf auf, der den Namen Jokul Eisenrücken trägt. Es ist somit recht wahrscheinlich, daß Harek und sein Schwager Jokul, die beides Riesen sind und über das Eisen mit dem Jenseits assoziiert worden sind, auf die beiden Alcis-Söhne des Tyr zurückgehen. In den Mythen nach 500 n.Chr. wird der Tyr-Riese von Thor getötet – in dieser Sage sind Tyr-Kol und seine beiden Alcis-Riesensöhne (Jokul ist zu seinem Schwiegersohn geworden) die Gegner des Helden Thorstein in dieser Geschichte. Eine ganz ähnliche Umdeutung des Tyr und seiner beiden Söhne findet sich auch in der Saga über Thorstein Hausmacht.

„Und ich denke, daß die meisten Leute sagen werden, daß es besser ist, wenn ich Dein Königreich beherrsche als Du, da es Dir an Kraft und Männlichkeit fehlt und Du schon altersschwach bist. Aber da es Dir vielleicht demütigend erscheinen mag, Dein Königreich fortzugeben, bin ich für meinen Teil damit zufrieden, Deine Tochter Hunvor zu heiraten. Wenn Dir dies jedoch nicht recht ist, werde ich Dich töten, mir Dein Königreich nehmen und Hunvor zu meiner Nebenfrau machen."

Da war der König völlig ratlos und alle Leute waren wegen dieses Gespräches ganz bedrückt.

Da sagte der König: „Mir scheint, daß wir hören sollten, was sie selber antwortet."

Dem stimmte Harek zu.

Da sandte sie nach Hunvor und ihr wurde die Lage erklärt.

Sie sagte: „Mir gefällt das Aussehen dieses Mannes sehr wohl, auch wenn mir scheint, daß er mich hart behandeln wird. Aber ich denke, daß er meiner durchaus wert ist und eine Ehe möglich ist. Trotzdem wünsche ich zu fragen, ob nicht ein Löse-geld gezahlt und ich frei bleiben kann."

„Ja, das ist möglich," antwortete Harek, „Wenn der König willens ist, innerhalb von vier Nächten einen Holm-Gang mit mir zu führen oder einen anderen Mann an seiner Stelle zu senden – dann soll alle Macht an den fallen, der den anderen in dem Zweikampf tötet."

„Gewiß," antwortete Hunvor, „kann niemand gefunden werden, der Dich in einem Zweikampf besiegen könnte. Trotzdem willige ich in Deine Bedingungen ein."

Danach ging Harek hinaus und Hunvor zog sich in ihr Frauenhaus zurück und weinte bitterlich.

Da frug der König seine Männer, ob niemand unter ihnen sei, dem seine Tochter Hunvor ein ausreichender Preis erscheine, um einen Holmgang mit Harek zu wagen. Doch obwohl sie sie alle heiraten wollten, wollte doch niemand den Zweikampf wagen, der ihnen als der sichere Tod erschien.

Viele sagten auch, daß sie dieses Schicksal verdient habe, da sie schon so viele zurückgewiesen habe, und daß die Ehe mit Harek ihren Stolz mindern würde.

Der Kampf um die Königstochter ist die Sagenvariante des Kampfes des des Som-mergottes Tyr und des Wintergottes Loki um die Jenseitsgöttin, denn ohne diese war es demjenigen dieser beiden Götter, die sich gerade im Jenseits befanden, nicht mög-lich, sich mit ihr wiederzuzeugen und dann anschließend wiedergeboren zu werden. Zu diesem Thema gehört nicht nur Lokis Raub der Idun, Thryms Verlangen nach Freya sowie Freya und Sif als Lohn für den Riesenbaumeister (Tyr als Riese), sondern auch die zentralen Themen in fast allen indogermanischen Nationalepen, in denen es stets um den Streit zweier Könige um die „schönste Frau" geht.

Sie hatte einen Diener mit dem Namen Eymund, der ein ihr treuer Mann war und dem sie in allen Dingen vertrauen konnte.

Diesen Mann rief sie an demselben Tag sofort zu sich und sprach zu ihm: „Es ist nicht ratsam zu schweigen. Ich will, daß Du ein Boot nimmst und zu der Insel ruderst, die jenseits der fruchtbaren Felder liegt und 'Vifils Insel' genannt wird. Auf dieser Insel steht ein Bauernhaus. Dorthin mußt Du gehen und dort mußt Du morgen bei Nachtanbruch ankommen. Du mußt den Bauernhof durch die westliche Tür betreten und wenn Du eingetreten bist, wirst Du einen sehr aufmerksamen alten Mann und eine ältere Frau sehen – sonst wirst Du dort niemanden sehen.

Sie haben einen Sohn mit dem Namen Viking, der nun fünfzehn Jahre alt und ein Mann von sehr großen Fähigkeiten ist, aber er wird nicht da sein. Ich hoffe, daß er uns in unseren Sorgen helfen kann – wenn nicht, glaube ich kaum, daß es irgendeine

Hilfe für uns geben wird.

Du mußt Dich verborgen halten, aber wenn Du eine dritte Person siehst, dann wirf diese Botschaft in ihren Schoß und eile wieder heim."

Der Ort, von dem die Rettung kommen könnte, ist eine Insel, die „jenseits der fruchtbaren Felder" liegt – dies wird wahrscheinlich ursprünglich die Jenseitsinsel gewesen sein, die jenseits des fruchtbaren Midgard im Wasser-Jenseits liegt.

Der altnordische Männername „Vifil" leitet sich vermutlich von dem germanischen „Wiwaz" her und bedeutet „Priester, Geweihter". Möglicherweise ist „Vifil" aber auch eine Umdeutung und die Insel ist früher einmal nicht „Insel des Geweihten", sondern „geweihte Insel" genannt worden, was eine passender Bezeichnung für die Jenseitsinsel wäre. Diese „Insel des Vivil" tritt auch noch in der Sagas über Hrolf Kraki auf und hat dort eine ähnliche Funktion (siehe diese Saga in Band 79).

Ein Mann auf einer Insel, der große Fähigkeiten hat und „Priester, Geweihter, Heiliger" heißt, ist mit recht sicher eine Sagenvariante des ehemaligen Göttervaters Tyr auf der Jenseitsinsel. Dasselbe Motiv findet sich später in dieser Saga noch einmal als der Einsiedler mit dem Namen 'Brenner'.

Der Alte muß dieser Symbolik gemäß ursprünglich der alte Tyr als Riese gewesen sein und seine Frau die Jenseitsgöttin.

Sowohl der Feind als auch der Retter kommen in dieser Saga aus einem symbolischen Jenseits: Harek von „hinter den Bergen" (wo bekanntlich auch die Zwerge, d.h. die Totengeister wohnen) und Vifil von der „Insel jenseits des fruchtbaren Landes" (Walaskialf).

Eymund hat in dieser Saga eine ähnliche Aufgabe wie Hermod im Baldur-Mythos, Skirnir in den Freyr-Mythen und Thialfi in den Thor-Mythen – er ist eine Sagenvariante des Schamanen-Priesters, der am Morgen bzw. im Frühjahr den Sonnengott-Göttervater mit Hymnen in das Diesseits zurückruft.

V 1. r) Personennamen

Mit dem Wort „Westen" sind nur Männernamen gebildet worden.

Mit „Westen" gebildete Personennamen		
Namen		**Bedeutung**
Männernamen	*Frauennamen*	
Westmadr		West-Mann
Vestarr		West-Heer
Vestmundr		West-Hand
Vestgeir		West-Speer
Vestlidi		West-Fahrer
Vestmarr		West-Ruhm

Diese Männernamen könnten das Bild der von Skandinavien oder Dänemark aus nach Westen hin ins Meer aufbrechenden Wikinger schildern.

Es wäre zwar auch das Motiv der nach Westen hin wandernden Sonne denkbar, aber dafür fehlen konkrete Hinweise in diesen Namen.

V 1. s) Zusammenfassung

Der Westen ist der Ort des Sonnenunterganges und daher wie der Norden eine Richtung des Todes, d.h. des Einganges in das Totenreich. Daher findet sich auch der Galgen im Westen.

Das Tor der Halle des Odin blickt nach Westen. Über ihm befindet sich ein Wolf, der der Jenseitsführer ist, und ein Adler, der der Seelenvogel des Göttervaters ist.

Dieser Adler-Seelenvogel des Tyr bzw. später des Odin ist als „großer Vogel" auch der Beschützer des Westviertels von Island. Dieser Adler ist auch der Seelenvogel Hraesvelgr des Tyr am Himmelsrand – dort wo auch Tyrs Vater Hymir, also der „alte Tyr" wohnt.

Im Westen ist auch der am Abend bzw. im Herbst gestorbene Göttervater selber als Riese zu finden. In einer Saga trägt er noch den Tyr-Beinamen „Utgardloki" und in einem Lied wird er „Hymir" (Tyrs Vater bzw. Tyr als Jenseits-Riese) genannt.

Da die Totengeister oft als Schlangen oder Drachen aufgefaßt wurden, kann man bei Reisen in den Westen auch Begegnungen mit Drachen erwarten.

Dort im Westen am Eingang zur Unterwelt ist auch die Wiedergeburts-Göttin zu finden, die in dieser Richtung den Namen „Rindr" trägt. Sie gebiert dem Odin den

Sohn Wali, den Rächer des Baldur. Wali, der auch „Boe" genannt wird, ist der wiedergeborene Sonnengott-Göttervater Tyr, da er am Morgen im Alter von nur einer Nacht Rache für seinen Tod am Abend nimmt.

Der Himmelsträger in dieser Richtung ist der gehörnte Zwerg Westri, der mit dem Zwerg Grer (einem der vier Geliebten der Freya), mit dem Hirsch Dain und mit einem der vier Stier-Söhne der Gefiun identisch ist. Er ist der Sohn des Tyr-Riesen im Jenseits und der Göttin Freya-Gefion-Huldar.

Die Sonnenuntergangs-Insel im Westen wurde „Walaskialf", d.h. „Toteninsel" genannt. „Walaskialf" ist in der germanischen Überlieferung bereits zu einem der Namen von Odins Halle geworden, in der auch sein Seher-Thron Hlidskialf („Toten-tor") steht.

V 2. Herbst

In dem Gedicht „Hauslöng", dessen Name „Herbstlang" bedeutet, hat Thjolfr von Hvini um ca. 900 n.Chr. den Kampf zwischen Tyr-Thiazi und Loki sowie zwischen Thor und Tyr-Geirröd beschrieben.

Da in beiden Liedern der Tyr-Riese Thiazi bzw. Geirröd durch die Asen bzw. durch Thor besiegt wird, könnte sich der Name dieses Liedes auf den Sieg des Loki über Tyr im Herbst bzw. die späteren Varianten des Sieges der Asen bzw. Thor über Tyr beziehen.

Der Herbst erscheint nirgendwo in der germanischen Überlieferung mit einer klaren symbolischen Bedeutung. Lediglich der Titel des Liedes „Herbstlang" könnte sich auf den Sieg des Loki über Tyr in den Mythen vor 500 v.Chr. sowie auf den Sieg der Asen bzw. des Thor über Tyr in den Mythen nach 500 n.Chr. beziehen.

V 3. Herbsttagundnachtgleiche

Dieses Fest am 21. 9. läßt sich schwerer erfassen als die drei anderen Sonnen-Feste am 21.3., 21.6. und 21.12., da die Zeitangaben für das Herbstfest recht ungenau sind und oft nur „am Ende des Sommers" oder „zur Zeit der Lein-Ernte" lauten. Da es jedoch für die drei anderen Feste die präzisen Angaben „Mittwinter,", „Mittsommer" und „Frühlings-Tagundnachtgleiche" gibt, wird man für das Herbstfest mit hoher Wahrscheinlichkeit von der Herbst-Tagundnachtgleiche ausgehen können.

V 3. a) Hymir-Lied

Beim Herbstfest wurde Met oder Bier getrunken – wie vermutlich bei den anderen Festen auch.

„Kraftgerüstet kam er (Thor) *zum Göttermahl*
Und hatte den Hafen, den Hymir besessen.
Daraus sollen trinken die seligen Götter
Ael in Ägirs Haus jede Leinernte."

Hafen = Hufe = Kessel
Ägir ist der ehemalige Sonnengott-Göttervater Tyr als Riese in der Wasserunterwelt. Nach den drei Sommermonaten siegte am Herbstanfang siegte Loki über Tyr, wodurch dann die neun Wintermonate begannen. Im Herbst wird daher in „Ägirs Halle", d.h. in der Unterwelt gefeiert.

V 3. b) Skaldskaparmal

Die dreimonatige Herrschaft des Tyr beginnt zu Mittsommer (Sieg des Tyr über Loki => Tyr kommt ins Diesseits) und endet am Herbstanfang (Sieg des Loki über Tyr => Tyr geht ins Jenseits).
Diese beiden Zeitpunkte wurden durch zwei Feste markiert, die drei Monate auseinanderlagen.

Ägir ging nach Asgard zu einem Fest, aber als es sich bereit machte, nach Hause zurückzukehren, lud er Odin und all die Asen ein, ihn in drei Monaten besuchen zu kommen.

Das erste dieser beiden Feste fand in Asgard statt, während das zweite Fest drei Monate später in der Halle des Ägir, der der ehemalige Göttervater Tyr als Jenseits-Riese ist, in der Wasserunterwelt gefeiert wurde.

Das Fest in Asgard wurde an Mittsommer und das Fest in Ägirs Halle zur Herbst-Tagundnachtgleiche gefeiert.

V 3. c) Skaldskaparmal

Während der drei Sommermonate wurde Loki von Tyr, der auch den Beinamen „Geirröd" trug, gefangengehalten:

Da schloß Geirröd Loki in eine Truhe ein und ließ ihn dort drei Monate lang hungern.

V 3. d) Gylfis Vision

Dieser Rhythmus von 9 Wintermonaten und 3 Sommermonaten findet sich in leicht umgedeuteter Form auch in der Mythe über Njörd (Tyr) und der Erd- und Jenseits-göttin Skadi.

Der dritte Ase ist Niörd genannt, er bewohnt im Himmel die Stätte, welche Noatun heißt. Er beherrscht den Gang des Windes und stillt Meer und Feuer; ihn ruft man zur See und bei der Fischerei an. Er ist so reich und vermögend, daß er allen, welche ihn darum anrufen. Gut, liegendes sowohl als fahrendes, gewähren mag.

Er wurde in Wanaheim erzogen, und die Wanen gaben ihn den Göttern zum Geisel und nahmen dafür von den Asen zum Geisel den Hönir: so verglichen sich durch ihn die Götter mit den Wanen.

Niörds Frau heißt Skadi und ist die Tochter des Riesen Thiassi. Skadi wollte wohnen, wo ihr Vater gewohnt hatte, nämlich auf den Felsen in Thrymheim: aber Niörd wollte sich bei der See aufhalten. Da verglichen sie sich dahin, daß sie neun Nächte in Thrymheim und dann andere drei in Noatun sein wollten.

Aber da Niörd von den Bergen nach Noatun zurück kam, sang er:

„Leid sind mir die Berge; nicht lange war ich dort,
Nur neun Nächte.
Der Wölfe Heulen dauchte mich widrig
Gegen der Schwäne Singen."

V 3. e)   Gylfis Vision

Der Wiedergeburt des Tyr und seinem Sieg über Loki geht die Wiederzeugung voraus, was in den Mythen alles auf denselben Termin fällt.

Da auch Freyr ein Götterkönig ist, findet sich auch bei ihm die Symbolik der neun Monate Wartezeit – die im folgenden Text zu neun Nächten geworden sind.

Da fuhr Skirnir und warb um das Mädchen für ihn und erhielt die Verheißung, nach neun Nächten wolle sie an den Ort kommen, der Barrey heiße, und mit Freyr Hochzeit halten.

V 3. f)   Baldur

Der durch Loki verursachte Tod des Baldur findet der hier beschriebenen Symbolik nach auch am Herbstanfang, d.h. in der altnordischen Terminologie am Winteranfang, also am 21.9. statt.

Die Gefangennahme des Loki durch die Asen erfolgt erst neun Monate später am 21.6., durch die seine den Winter verursachende Herrschaft endet.

V 3. g)   Skaldskaparmal

Die Rückkehr des Loki aus seiner Gefangenschaft bei Tyr-Geirröd, die in der Baldur-Mythe zu dem Tod dieses Sommergottes führt, verläuft in der Geirröd-Mythe relativ undramatisch und wird lediglich als Vorgeschichte zu dem Kampf des Thor mit dem ehemaligen Göttervater Tyr-Geirröd benutzt.

V 3. h)   Die Saga über Hervor und König Heidrek den Weisen

Auch in dieser Saga wird über ein Opferfest berichtet, das mit Sicherheit im Herbst stattfand:

Alf war der König, der über Alfheim herrschte. Alfhild war seine Tochter. Alfheim lag zwischen dem Goten-Fluß und dem Raum-Fluß.
An einem Herbsttag veranstaltete König Alf ein großes Disen-Opfer und Alfhild

ging zu den Opferungen. Sie war schöner als alle Frauen und auch alle anderen Leute in Alfheim waren schöner anzusehen als andere Menschen zu jener Zeit. Aber in der Nacht, als sie den Altar rötete, raubte Starkad Ala-Krieger die Alfhild und nahm sie mit zu sich heim.

König Alf ist „Alberich" („Alfenkönig"), d.h. der ehemalige Sonnengott-Göttervater Tyr als Zwergenkönig in der nächtlichen bzw. winterlichen Unterwelt.

V 3. i) Gisli-Saga

Thorgrimm wollte in der ersten Winternacht ein Ernte-Fest veranstalten und dem Freyr opfern.

Die „erste Nacht des Winters" ist in dem germanischen Kalender wahrscheinlich der Herbstanfang, da die Nordgermanen den Herbst, den Winter und den Frühling zu den neuen Wintermonaten zusammenfaßten. Diese Deutung ist recht sicher, da ein Erntefest in der Julnacht keinen Sinn ergibt.

An diesem Erntefest wurde dem Freyr geopfert, was gut zu der Reise des Jenseitsreise des Freyr-Priesters Skirnir zu diesem Zeitpunkt paßt, da Freyr u.a. auch der Gott der guten Ernten und des Wohlstandes ist.

V 3. j) Heimskringla

Im Herbst wurde König Olaf die Nachricht zugetragen, daß die Bauern ein großes Fest am Abend des ersten Wintertages (Anfang des Winters bei den Nordgermanen am 21.9.) gefeiert hatten, zu dem viele Menschen gekommen waren und an dem viel getrunken worden war. Und es wurde dem König berichtet, daß all die Erinnerungs-Kelche an die Asen, also die alten Götter nach der alten heidnischen Weise gesegnet worden waren. Und es wurde noch hinzugefügt, daß Pferde geschlachtet und die Altäre mit ihrem Blut besprenkelt und die Opfer von den Gebeten begleitet worden waren, die man sprach, um eine gute Ernte zu erhalten.

Es wurde außerdem berichtet, daß alle Männer der Meinung waren, daß die Götter dadurch beleidigt worden waren, daß die Halogaland-Leute zu Christen geworden waren.

Als der König diese Nachrichten hörte, sandte er Männer in das Throndheim-Land und befahl, daß mehrere Bauern, deren Namen er seinen Boten sagte, vor ihm erscheinen sollten.

Damals lebte ein Mann, der Olver von Eggja genannt wurde – er wurde so nach dem Hof, auf dem er lebte, genannt. Er hatte große Macht, stammte aus einer großen Familie und war der Anführer der Bauern, die auf das Geheiß des Königs vor diesem erscheinen mußten.

Nun, als sie vor den König traten, hielt er ihnen diese Anklagen vor, denen Olver im Namen der Bauern erwiderte, daß sie kein anderes Fest als das Herbstfest mit ihren üblichen Veranstaltungen gefeiert hätten – ein geselliges Beisammensein und freundschaftliche Trinkfeste.

„Doch was immer Dir auch über die Worte, die von uns Throndheim-Leuten gesprochen sein mögen, berichtet worden sein mag – nun, verständige Männer würden sorgsam darauf achten, solche Dinge nicht zu sagen. Aber ich kann betrunkene Leute nicht daran hindern, närrische Dinge zu reden ... ."

Olver war ein Mann mit geschickter Rede und kühn in dem, was er sagte, und er verteidigte die Bauern gegen solche Anschuldigungen.

Am Ende sagte der König, daß die Leute im Inneren von Throndheim selber bezeugen müßten, daß sie wirklich in dem richtigen Glauben waren.

Die Bauern kehrten wieder heim und sie brachen auf, sobald sie alles vorbereitet hatten.

V 3. k) Heimskringla

Auch wenn Sigurd das Christentum angenommen hatte, führte er seine Feste weiterhin wie gewohnt durch. Er führte nämlich eine große, freundschaftliche Veranstaltung zur Erntezeit durch; ein Jul-Fest im Winter, zu dem er viele einlud; und das dritte Fest um die Osterzeit herum, zu dem er ebenfalls viele Gäste einlud. Diese Brauch behielt er bei, solange er lebte.

V 3. l) Die Saga über die Siedler von Eyre

Im nächsten Herbst gab Snorri der Priester in der Winternacht (Winteranfang, ca. 21. 9.) ein großes Herbstfest und lud all seine Freunde dazu ein. Dort tranken sie Bier und die Leute tranken schnell und waren sehr fröhlich.

V 3. m)   Heimskringla

Am Wintertag (erster Tag des Winters = Herbst-Tagundnachtgleiche) *soll ein Blut-opfer für ein gutes Jahr dargebracht werden und an Mittwinter eines für eine gute Ernte; das dritte Opfer soll am Sommertag* (erster Tag des Sommers = Mittsommer) *sein – für den Sieg in der Schlacht.*

V 3. n)   Gisli-Saga

Bei dem Herbstfest hat es Opferungen gegeben. Es scheint insgesamt trotz des Todes des Tyr-Baldur kein schwermütiges Fest gewesen zu sein – wobei der folgende Bericht bereits aus der Zeit stammt, als Gisli schon nicht mehr die heidnischen Bräuche befolgte.

Es ist nicht ganz sicher, ob im Folgenden das Herbstfest oder die Julnacht gemeint ist.

Bald war der Sommer vorübergegangen und die erste Winternacht nahte. Da veranstaltete Gisli ein Fest und lud alle seine Freunde zu einem Treffen ein, um auf diese Weise sowohl den Winter als auch seine Freunde willkommen zu heißen. Er ließ jedoch alle heidnischen Opferungen fort, seit er zusammen mit Viborg in Sigrhadd gewesen war.

V 3. o)   Ragnarök

Auf den Tod des Baldur (21.9.) folgt neun Monate später die Gefangennahme des Loki durch die Asen (21.6.). Er entkommt seiner Gefangenschaft jedoch nach drei Monaten (21.9.) wieder.

Dieser Ausbruch des Loki aus der Hel und sein Töten des Göttervaters ist zu der komplexen Schlacht des Ragnaröks ausgeweitet worden. In ihr ist das ursprüngliche Thema zwar noch erkennbar, aber der ursprüngliche Kampf zwischen Tyr und Loki bzw. Thor und Jörmungandr (siehe den Band 17 über Thor) ist entsprechend der nach der Absetzung des ehemalige Göttervaters Tyr durch Odin und Thor Odin stark umgebauten früheren, Tyr-zentrierten Mythologie umgedeutet und umstrukturiert worden.

Die Rückkehr der „jungen Asen" nach dem Ragnarök findet dann wieder an Mittsommer statt, da sie eine Variante des Sieges der Asen über Loki ist.

V 3. p) Heidarviga-Saga

Manchmal ist der „Beginn des Winters" auch lediglich eine Zeitangabe:

„am Samstag, wenn es noch fünf Wochen bis zum Winter sind"

V 3. q) Zusammenfassung

Das Winteranfangsfest der Germanen am 21.9. (Herbst-Tagundnachtgleiche) steht in engem Zusammenhang mit der Sommersonnenwende am 21.6.:

Mittsommer	Herbst-Tagundnachtgleiche
21.6.	21.9.
Nordgermanen: Beginn des Sommers	Nordgermanen: Beginn des Winter
Fest bei den Asen im Diesseits	Fest bei Tyr-Ägir im Jenseits; die Götter trinken Bier bei Ägir „zu jeder Leinernte"
Sieg des Tyr über Loki	Sieg des Loki über Tyr
Loki wird für 3 Monate von Tyr-Geirröd in eine Kiste (Grabkammer) eingesperrt	Tyr wird von Loki in das Utgard-Jenseits verbannt, wo er zum Riesenkönig (Utgardloki, Hymir, Geirröd, Hrungnir usw.) wird
Beginn des drei Nächte (= Monate) dauernden Aufenthaltes des Njörd und der Skadi in Njörds Heimat am Meer (= Diesseits)	Beginn des neun Nächte (= Monate) dauernden Aufenthaltes des Njörd und der Skadi in Skadis Heimat in den Bergen (= Hügelgrab = Jenseits)
Ankunft der Gerdr zu ihrer Hochzeit mit Freyr (Wiederzeugung und Wiedergeburt des Freyr); Ernte- und Opferfest für den Erntegott Freyr	Reise des Freyr-Priesters Skirnir in das Jenseits, um dort für Freyr um Gerdr zu werben

101

Einsperren des Loki durch die Asen nach Lokis Mord an Baldur; Wiedergeburt des Baldur nach dem Ragnarök	Hödur tötet durch eine List des Loki den Sommergott Baldur;

Die Herbst-Tagundnachtgleiche ist das Fest des Todes der Sommergötter Tyr, Njörd, Freyr und Baldur und der Beginn der neun Monate dauernden Winter-Herrschaft des Loki.

V 4.   Der Westen in der vor-germanischen Überlieferung

Der Westen als der Ort des Sonnenunterganges hat die Symbolik des Eingangs zum Jenseits. Konkret findet sich dies Motiv jedoch vor allem in der Jenseitsinsel als Sterbeort der Sonne wie bei der Insel Atlantis bzw. den Hesperiden der Griechen, dem Avalon der Kelten und dem Walaskialf der Germanen.

Siehe dazu auch „Jenseitsinsel" in Band 49.

Die Jenseitstor-Symbolik des Westens findet sich aufgrund des Sonnenlaufs bei fast allen Völkern und läßt sich auch schon in den ersten Tempeln in Göbekli Tepe feststellen. Vermutlich reicht diese schlichte Symbolik bis in die späte Altsteinzeit zurück.

Im Westen befindet sich das Tor, durch das die Sonne und die Toten in die Unterwelt gelangen. Da die Sonne von „Rand der Erde" aus gesehen im Meer versinkt, hat man dort am Horizont die Jenseitsinsel vermutet, auf der sich das Tor in die Unterwelt befand.

VI   Der Nordwesten

VI 1. Der Nordwesten in der germanischen Überlieferung

VI 1. a)   Der Name des Nordwest-Windes

Über die Himmelsrichtung „Nordwest" ist nur der Name bekannt: „ut-nordr", was wörtlich „jenseits des Nordens" oder „außerhalb des Nordens" bedeutet. Der Name des Nordwest-Windes lautet „ut-nordingr".

VI 1. b)   Zusammenfassung

Eine mythologische Bedeutung des Nordwestens ist nicht bekannt.

VII Norden – Winter – Wintersonnenwende

VII 1. Der Norden

Die Beschreibungen der vier Himmelsrichtungen sind in der germanischen Mythologie recht vielfältig, aber zugleich auch sehr schlüssig – insbesondere die Beschreibung des Nordens.

VII 1. a) Gylfis Vision

In dieser Zusammenfassung der germanischen Mythologie liegt im Süden das
„Feuer-Land" Muspelheim und ihm gegenüber, also im Norden das „Eis-Land" Niflheim.

*Da sprach Jafnhar: „Manches Zeitalter vor der Erde Schöpfung war Niflheim
entstanden; in dessen Mitte liegt der Brunnen, Hwergelmir genannt. Daraus entspringen die Flüsse mit Namen Swöl, Gunnthra, Fiorm, Fimbul, Thul, Slid und Hrid,
Sylg und Ylg, Wid, Leiptr; Giöll ist der nächste beim Höllentor."*
*Da sprach Thridi: „Vorher aber war im Süden eine Welt, Muspel geheißen: die ist
hell und heiß, so daß sie flammt und brennt und allen unzugänglich ist, die da nicht
heimisch sind und keine Wohnung da haben."*

... ...

*Gangleri frug: „Was begab sich, bevor die Geschlechter wurden und Menschenvolk
sich ausbreitete?"*
*Har antwortete: „Als die Fluten, welche Eliwagar heißen, soweit von ihrem Ur-
sprung kamen, daß der Giftstrom in ihnen erstarrte wie der Sinter, der aus dem Feuer
fällt, ward er in Eis verwandelt. Und da dies Eis stille stand und stockte, da fiel der
Dunst darüber, der von dem Gifte kam und gefror zu Eis, und so legte eine Eislage
sich über die andere bis in Ginnungagap."*
*Da sprach Jafnhar: „Die Seite von Ginnungagap, welche nach Norden gerichtet
ist, füllte sich an mit einem schweren Haufen Eis und Schnee und darin herrschte
Sturm und Ungewitter; aber der südliche Teil von Ginnungagap war milde von den*

Feuerfunken, die aus Muspelheim herüberflogen."

Da sprach Thridi: *„So wie die Kälte von Niflheim kam und alles Ungestüm, so war die Seite, die nach Muspelheim sah, warm und licht, und Ginnungagap dort so lau wie windlose Luft, und als die Glut auch dem Reif begegnete also daß er schmolz und sich in Tropfen auflöste, da erhielten die Tropfen Leben durch die Kraft dessen, der die Hitze sandte. Da entstand ein Menschengebild, das Ymir genannt ward; aber die Hrimthursen nennen ihn Örgelmir, und von ihm kommt das Geschlecht der Hrimthursen.*"

Dieser an das chinesische Yin und Yang erinnernde Urgegensatz von Feuer und Eis könnte ursprünglich das warme Diesseits und das kalte Jenseits gewesen sein.

VII 1. b) Gylfis Vision

In Niflheim im eisigen Norden befindet sich auch das Jenseits einschließlich des Jenseitsbrunnens des Tyr-Riesen Mimir.

„Aber böse Menschen fahren zu Hel und danach gen Niflheim; das ist unten in der neunten Welt."

... ...

Da frug Gangleri: „Wo ist der Götter vornehmster und heiligster Aufenthalt?"
Har antwortete: „Das ist bei der Esche Yggdrasil: da sollen die Götter täglich Gericht halten.
Da frug Gangleri: „Was ist von diesem Ort zu berichten?"
Da antwortete Jafnhar: „Diese Esche ist der größte und beste von allen Bäumen: seine Zweige breiten sich über die ganze Welt und reichen hinauf über den Himmel.
Drei Wurzeln halten den Baum aufrecht, die sich weit ausdehnen: die eine zu den Asen, die andere zu den Hrimthursen, wo vormals Ginnungagap war; die dritte steht über Niflheim, und unter dieser Wurzel ist Hwergelmir und Nidhögg nagt von unten an ihr.
Bei der andern Wurzel hingegen, welche sich zu den Hrimthursen erstreckt, ist Mimirs Brunnen, worin Weisheit und Verstand verborgen sind. Der Eigner des Brunnens heißt Mimir, und ist voller Weisheit, weil er täglich von dem Brunnen aus dem Giallarhorn trinkt. Einst kam Allvater dahin und verlangte einen Trunk aus dem Brunnen, erhielt ihn aber nicht eher, bis er sein Auge zum Pfand setzte."

... ...

„Loki hatte noch andere Kinder. Angurboda hieß ein Riesenweib in Jötunheim: mit der zeugte Loki drei Kinder: das erste war der Fenriswolf, das andere Jörmungand, die Midgardschlange, das dritte war Hel.

Als aber die Götter erfuhren, daß diese drei Geschwister in Jötunheim erzogen würden, und durch Weissagung erkannten, daß ihnen von diesen Geschwistern Verrat und großes Unheil bevorstehe, indem sie Böses von Mutter-, aber noch schlimmeres von Vaterswegen von ihnen erwarten zu müssen glaubten, schickte Allvater die Götter, daß sie diese Kinder nähmen und zu ihm brächten.

Als sie aber zu ihm kamen, warf er die Schlange in die tiefe See, welche alle Länder umgibt, wo die Schlange zu solcher Größe erwuchs, daß sie mitten im Meer um alle Länder liegt und sich in den Schwanz beißt. Die Hel aber warf er hinab nach Niflheim und gab ihr Gewalt über neun Welten, daß sie denen Wohnungen anwiese, die zu ihr gesendet würden: solchen nämlich, die vor Alter oder an Krankheiten starben.“

VII 1. c) Hrafnkell-Saga

Die Germanen warteten mit Hinrichtungen stets bis zur Mittagszeit. Dies könnte damit zusammenhängen, daß man davon ausging, daß des nachts getötete Männer in das dunkle Niflheim im Norden gelangten und am getötete Männer in das helle Muspelheim im Süden.

Da ergriffen sie Hrafnkell und seine Männer und banden ihre Hände rückwärts zusammen. Hierauf erbrachen sie den Außenbau und zogen die Seile von den Haken herunter; dann nahmen sie ihre Messer und stachen Löcher in die Kniekehlen der Gefesselten, zogen hindurch die Seile, warfen diese über die Stange und banden dergestalt acht zusammen.

Da sprach Thorgeirr: „So bist Du nun, Hrafnkell in die Lage gekommen, welche Du verdient hast, und es mochte Dir wohl unwahrscheinlich geschienen haben, daß Du solche Schmach von einem Manne erleiden solltest, wie Dir jetzt zuteil geworden ist. Aber was willst Du, Thorkell, jetzt tun? Hier bei Hrafnkell sitzen und ihn und die seinigen bewachen, oder Dich mit Samr auf Pfeilschußweite vom Hofe entfernen und auf einem steinigen Hügel, wo weder Acker noch Wiese ist, das Exekutionsgericht vollziehen?“

Dies sollte zu der Zeit geschehen, wenn die Sonne gerade im Süden stünde.

Thorkell antwortete: „Ich will hier bei Hrafnkell sitzen; dies scheint mir weniger beschwerlich.“

VII 1. d)   Saga über Thorstein Viking-Sohn

Die Wikinger vermieden es, einen Mann in der Nacht zu töten.

VII 1. e)   Saga über Thorstein Viking-Sohn

*Inzwischen gelang es ihnen, Thorstein mit Schilden zu umgeben und ihn gefangen-
zunehmen. Aber es war schon beinahe Nacht, sodaß sie fanden, daß es schon zu spät
sei, um ihn zu töten, sodaß man Fesseln an seine Füße legte und seine Hände mit
einer Bogensehne band. Zwölf Männer hielten die Nacht über Wacht rings um ihn.*

VII 1. f)   Die Vision der Seherin

In diesem sehr alten Lied wird die Halle der Hel näher beschrieben. Ihre Lage im
Norden wird hier etwas unpräzise mit „nordwärts gerichtete Türen" angegeben – von
der Hel aus kann man nie die Sonne sehen …

*Einen Saal seh ich, der Sonne fern
Am Leichen-Strand, die Türen sind nordwärts gekehrt.
Gifttropfen fallen durch die Fenster nieder;
Mit Schlangenrücken ist der Saal gedeckt.*

*Im starrenden Strome stehn da und waten
Meuchelmörder und Meineidige
(Und die andrer Liebsten ins Ohr geraunt).
Da saugt Nidhögg die entseelten Leiber,
Der Menschenwürger: wißt ihr, was das bedeutet?*

VII 1. g)   Wegtam-Lied

In diesem Lied reitet Odin zu „Hels Haus" in die Unterwelt, die hier „Niflheim"
genannt wird.

Auf stand Odin der Allerschaffer,
Und schwang den Sattel auf Sleipnirs Rücken.
Nach Nifelheim hernieder ritt er;
Da kam aus Hels Haus ein Hund ihm entgegen,

Blutbefleckt vorn an der Brust,
Kiefer und Rachen klaffend zum Biß,
So ging er entgegen mit gähnendem Schlund
Dem Vater der Lieder und bellte laut.
Fort ritt Odin, die Erde dröhnte,
Er kam zu dem hohen Hause der Hel.

Da ritt Odin ans östliche Tor,
Wo er der Wala wußte den Hügel.
Das Wecklied begann er der Weisen zu singen,
(Nach Norden schauend schlug er mit dem Stabe,
Sprach die Beschwörung Bescheid erheischend)
Bis gezwungen sie aufstand Unheil verkündend.

Die Toten beschwor man offenbar nach Norden gewand – folglich mußte man sie wohl im Norden vermuten. Dazu paßt auch, daß die Türen der Hügelgräber im Süden lagen – man ging also in Richtung Norden in das Hügelgrab hinein und somit auch in das Jenseits.

VII 1. h) Gylfis Vision

Auch in diesem Jenseitsreise-Bericht liegt die Unterwelt Hel im Norden.

Von Hermod aber ist zu sagen, daß er neun Nächte durch tiefe dunkle Täler ritt, so daß er nichts sah, bis er zum Giöllflusse kam und über die Giöllbrücke ritt, die mit glänzendem Gold belegt ist.

Modgud heißt die Jungfrau, welche die Brücke bewacht: die frug ihn nach Namen und Geschlecht und sagte, gestern seien fünf Haufen toter Männer über die Brücke geritten, „und nicht donnert sie jetzt minder unter Dir allein, und nicht hast Du die Farbe toter Männer: warum reitest Du den Helweg?"

Er antwortete: „Ich soll zu Hel reiten, Baldur zu suchen. Hast Du vielleicht Baldur auf dem Helweg gesehen?"

Da sagte sie, Baldur sei über die Giöllbrücke geritten; „aber nördlich geht der Weg hinab zu Hel."

VII 1. i) Jomsvinkinga-Saga

Der Norden war auch eine Gebetsrichtung – zumindestens scheint man in dieser Richtung die Göttin Thorgerdr Hölgabrudr gesucht zu haben, die eine Variante der Hel gewesen zu sein scheint und manchmal auch Menschenopfer angenommen hat.

Nun stieg der Jarl auf die Insel Primsigud hinauf, ging fort in einen Wald, kniete sich hin, betete und schaute nach Norden. Er wendete sich mit seinen Bitten an seine Schutzgöttin Thorgerdr Hölgabrudr, aber sie wollte ihn nicht erhören und war wütend. Er bot ihr vieles als Opfer an, aber sie wollte es nicht annehmen.

Die Lage schien ihm recht aussichtslos zu sein. Es kam soweit, daß er ihr ein Menschenopfer anbot, aber das wollte sie nicht annehmen. Schließlich bot er ihr seinen Sohn an, der Erling hieß und sieben Jahre alt war. Ihn nahm sie an. Daraufhin übergab der Jarl den Knaben seinem Sklaven Skopti. Der begab sich mit ihm fort und tötete ihn.

Anschließend begab sich der Jarl wieder zu seinen Schiffen und stachelte erneut seine Mannschaft an. „Ich weiß nun gewiß, daß uns der Sieg bestimmt sein wird. Strengt euch nun noch mehr an, denn ich habe die beiden Schwestern Thorgerdr und Irpa um unseren Sieg gebeten.“

Dann ging der Jarl auf sein Schiff und bereitete sich erneut vor. Sie ruderten zum Angriff und es entbrannte erneut ein sehr harter Kampf. Als nächstes trübte sich das Wetter im Norden ein, es bewölkte sich rasch und es wurde dunkel. Dann flogen Blitze und es donnerte. Es entwickelte sich ein großes Unwetter und die Jomswikinger mußten entgegen dem Sturm angreifen. Es war ein so schreckliches Unwetter, daß die Männer kaum stehen bleiben konnten. Zuvor hatten einige Männer wegen der Hitze ihre Kleidung abgelegt, aber nun begann es, kalt zu werden. Dennoch suchten sie tapfer den Kampf. Aber wenn die Jomswikinger Steine oder Waffen schleuderten oder Speere warfen, schleuderte der Sturm das alles auf sie zurück und dazu kam der Angriff durch ihre Feinde.

Havardr Viel-Schläger sah Hölgabrudr als erster im Gefolge Jarl Hakons, ebenso wie viele andere hellseherische Männer. Als das Unwetter etwas nachließ, sahen sie, daß der Unholdin aus jedem Finger Pfeile flogen und jeder traf einen Mann. Sie sagten es Sigvaldi und dieser sprach: „Es sieht mir nicht so aus, als ob wir nur mit Menschen kämpfen, aber trotzdem muß sich jeder so gut bewähren, wie er kann.“

Als das Unwetter sich etwas mäßigte rief Jarl Hakon erneut nach Thorgerdr und sagte, er habe sehr viel für den Sieg getan. Jetzt begann sich der Sturm aufs Neue zu entfachen und war nun viel größer und stärker als zuvor. Sogleich zu Beginn des Sturms sah Havardr Viel-Schläger, daß zwei Frauen auf dem Schiff des Jarls waren und sich auf dieselbe Weise verhielten.

Da sprach Sigvaldi: „Jetzt will ich fliehen und alle meine Männer sollen das ebenso tun. Wir haben nicht geschworen, mit Trollen zu kämpfen. Außerdem ist es jetzt viel schlimmer als vorher, weil es jetzt zwei Hexen sind."

VII 1. j) Gylfis Vision

Auch in diesem Text ist der Norden wieder die Richtung, in der das Jenseits liegt – auch wenn hier die Jenseitsgöttin als die schöne, ersehnte Wiederzeugunge-Geliebte und nicht als die gefürchtete Unterwelts-Herrin erscheint.

Gymir hieß ein Mann, und seine Frau Örboda; sie war vom Bergriesengeschlecht. Deren Tochter war Gerd, die schönste aller Frauen. Eines Tages war Freyr auf Hlidskialf gegangen und sah über alle Welten. Als er nach Norden blickte, sah er in einem Gehege ein großes und schönes Haus. Zu diesem Hause ging ein Mädchen, und als sie die Hände erhob, um die Türe zu öffnen, da leuchteten von ihren Händen Luft und Wasser, und alle Welten strahlten von ihr wieder.

Da „Berg" eine Umschreibung für „Hügelgrab" ist, sind die „Bergriesen" die Toten in ihren Hügelgräbern.

Gerdr ist in dieser Schilderung noch als die Sonnenmutter erkennbar, die am Morgen die Horizont-Tore öffnet, woraufhin die Sonne über der Erde erscheint und alles erleuchtet.

VII 1. k) Die Saga über Ketil Forelle

Der Norden als das Jenseits ist auch manchmal der Ort der Jenseitsinsel (die meistens im Westen liegt) und der Ort der Hügelgräber („Hügel"), in denen die Toten in der Gestalt von Schlangen oder Drachen wohnen.

Da gab Hallbjörn ihm eine große Axt, die sehr scharf war und eine wunderbar gute Waffe. Er sprach: „Nun, da Du diese hast, mein Sohn, muß ich Dich bitte, daß Du drinnen bleibst sobald die Sonne untergegangen ist, und vor allem, daß Du nicht nach Norden zu den Inseln fern der bewohnten Gegenden gehst."
... ...
Am Abend, als die Sonne untergegangen war, nahm Ketil seine Axt in die Hand und ging nach Norden zu den Inseln. Er war jedoch noch nicht weit jenseits der bewohnten Gegenden gegangen, als ein einzelner Drache aus einem Hügel im

111

Norden heraus auf ihn zugeflogen kam. Er hatte geringelte Windungen und einen Schwanz wie eine Schlange, aber Flügel wie ein Drache.

Aus seinen Augen und seinem Maul flammte wütend Feuer. Ketil dachte, daß er noch nie einen solchen Fisch gesehen hätte oder irgendein ähnliches Wesen und daß er sich lieber gegen eine Übermacht verteidigen würde als ihm gegenüber zu treten.

Der Drache griff ihn an, aber Ketil verteidigte sich gut und tapfer mit seiner Axt. So ging es eine lange Zeit, bis Ketil schließlich eine Windung traf und den Drachen in zwei Hälften spaltete. Er fiel tot nieder.

... ...

Danach ging Ketil heim und traf seinen Vater im Hof. Hallbjörn grüßte ihn und frug ihn, ob er irgendwelchen Ärger mit den bösen Geistern, von denen gesagt wird, daß sie auf den Inseln im Norden leben, gehabt hätte.

Ketil antwortete: „Ich habe nichts gesehen, womit ich diese Berichte bestätigen könnte, solange ich dort war, wo die Fische schwimmen, aber es ist wahr, daß ich eine Forelle dort entzwei schlug, wo Du kleine Fische fängst."

Der Beiname „Forelle" des Ketil bezieht sich auf die „Forelle", d.h. den Drachen, den er getötet hat – ein recht bescheidener Name für einen Drachentöter …

VII 1. l) Die Saga über Olaf Tryggvason

Auch in dieser nun schon dreimal zitierten Saga befindet sich ein Drache im Norden:

Als er in die Nähe des Landes kam, zog er im Norden Islands herum zu der West-seite des Landes, wo er sah, daß all die Berge und Hügel voller Schutzgeister waren – einige groß, andere klein. Als er zum Vapnafjord kam, näherte er sich dem Land und hatte vor, dort an Land zu gehen, aber dort stürzte ihm ein riesiger Drache mit einem Gefolge von Schlangen, Fröschen und Kröten entgegen, die ihm Gift entgegenspien.

Da wandte er sich nach Westen und umkreiste die Insel bis hin nach Eyjafjord und schwamm in diesen Fjord hinein. Da flog ihm ein Vogel entgegen, der so groß war, daß seine Flügel über die Berge auf beiden Seiten des Fjordes reichten. Er wurde von vielen anderen großen und kleinen Vögeln begleitet.

Da schwamm er noch weiter nach Westen und dann nach Süden bis in den Breida-fjord. Als er den Fjord schwamm, stürmte ihm ein grauer Stier entgegen und brüllte fürchterlich. Ihm folgte eine Schar von Landgeistern.

Von dort schwamm er weiter um die Insel herum bis nach Raykjanes und wollte in Vikarsskeid an Land gehen, doch dort stürzte ihm ein Bergriese mit einem eisernen

Stab in den seinen Händen entgegen. Er war einen Kopf größer als die Berge und viele andere Riesen folgten ihm.

Der Magier schwamm in seiner Wal-Gestalt ostwärts an der Küste entlang, wo, wie er berichtete, nichts außer Sand und weites Ödland zu sehen war und wo außerhalb der Schären die Brandung hoch emporschäumte. Das Meer zwischen den Ländern war so breit, daß man es mit einem Langschiff nicht überqueren konnte.

Zu dieser Zeit lebte Brodhelge in Vapnafjord, Eyjolf Valgerdson in Eyjafjord, Thord Geller in Breidafjord und Thorod Gode in Olfus.

Da wandte der dänische König Harald seine Flotte und segelte zurück nach Dänemark.

VII 1. m)   Die Vision der Seherin

Nördlich stand an den Nidabergen
Ein Saal aus Gold für Sindris Geschlecht.
Ein andrer stand auf Okolnir
Des Riesen Biersaal, Brimir genannt.

Die „Nidaberge" sind die „niederen Berge", d.h. die Berge der Unterwelt, womit die Hügelgräber im Sinne von „Unterwelt-Hügel" gemeint sind. Sie sind die Heimat der Zwerge („Sindris Geschlecht").

„Okolnir" bedeutet „Nie-kalt" und ist daher der Süden. Der Riese Brimir ist manchmal der Urriese Ymir und manchmal der ehemalige Göttervater Tyr als Riese im Jenseits.

In diesen vier Versen wird der Norden dem Süden gegenübergestellt.

VII 1. n)   Die Saga über Ketil Forelle

Da die Trolle und Riesen letztlich auch Totengeister sind, wohnen auch sie im Norden – und insbesondere natürlich auch der Trollkönig (Tyr) selber.

Eines Nachts erwachte er von einen Lärm im Wald. Er lief hinaus und sah eine Troll-Frau, deren Haare bis zu ihren Schultern herabhingen.
Ketil sprach: „Wohin gehst Du, meine Ziehmutter?"
Sie zog die Zügel und sprach: „Ich gehe zu einem Trolltreffen. Dorthin kommt auch Skelking, der König der Trolle von fern vom 'Tauben Meer'."

„Meine Ziehmutter" ist eine sehr höfliche und freundliche Anrede – in etwa wie das inzwischen veraltete deutsche „Mütterlein".

Das „Taube Meer" ist das Nordmeer. Es ist „taub" wegen der dort herrschenden Kälte.

VII 1. o)   Die ältere Version der Huldar-Saga

Auch in dieser Saga leben die „Unholde", d.h. die Trolle und Riesen, im Norden.

Da berief Huld alle Riesen und Unholde in den Nordlanden auf zwölf Monate hinaus zu einer Versammlung nach den Hallmundarheidir in Jötunheim, und an diesem Alljahres-Thing wollte sie ihren Spruch tun.

Den Odinn aber, sprach die Erzählerin, habe sie zu sich gelockt, um seiner zu genießen, wofür sie ihm aber auch die Ehre antun wolle, ihm die Fällung des Spruches den Unholden gegenüber zu übertragen.

Zugleich empfiehlt sie ihm ihre beiden Töchter, Thorgerd und Yrpa. Dann zog sie tatsächlich mit Odinn zu der Versammlung der Unholde, er auf seinem Rosse, sie aber in dem alten Drachengewand. Dort gab Odinn seinen Schiedspruch dahin ab, daß Huld die Oberkönigin aller Unholde im Norden sein solle.

VII 1. p)   Die Saga über Thorstein Viking-Sohn

In dieser Saga ist der ehemalige Göttervater Tyr bereits vom Riesen im Niflheim-Jenseits zum König in einem Nordreich geworden.

Diese Saga beginnt damit, daß ein König mit dem Namen Loge das Land beherrschte, das im Norden von Norwegen liegt. Loge war größer und stärker als jeder andere Mann in diesem Land.

VII 1. q)   Sonnenlied

In diesem Lied findet sich je eine Strophe zum Norden, Süden und Westen – die Ost-Strophe fehlt leider.

Von Norden ritten der Nüchternheit Söhne;
Ihrer sieben sah ich.
Volle Hörner hoben sie des herrlichen Mets
Aus des guten Gottes Brunnen.

Die „Söhne der Nüchternheit" im Norden stehen im Gegensatz zu den „Drachen des Wahns" im Westen. Sie bringen den Göttermet aus dem „Brunnen des guten Gottes", womit Heimdall oder Mimir, die beides Varianten des Tyr sind, gemeint sein wird, da dessen Brunnen auch als Quelle des Göttermets angesehen wurde. Ihre Siebenzahl entspricht vermutlich den Planeten – ein christliches Motiv.

VII 1. r)   Das erste Lied über Helgi Hunding-Töter

In diesem Lied, das bereits zweimal angeführt worden ist, werden der Westen, der Osten und der Norden mit den Nornen in Verbindung gebracht. Die Ost-West-Richtung ist der Sonnenlauf. Helgi ist eine wichtige Saga-Variante des Tyr.

In alten Zeiten, als Aare sangen
Heilige Wasser vom großen Himmel rannen,
Da hatte Helgi, den großherzigen,
Borghild geboren in Bralund.

Nacht in der Burg war's, Nornen kamen,
Die dem Edeling das Alter bestimmten.
Sie gaben dem König der Kühnste zu werden,
Aller Fürsten Edelster zu dünken.

Sie schnürten scharf die Schicksalsfäden,
Daß die Burgen brachen in Bralund.
Goldene Fäden fügten sie weit,
Sie mitten festigend unterm Mondessaal.

Westlich und östlich die Enden bargen sie,
In der Mitte lag des Königs Land.
Einen Faden nordwärts warf Neris Schwester,
Ewig zu halten hieß sie dies Band.

VII 1. s)   Der Tempel von Uppakra

Im Norden und Westen des schwedischen Haupttempels in Uppsala lagen vier alte Hügelgräber – diese beiden Richtung weisen vermutlich absichtlich auf das „Walaskialf"-Jenseits und das Niflheim-Jenseits hin.

VII 1. t)   Skaldskaparmal

So sang Thjodolfr:
Es wurde genug Speise für Geri gebracht,
und der Wolf kam von Norden her aus dem Wald.
Sigurds Sohn hatte genug Wunden bereitet,
um ihn anzulocken.

Geri-Speise = Leichen
Norden bedeutet hier evtl. „Niflheim", was bedeuten würde, daß die Wölfe sozusagen als Todesboten aus dem Jenseits kamen.

VII 1. u)   Kormak-Saga

In einem der vielen Lieder des Skalden Kormak finden sich die folgenden schönen Verse:

Als der Wolf des Kriegsgottes einst
im Norden heulte, hast Du mir geholfen.

Es ist hier nicht ganz deutlich, welcher Wolf damit gemeint ist – vermutlich einer der beiden Begleiter des Kriegsgottes Odin, also Geri oder Freki. Es wäre allerdings auch denkbar, daß nur allgemein ein anonymer Wolf gemeint ist, der die Leichen auf dem Schlachtfeld frißt. Möglicherweise hat Kormak auch beide Assoziationen beabsichtigt.
Der Norden sollte vermutlich eine Assoziation zur Unterwelt „Niflheim" im Norden hervorrufen.

VII 1. v)   Lausavisur des Thjodolfr Arnorson

In dem folgenden um 1050 n.Chr. verfaßten Loblied auf König Harald III von Norwegen sind die beiden Richtungen „Süden" und „Norden" zunächst einmal nur Angaben von Himmelsrichtungen.

Der Baldur der Brünnen-Versammlung (Sveinn)
hat dem Baldur der Schwertgurt-Stacheln (Harald) *die Treue gebrochen –*
der Brecher des Schlangen-Landes (Sveinn),
der das Land weiter im Süden beherrscht.
Daher muß der Njörd
des zusammenprallenden Schild-Sturmes im Nordens (Harald)
noch fester zu seinem Wort stehen
und hervorragender sein.

   Brünnen-Versammlung = Kampf
   Schwertgurt-Stacheln = Schwerter
   Schlangen = Totengeister; deren Land = Goldschatz im Hügelgrab; Zerbrecher des Goldes = freigiebiger Fürst
   Schild-Sturm = Kampf

Möglicherweise sind die beiden Zuordnungen des Baldurs zum Süden und des Njörd zum Norden jedoch nicht nur zufällig – Baldur ist der Sommergott und somit mit dem warmen Süden verbunden und Njörd ist der ehemalige Sonnengott-Göttervater Tyr in winterlichen Unterwelt in dem nördlichen Eis-Jenseits Niflheim.

VII 1. w)   Haustlöng

Die Bewohner der Rand-Berge
waren nicht unglücklich darüber,
daß Idun von Süden her
zu den Riesen gekommen war.
Alle Sippen des Yngvi-Freyr,
nun alt und grau,
versammelten sich zum Thing:
die Regin waren häßlich anzusehen.

Rand-Berge = der schmale Gebirgsstreifen von Utgard rings um das Weltenmeer;

Utgard-Bewohner = Riesen

von Süden her = Hier wird das Heim der Riesen mit dem Niflheim-Jenseits im hohen Norden assoziiert, zu dem Idun „von Süden her" kommt.

alle Sippen des Yngvi-Freyr = Asen und Wanen

Regin = Könige = Asen

VII 1. x) Darrardar-Lied

Dieses Walküren-Lied endet damit, daß die 12 Walküren wieder von der Schlacht, die sie gelenkt haben, heimreiten – 6 nach Süden und 6 nach Norden.

Die Frauen stiegen auf ihre Rosse und ritten davon – sechs nach Süden und sechs nach Norden.

Diese beiden Richtungen wiesen sehr wahrscheinlich auf das gefürchtete Eis-Jenseits Niflheim der Hel im Norden und auf das erhoffte Sonnen-Jenseits der Alfen im Süden hin.

VII 1. y) Die Geschichte über Thirandi und Thorhall

In dieser Geschichte wird berichtet, wie Thirandi, der achtzehnjährige Sohn des Hall von Sida, die Warnungen Thorhalls des Sehers, der der Freund seines Vaters ist, mißachtet hat. Thorhall der Seher hatte gesagt, daß in der Julnacht die Seher dem Tod geweiht sind und daß demjenigen Schreckliches geschehen wird, der in dieser Nacht hiunausgeht.

Thirandi öffnete jedoch beim dritten Klopfen die Türe, weil er es nicht für ehrenhaft hielt, Gäste draußen stehen zu lassen. Da sah er neun schwarzgekleidete Frauen mit gezogenen Schwertern auf schwarzen Pferden von Norden her und neun weiße Frauen von Süden auf weißen Pferden auf den Hof reiten. Er wurde von den schwarzgekleideten Frauen getötet.

Thorhall erklärte Hall, daß dies die Fylgjas seiner Familie oder die Disen seien und daß die schwarzgekleideten wütend über den Wandel des Glaubens in Island seien, während die weißen Thirandi zwar helfen wollten, aber nicht dazu in der Lage waren.

In dieser Saga findet sich eine weitergehende Umdeutung der Nord-Süd-Polarität: „Norden => Tod => böse => Heiden" und „Süden => Leben => gut => Christen".

VII 1. z) Nordri

Der folgende Text ist die Zusammenfassung der Betrachtungen über den Zwerg Nord in Band 32.

Der Zwerg „Nordri" (Nördlicher") steht zusammen mit seinen drei Brüdern am Rand der Welt auf dem ringförmigen Utgard-Gebirge, der das Weltmeer umgibt, in dessen Mitte die Insel Midgard liegt, und trägt den Himmel, d.h. den Schädel des Ur-riesen Ymir.

Er ist der Sohn des ehemaligen Göttervaters Tyr und der Jenseitsgöttin, die in den Mythen als Gefion, Freya und Huldar erscheint. Er wurde manchmal als Zwerg und manchmal als Riese aufgefaßt, aber stets als Jenseits-Wesen.

Seine Kategorisierung als Erd-Zwerg aus der Sippe des Durin ist sicherlich eine recht neue Systematisierung.

Nordri ist wie seine drei Brüder möglicherweise gehörnt – entweder mit dem Ge-weih eines Hirsches oder mit den Hörnern eines Stieres. Hirsch und Stier waren die Opfertiere des Göttervaters Tyr. Auch die Hörner kennzeichnen ihn als ein Jenseits-wesen, da die Toten bei ihrer Bestattung mit dem für sie geopferten Herdentier, das meistens gehörnt war, identifiziert wurden.

Als Hirsch und als einer der vier Zwerge, mit denen sich Freya vereinte, um von ihnen ihren goldenen Halsreif Brisingamen zu erhalten (eine Umdeutung der ur-sprünglichen Mythe) hat der Himmelsträger zwei weitere Namen: Der Zwerg „Nor-dri" („Nördlicher") ist mit der Nacht im Norden verbunden und entspricht dem Schlaf des wiedergeborenen Sonnengott-Göttervaters Tyr in der Unterwelt: Er wird durch „Dwalin" („Schläfer") verkörpert, der sowohl als Zwerg als auch als Hirsch erscheint.

Die Erschaffung der Midgard-Insel wurde auf die Erschaffung der Insel Seeland übertragen. In dieser Mythe helfen Nordri und seine drei Brüder in der Gestalt von vier Stier-Riesen der Gefion auf ähnliche Weise wie sie als die vier Hirsch-Zwerge den Asen bei der Erschaffung des Himmels geholfen haben.

Die vier Riesen sind ein relativ häufiges Motiv in den mittelalterlichen Helden-sagen, was zeigt, wie tief verwurzelt das Motiv der vier Himmelsträger gewesen sein muß.

VII 1. aa) Personennamen

Es gab einige wenige mit „Norden" gebildete Personennamen – bekannter als sie ist sicherlich die Bezeichnung der Wikinger insgesamt als „Normannen", d.h. „Nord-Männer". Diese Bezeichnung ist jedoch rein geographisch gemeint und hat keinerlei mythologische Bedeutung.

Auch die vier Personennamen bieten keine Anhaltspunkte für die mythologisch-religiöse Bedeutung des Nordens.

Mit „Norden" gebildete Personennamen		
Namen		Bedeutung
Männernamen	Frauennamen	
Not		Norden
Nordmade		Nord-Mann, Normanne
	Norbert	Nord-Helferin
	Nordheld	Nord-Kampf

VII 1. ab) Gebrüder Grimm: Deutsche Mythologie

Der Norden als der Ort der Unterwelt und aus christlicher Sicht somit auch des Teufels hat sich auch nach der Christianisierung noch lange im Volksglauben gehalten:

Vom aufenthalt des teufels in der hölle, aus welcher er die heidnische göttin verdrängt hat, sind die häufigen namen hellewarte, hellehirte, hellegrübel, hellewirt und ähnliche entnommen. helscherge heißt er Lohengrin, ›er las die sîne an sich‹, gleichwie Wuotan die seelen seiner helden empfängt.

Seine wohnung liegt im Norden. ›leit î norðr‹ (schaute gen Norden) kommt beim singen eines valgaldr (ferale carmen) vor. diabolus sedet in lateribus aquilonis: er will ›on norðdæle‹ herschen, setzt seinen stul nordernhalp. ›niðr ok norðr liggr helvegr‹. auch der Ehste scheut die nordseite. nordwärts strömt des dämons wasserfall.

… … …

Der teufel wohnt im Norden. cadens Lucifer traxit ad inferni sulfurea stagna, in gelida aquilonis parte ponens sibi tribunal. hunc ferocissimum lupum agnus mitissimus stravit. (Lucifer) chot, wolti sizzin nordin. entweder zu den genâdin oder den ungenâdin, sive ad austrum sive ad aquilonem.

im Norden liegt Jötunheimr und der teufel wird als riese betrachtet, wie Loki und Logi zum riesengeschlecht gehören. önskar honom lângt nordan till fjälls.

… … …

Gen osten schaut beim gebet auch der Inder am frühen morgen, daher ihm der süden daxa, daxima, die rechte seite heißt. beim anrufen Odins blickt man nach osten, bei Ulfs nach westen. 'solem respiciens' heißt es vom Bojocalus. gegen die sonne wird das gebet gerichtet. wie auch nicht nach sonnenuntergang geopfert werden darf. dagegen 'norðr horfa dyr' kommt auch Saemingar vor. Jötunheimr liegt nördlich.

Betende und beichtende Christen schauten gen osten, mit aufgehobnen armen und so heißt es auch in dem Kristinbalkr des alten Gulathinggesetzes 'ver skulum lûta austr, oc biðja til ens helga Krists ârs ok friðar'.

Contra orientalem prostratus corpore partem precatur (Waltharius); in angelsächischen formeln: 'eástveard ic stande'; 'kêret iuch gên ôrient'. Betende und opfernde Heiden schauten aber gen norden: 'horfa î norðr' (Förnaldur Saga); 'leit î norðr' (Edda); beten gegen mitternacht (= Norden); und der Norden wurde unter den Christen als die unselige heidnische gegend angesehen, welches ich schon näher ausgeführt habe; gegen mitternacht soll kein wurf geschehn, in langobardischen grenzurkunden heißt der nördliche strich: 'nulla ora'. Dieser gegensatz muß zur erklärung einer stelle im roman de Renart angewendet werden, wo der fuchs christlich, der wolf heidnisch betet.

VII 1. ac)   Zusammenfassung

Der Norden ist zunächst einmal die kalte, eisige Himmelsrichtung.

Dort befinden sich die Nidaberge („Berge der Unterwelt" = Hügelgräber") von Niflheim. In Niflheim („Nebelheim", „Dunkles Heim") liegt die Halle der Hel: die Unterwelt, in der die Toten wohnen. Im Norden liegt auch der „Goldsaal der Zwerge" – dies wird ursprünglich ein Hügelgrab mit einem goldenen Grabschatz gewesen sein.

Die Herrscherin dieser Totenwelt ist Hel. Als Todes- und Kriegsgöttin ist auch die Thorgerdr Hölgabrudr („Braut des Helgi"), die mit der Göttin Gerdr Freyr-Braut sowie den drei Walküren Swawa, Sigrun und Kara (den drei Bräuten des Helgi) identisch ist. An der Stelle der drei Walküren können auch sechs im Norden wohnende Walküren oder neun, schwarzgekleidete Walküren auf Rappen erscheinen, die im Norden wohnen.

Diese Göttinnen gehen letztlich auf die Jenseitsgöttin als die Wiederzeugungs-Geliebte und die Wiedergeburts-Mutter des Tyr und allgemein der Toten zurück. Die Wiederzeugung und die Wiedergeburt fand in der Grabkammer des Hügelgrabes statt.

Sie kann auch als die Göttin Huldar erscheinen, die die Königin aller „Unholde des

Nordens" ist.

Auch die Seherinnen sind mit dieser Richtung verbunden, da diese ihr Wissen durch die Jenseitsgöttin erhalten (siehe „Seherinnen" in Band 58).

Im Norden ist auch der Wohnort des Gottes Njörd, des Troll-Königs Skelking, des Königs Loge und des christlichen Teufels – ihr Ursprung ist der Tyr-Riese im winterlichen Jenseits.

Im Norden liegt manchmal auch die Jenseitsinsel und auf dieser die Hügelgräber, in denen die Totengeister als Schlangen oder Drachen wohnen.

Im Norden trägt der Zwerg Nordri die Himmelskuppel, die die Asen aus dem Schädel des Urriesen Ymir gefertigt haben. Nordri trägt möglicherweise Hörner – entweder die eines Stieres oder eines Hirsches. Er ist vermutlich mit dem Zwerg bzw. Hirsch Dwalin identisch sowie mit einem der vier Stier-Söhne der Göttin Gefion und des Tyr-Riesen. Dwalin ist auch einer der vier Zwerge, mit denen sich Freya vereint, was vermutlich eine Variante der vier Söhne der Gefion ist, da auch Freya die Frau bzw. Geliebte des Göttervaters ist.

Der ehemalige Sonnengott-Göttervater Tyr ist als Mimir auch der Herr des Brunnens im Norden unter den Wurzeln des Weltenbaumes. Dieser Brunnen ist auch der Eingang ins Jenseits. Dort hat Odin eines seiner Augen geopfert, um dann mit seinem blinden, also „toten" Auge im Totenreich sehen zu können.

Odin trinkt aus dem Mimir-Brunnen, um weise zu werden und von dort kommen auch die „sieben Söhne der Nüchternheit" mit dem „Met vom Brunnen des guten Gottes (Tyr-Mimir)".

VII 2.   Winter

Die Jahreszeiten spielen in fast jeder Mythologie eine wichtige Rolle – dies ist bei den Germanen nicht anders.

VII 2. a)   Gylfis Vision

Snorri Sturluson erklärt das Wesen des Sommers und des Winters durch den Charakter der Väter der beiden Jahreszeiten, die hier offenbar als Sommergott (Tyr) und Wintergott (Loki) aufgefaßt werden.

Da frug Gangleri: „Wie kommt es, daß der Sommer heiß ist und der Winter kalt? "

Har antwortete: „Nicht soll ein kluger Mann also fragen, denn hiervon weiß ein jeder Kunde zu geben. Wenn Du aber allein so unwissend bist, daß Du dies nie gehört hast, so will ich Dir lieber zulassen, daß Du einmal unweise fragst, als daß Du länger dessen unkundig bleibst, was ein jeder wissen sollte.

Swasud heißt der Vater des Sommers; der ist so wonnig, daß nach seinem Namen alles süß heißt, was milde ist.

Aber der Vater des Winters heißt bald Windloni, bald Windswal, und dieses Geschlecht ist grimmig und kaltherzig und der Winter artet ihm nach. "

Swasud = „lieblicher Süden"
Windloni = „Windbringer"
Windswal = „Windkühl"

VII 2. b)   Zeitrechnung

Die Germanen zählten das Alter der Menschen und Tiere in Wintern und Zeitspannen je nach Länge in Wintern oder in Nächten. Der feste Bezugspunkt war somit die Ruhephase und nicht die Tätigkeitsphase.

Diese Zeitzählung der Germanen findet sich bei fast allen frühen Völkern. Es war damals auch allgemein üblich von „Nacht und Tag" zu sprechen statt wie heute von „Tag und Nacht".

Das alte Bild ist die Mutter gewesen, die ein Kind gebiert, die Nacht, die die Sonne hervorbringt oder die Erde, aus der die Pflanzen hervorsprießen.

Das heutige Bild ist hingegen die Tat, von der man sich anschließend ausruht.

Somit hatte der Winter bei den Germanen auch die Assoziation eines Potentials, des Ruhens im Verborgenen, des Heranreifens im Stillen.

Dieses Bild fand seinen deutlichsten Ausdruck im Julfest an Mittwinter, an dem die Sonne wiedergeboren wurde. In dieser Nacht legte man feierliche Eide ab über das, was man im nächsten Jahr tun wollte – in der Stille des Winters reifen die Entschlüsse und werden dann allen verkündet.

VII 2. c)   Das Wort für „Winter"

Die indogermanische Wurzel für das Wort „Winter" ist „*uedhro*" mit der Bedeutung „Wetter, Witterung" und vermutlich auch der Nebenbedeutung „Wind, Regen".

Dieses Wort entwickelte sich dann zu dem germanischen Substantiv „*wentruz*" für „Winter" und für „Jahr" weiter.

Diese Bezeichnung des Winters und sowie des Jahres als Zeiteinheit findet sich kaum verändert in den verschiedenen germanischen Sprachen wieder: gotisch „*wintrus*", angelsächsisch „*wintar*", althochdeutsch „*wintar*", altenglisch „*winter*", altfriesisch „*winter*" und altnordisch „*vetr*".

Im Altnordischen gab es einige mit „Winter" zusammengesetzte Substantive:

vetra-tal	= Winter-Zählung	= Zählung der Anzahl von Jahren
vintr-lidi	= Winter-Geher	= ein ein Jahr alter Bär
fimbul-vetr	= Großer Winter	= Ragnarök

Der Winter ist somit ursprünglich in dem Heimatland der Indogermanen im Norden des Schwarzen Meeres (7000-2800 v.Chr.) die „Jahreszeit des Regens und des Windes" gewesen. Daraus wurde dann im hohen Norden die „Jahreszeit des Schnees".

Das ursprüngliche indogermanische Wort für „Winter" ist jedoch „*gheim*" gewesen. „Regenzeit" ist somit ein Ersatz-Wort für die ursprüngliche Bezeichnung für den Winter.

- - -

Der indogermanische Ursprung der vier Jahreszeiten-Bezeichnungen läßt sich wie folgt rekonstruieren:

Das indogermanische Wort „*wesr*" für „Frühling" leitet sich vermutlich von dem Verb „*wes*" für „grasen" ab.

Das indogermanische Wort „*sem*" für Sommer findet sich auch als „*sunje*" in den uralischen Sprachen und als „*son*" in den drawidischen Sprachen und geht auf das eurasiatische Substantiv „*sianu*" für „Sommer" zurück.

Das eurasiatische Wort „*sianu*" für Sonne hat sich in einem weiten geographischen Bereich ausdifferenziert: kartwelisch „*sniu*", indogermanisch „*sauen, saule*", altaisch „*sioglu*", japanisch „*sua-ra*", tungus-manchu (Ost-Sibirien) „*sigun*", eskimoaleutisch „*ciqin*", nordasiatisch/sibirisch „*bun*" und koreanisch „*hai*". Das Wort für „Sonne" ist offensichtlich schon sehr alt – was bei einem derart prägnanten Phänomen wie der Sonne nicht verwundert.

Die enge klangliche und inhaltliche Ähnlichkeit zwischen „Sonne" und „Sommer" macht es sehr wahrscheinlich, daß der Sommer ursprünglich die „Sonnen-Zeit" gewesen ist.

Für die Ableitung von „Sommer" von „Sonne" spricht auch, daß zum einen das Wort „Sommer" mit dem Wort „Seele" eng verwandt ist und zum anderen die Sonne in den Mythen aller Völker insgesamt das häufigste Seelen-Symbol ist. Die „Seele" (eurasatisch: „*sunu*") und der „Sommer" (eurasiatisch: „*sunu*") werden somit beides Ableitungen von dem Wort für „Sonne" (eurasiatisch: „*sianu*") sein.

Die eurasiatische Wortwurzel „*sunu*" für „Seele" findet sich in vielen Sprachen wieder: altaisch „*siunu*", türkisch „*sin*", mongolisch „*süne-su*", japanisch „*sunkata*" und uralisch „*sunje*". Das deutsche Wort „Seele" und das englische Wort „soul" leiten sich jedoch wahrscheinlich von der als „See" bezeichneten Wasserunterwelt ab – die Seele ist „die in der Wasserunterwelt".

Das indogermanische Wort „*hesen*" für „Herbst" leitet sich vermutlich von dem Verb „*hes*" für „werfen, schleudern" ab, womit einst auch das Sensen des Getreides und das Dreschen gemeint gewesen sein könnte.

Das indogermanische Wort „*gheim*" für „Winter" könnte sich evtl. von dem Verb „*gheis*" für „fürchten" herleiten – aber das ist recht unsicher.

Es ergaben sich also die folgenden Charakterisierungen der Jahreszeiten bei den Indogermanen:

Die indogermanischen Namen der Jahreszeiten		
Name der Jahreszeit		**Bedeutung des Namens**
Jahreszeit	*Name*	
Frühling	*wesr*	Zeit, in der das Vieh wieder grasen kann
Sommer	*sem*	Sonnen-Zeit
Herbst	*hes*	Zeit des Sensens und Dreschens (?)
Winter	*gheim*	gefürchtete oder schreckliche Jahreszeit (?)

Die Namen der vier Jahreszeiten finden sich in vielen indogermanischen Sprachen:

Die Jahreszeiten				
Sprache	*Jahreszeiten*			
	Frühling	*Sommer*	*Herbst*	*Winter*
<u>Indogermanisch</u>	<u>*wesr*</u>	<u>*sem*</u>	<u>*hesen*</u>	<u>*gheim*</u>
Keltisch				*giamonios* (ein Wintermonat)
Altirisch	*errach*	*sam*		
Altnordisch		*sumar*		*gymbr* ("Winterling" = einjähriges Lamm)
Gothisch			*asans* (Sommer, Erntezeit)	
Altpreußisch			*assanis* (Erntezeit)	
Neuenglisch		*summer*		
Deutsch		*Sommer*		
Lithauisch	*casara*			*ziema*
Latein	*ver*			*hiems*
Altkirchenslawisch	*vesna*		*jeseni*	*ziema*
Armenisch	*garun*	*am* (Jahr)		*jiwn* (Schnee)

126

Albanisch				*dimer*
Griechisch	*ear*		*opori* (Sommer-Ende, Erntezeit)	*kheima*
Hethitisch			*zenat*	*gimmat*
Tocharisch	*wes*	*sme*		
Avestisch	*vanri* (im Frühling)	*ham*		*zyam*
Sanskrit	*vasanta*	*sama* (Jahreszeit, Jahr)		*heiman*

VII 2. d)   Wafthrudnir-Lied

Der Fimbul-Winter, der wörtlich „Großer Winter" bedeutet, ist entstanden, als der zyklische Vorgang des Winters zu einem einzigen Ereignis zusammengefaßt worden ist, in dem der Kampf zwischen dem Wintergott Loki und dem Sommergott Tyr zu einer gewaltigen Schlacht der Asen gegen Loki, den Tyr-Riesen Surtur und gegen die Riesen allgemein geworden ist.

Siehe zu diesem Thema u.a. auch den Band 3 über Tyr, den Band 16 über Loki, den Band 9 über Baldur, „Hödur" in Band 19 und „Tafl" in Band 57.

Gangrad (Odin):
„ Viel erfuhr ich, viel versucht ich,
Befrug der Wesen viel.
Wer lebt und leibt noch, wenn der lang besungne
Schreckenswinter schwand? "

Wafthrudnir (Tyr als Riese im Jenseits):
„ Lif und Lifthrasir leben verborgen
In Hoddmimirs Holz.
Morgentau ist all ihr Mahl:
Von ihnen stammt ein neu Geschlecht. "

Schreckenswinter = Fimbul-Winter

Nach dem (Großen) Winter wird der ehemalige Sonnengott-Göttervater Tyr, der Sommergott Baldur, die Erde, die Pflanzen und schließlich auch die Menschen

127

wiedergeboren – alle Themen wurden in diese Wiedergeburts-Symbolik miteinbezogen.

VII 2. e) Skaldskaparmal

„Warum wird Gold 'Ägirs Feuer' genannt?"

„Diese Geschichte hat denselben Inhalt wie die, die wir bereits erzählt haben:
Ägir ging nach Asgard zu einem Fest, aber als er wieder heimkehrte, lud er Odin und alle Asen ein, ihn in drei Monaten zu besuchen.

Das Fest in Asgard ist die Rückkehr des Tyr-Ägir aus dem Jenseits (die Halle des Ägir im Meer) in das Diesseits (Asgard) – der Beginn der Herrschaft des Tyr und somit der Sommer. Drei Monate später ist die Herrschaft des Tyr und somit auch der Sommer vorüber und Tyr kehrt in das Jenseits zurück, wohin er dann die Asen zu einem Fest einlädt.

Zuerst kamen Odin und Njörd, Freyr, Tyr, Bragi, Widar und Loki und ebenso die Asinnen Frigg, Freya, Gefjun, Skadi, Idun und Sif. Thor war nicht dort, da er in die östlichen Länder gezogen war, um Trolle zu töten.
Nachdem die Götter ihre Plätze eingenommen hatten, ließ Ägir sofort leuchtendes Gold auf den Fußboden der Halle legen, und dieses Gold strahlte Licht aus und erhellte die Halle wie Feuer. Es wurde dort so als Licht bei dem Festmahl benutzt, wie in Walhalla Schwerter anstelle von Feuern benutzt werden.

Das Gold auf Ägirs Hallenboden ist die nächtliche bzw. winterliche Sonne, d.h. Tyr-Ägir selber, in der Wasserunterwelt. Die Licht-Schwerter in Walhalla sind eine Vervielfältigung des flammenden Sonnenschwertes des Tyr-Surtur. Das Gold in Ägirs Halle könnten sowohl solche „Licht-Schwerter" als auch der Sonnenschild des Tyr sein.

VII 2. f) Skaldskaparmal

Der Herbst dauert von der Tag- und Nachtgleiche bis zu der Zeit, zu der die Sonne dreieinhalb Stunden nach Mittag untergeht (Mittwinter, Jul).
Danach dauert der Winter bis zur Tag- und Nachtgleiche.
Dann ist es Frühling bis zu den Fahrt-Tagen (Aufbruch zu den Raubfahrten).

Dann ist es Sommer bis zu der Tag- und Nachtgleiche.

Der Monat, der als letzter vor dem Winter kommt, wird Ernte-Monat genannt. Der erste Monat im Winter ist der Monat des Vieh-Schlachtens. Dann folgt der Frost-Monat, dann der Regen-Monat, dann der Thorri, dann der Goi, dann der Einzel-Monat (der Grund für diese Benennung ist unklar), dann der Kuckucks-Monat oder Saatzeit, dann die Eier-Zeit oder Lämmergeburts-Zeit, dann kommt der Sonnen-Monat oder Weide-Monat, dann der Heu-Monat und der Getreidereife-Monat.

Die Monats-Namen			
Dauer	*Tierkreiszeichen*	*Name*	*deutscher Name*
ca. 21. 8 – 21. 9	Waage	Ernte-Monat	August/September
ca. 21. 9 – 21.10	Skorpion	Monat des Vieh-Schlachtens	September/Oktober
ca. 21.10 – 21.11	Schütze	Frost-Monat	Oktober/November
ca. 21.11 – 21.12	Steinbock	Regen-Monat, Thorri-Monat	November/Dezember
ca. 21.12 – 21. 1	Wassermann	Monat des Tyr-Eisriesen Thorri	Dezember/Januar
ca. 21. 1 – 21. 2	Fische	Monat der Eisriesin Goi	Januar/Februar
ca. 21. 2 – 21. 3	Widder	Einzel-Monat	Februar/März
ca. 21. 3 – 21. 4	Stier	Kuckucks-Monat, Saat-Zeit	März/April
ca. 21. 4 – 21. 5	Zwillinge	Eier-Zeit, Lämmergeburts-Zeit	April/Mai
ca. 21. 5 – 21. 6	Krebs	Sonnen-Monat, Weide-Monat	Mai/Juni
ca. 21. 6 – 21. 7	Löwe	Heu-Monat	Juni/Juli
ca. 21. 7 – 21. 8	Jungfrau	Getreidereife-Monat	Juli/August

VII 2. g)   Grottenlied

„Wir waren Gespielen neun Winter lang,
Da unter der Erde man uns erzog:
Da übten wir Mägde schon manche Großtat,
Faßten Felsen sie fort zu rücken.

Das „wir" sind Fenja (Frigg) und Menja (Freya). Sie befinden sich in der winterlichen Unterwelt.

VII 2. h)   Hattatal

Die Hand läßt ihn los, den grauen
Rudergriff, denn Winter folgt auf Sommer,
und die Schiff auf dem Meer bei Lista
nehmen eine lange Rast von ihren Fahrten.
Beim Bier vergeht die Unruhe der Leute,
sie lassen das Schiff in der aufrechten Halle:
nun ruft der Kelch, dies Geschenk aus Gold,
der Kreisende, der Gefüllte – in der Ruhezeit.

Ruhezeit = Winter

VII 2. i)   Odins Rabenzauber

Die Asen ahnten übles Verhängnis:
Geister verwirrten mit Runen das Wetter.
Urda sollte Odhrörir beschützen,
vor dem mächtigsten Winter.

Ungewöhnliche Vorgänge im Wetter und allgemein in der Natur wurden früher bei fast allen Völkern als böses Omen angesehen, die meistens durch böse Geister verursacht wurden. Der „böse Geist" schlechthin ist in der germanischen Mythologie Loki, der auch den Tod des Baldur herbeiführte, der zu dem Ragnarök führte.

„*Urd(-a)*" ist eine der drei Nornen, die unter den Wurzeln der Weltesche der Unterwelt sitzen und das Schicksal bestimmen. Sie scheint die „ursprüngliche Norne" zu sein, die später durch Skuld und Verdandi zu einer Dreiheit ergänzt wurde. Da sie das Schicksal kennt, kann sie entweder selber als Seherin aufgefaßt werden oder als diejenige, an die sich die Seherinnen innerlich wenden, um die Zukunft zu erkennen.

„*Ödrörir*" ist der Göttermet, der die Götter unsterblich macht. Da Urd ihn bewacht, muß er sich in der Unterwelt befinden. „Ödrörir" bedeutet „der die Ekstase anregt".

Der Hinweis, daß der Met dadurch, daß er von Urd bewacht wird, großer Schaden (wie sich im folgenden zeigt, ist dies Baldurs Tod) vermieden werden kann, zeigt zumindestens, daß der Met mit dem Tod assoziiert wurde. Es hat geradezu den Anschein, als ob Baldurs Tod mit dem Raub des Mets identisch sein könnte – was dann dem Raub der Idun und ihrer Äpfel entsprechen würde.

Der „*mächtigste Winter*" ist identisch mit dem „Fimbulwinter" („riesiger Winter"), der den Ragnarök, also den Untergang der Götter ankündet. Hier zeigt sich bereits, daß Baldurs schwere Träume berechtigt sind, da sie auf seine bevorstehende Ermordung hinweisen, die dann zu dem Untergang der Götter führt.

Baldurs Tod ist offenbar identisch mit dem Winter – Baldur ist der Sommergott, der Nachfolger des Tyr in den alten Mythen.

VII 2. j)   Gylfis Vision

Der Fimbul-Winter wird ausführlich beschrieben. Schon die Existenz dieser Mythe zeigt, wie wichtig für die Nordgermanen der Winter und somit auch die Jahreszeiten -Mythen gewesen sein müssen … immerhin gab es neun Monate Winter, in denen Loki herrschte und nur drei Monate Sommer, in denen Tyr herrschte.

Da sprach Gangleri: „Was für Dinge sind zu sagen von der Götterdämmerung? Ich hörte dessen nie zuvor erwähnen."

Har antwortete: „Davon sind viele und wichtige Dinge zu sagen. Zum ersten, daß ein Winter kommen wird, Fimbulwinter genannt. Da stöbert Schnee von allen Seiten, da ist der Frost groß und sind die Winde scharf, und die Sonne hat ihre Kraft verloren. Dieser Winter kommt dreimal nacheinander und kein Sommer dazwischen. Zuvor aber kommen drei andere Jahre, da die Welt mit schweren Kriegen erfüllt sein wird. Da werden sich Brüder aus Habgier ums Leben bringen und der Sohn des Vaters, der Vater des Sohnes nicht schonen.
So heißt es in der Wöluspa:

Brüder befehden sich und fällen einander,
Geschwisterte sieht man die Sippe brechen.
Unerhörtes ereignet sich, großer Ehebruch.
Beilalter, Schwertalter, wo Schilde klaffen,
Windzeit, Wolfszeit eh die Welt zerstürzt.
Der eine achtet des andern nicht mehr."

VII 2. k)   Fiölswin-Lied

Die drei Riesen „Windkald" („Wind-kalt"), dessen Vater „Warkald" („Frühlings-Kälte") und dessen Vater „Fiölkald" („Viel-kalt") verkörpern drei Winter, evtl. auch den dreifachen Fimbul-Winter, aber primär ist die Dreizahl die germanische Weise, einen zyklischen Vorgang darzustellen.

Fiölswinn (Odin):
„*Welcher Eltern Kind bist Du, Knabe, geboren;*
Welchem Stamm entstiegen?"

Fremdling (Tyr-Svipdag):
„*Windkald heiß ich, Warkald hieß mein Vater,*
Des Vater war Fiölkald."

VII 2. l) Jacob Grimm: Deutsche Mythologie

Jacob Grimm hat eine große Fülle an Sagen, Brauchtum u.ä. über den Sommer und den Winter gesammelt.

Ungleich frischer und erkennbarer hat sich die persönlichkeit der jahrszeiten, wel- *che wie tag und nacht von nähe oder ferne der sonne abhängen, erhalten. ihr lang-* *samer wechsel erfolgt feierlich, während der häufige des tags und der nacht bald das* *andenken an die alten götter verwischte.*
Tag und nacht gleichen dem sommer und winter auch darin, daß den anbruch des *tags und den eintritt des sommers die vögel mit freudigem gesang begrüßen, nachts* *und winters aber still trauern. daher die eddischen kenningar „gleði fugla" (laetitia* *volucrum) („Vogel-Freude") für sommer, „sût ok strîð fugla" (dolor et angor avium)* *(„Krankheit und Leid der Vögel") für winter. dies naturgefühl spricht sich in den* *liedern unsrer minnesänger unzähligemal aus.*

Möglicherweise hat Jacob Grimm diese Kenningar falsch übersetzt – üblich sind die Umschreibungen „Freude der Schlangen" und „Leid der Schlangen" (Kältestarre der Schlangen im Winter).

Das alterthum scheint anfänglich nur zwei zeiten im jahr, dann aber drei, endlich *vier unterschieden zu haben.*
Davon zeugen schon die namen. unser „jahr", gothisch „jêr", althochdeutsch *„jâr", mittelniederländisch „jaer", altsächsisch „gêr", angelsächsisch „gear", eng-* *lisch „year", altnordisch „âr" ist deutlich das polnische „iar, iaro", böhmische „gar,* *garo", die frühling bezeichnen.*
Ebenso ist das slavische „leto, lato, ljeto" eigentlich sommer, und wie mir scheint *unserm „lenz", althochdeutsch „lenzo, lengiz", mittelhochdeutsch „lenze, lengez",* *angelsächsisch „lencten, lengten" verwandt, allmälich auf das ganze jahr erstreckt* *worden.*

Beide also, „jâr“ und „leto“, drücken die warme zeit (frühjahr oder sommer) aus und nach ihnen rechneten südliche völker, nördliche nach wintern.

Ulfilas verdeutscht „ἔτος“ durch „jêr“, „eniautóV“ durch „aþn“ oder „ataþni“; in den gothischen eigennamen „Athanagildus“, „Athanaricus“ (Aþnagilds, Aþnareiks) haftet noch das sonst in unsrer sprache verschollne wort, dessen wurzel an „ἔτος“ gemahnt, vielleicht an das slavische „god, godina“, welches Russen und Serben „annus“ bedeutet, während polnisch „god“, böhmisch „hod, hodine“ allgemeiner zeit ausdrückt.

Das verhältnis zwischen „ἔτο“ und „ενιαυτός“ bleibt unsicher, denn „ἔτος ῆλθε περιπλομένων ενιαυτῶν“ sind die „ενιαυτοί“ abschnitte des jahrs, aber nach andern angaben soll ein „ενιαυτός“ drei „ἔτη“ enthalten. In „ενιαυτός“ liegt das einfache „ἔτος“ = lateinisch „annus“.

Es gab Jakob Grimm zufolge ursprünglich nur zwei Jahreszeiten: den Sommer und den Winter.

Der indogermanische Wortschatz zeigt entgegen der Schlußfolgerung Jacob Grimms, daß die Bezeichnungen für die vier Jahreszeiten schon mindestens 5000 Jahre alt sind. Allerdings spielen Frühling und Herbst in der zeitlichen Orientierung im Jahr eine untergeordnete Rolle. Der Herbst ist eher der Ernte-Zeitpunkt als eine Jahreszeit und der Frühling ist in ähnlicher Weise der Zeitpunkt, ab dem das Vieh wieder Gras auf den Weiden findet.

Dem jahr wird ein kreis, ring (orbis, circulus) beigelegt: „jâres umbihring“, „jârhring“, „umbihuurft“; mittelhochdeutsch „jâres umbeganc“, „umberinc“, „um-bevart“, „umbetrit“; und die wiederkehr oder erneuerung dieses kreises veranlaßte schon im hohen alterthum feierliche feste.

Eligius predigte: ›nullus in kalende januaris nefanda aut ridiculosa, vetulos aut cervulos aut joticos faciat, neque mensas super noctem componat neque strenas aut bibitiones superfluas exerceat‹.

Das Jahr wurde als ein Kreis angesehen: das Urbild des zyklischen Vorganges.

Das mag celtischer und römischer brauch gewesen sein, die „strenae ineunte anno“ werden von Sueton erwähnt, und bekannt ist das „aguilanneuf“, ein freuden-schrei, zum pflücken der heiligen mistel auffordernd.

Dergleichen scheint in Deutschland unerhört, bemerkenswerth sind aber die neu-jahrslieder und wünsche, wie sie noch das buch der Clara Hätzlerin aus dem 14. jahrhundert mittheilt: das jahr wird hier als neugebornes kind, neugeborner gott dargestellt, der die wünsche der sterblichen erfülle; das muß zunächst auf weihnach-ten und die geburt des heilands bezogen werden, an den orten, wo man neujahr mit diesem tag begann. es mögen sich aber noch heidnische sitten darunter gemengt haben, und ich übersehe nicht, daß das bloße adjektiv neu, ohne beifügung von jar oder kind in diesen liedern gebraucht steht, wie in der bezeichnung des neulichts bei dem mond (nŷ, niuwi).

Das neue Jahr ist ein neugeborenes Kind. Der Geburtszeitpunkt ist Mittwinter, die Julnacht. Zu diesem Zeitpunkt erfüllt das neugeborene Kind, d.h. bei den Germanen der neugeborene Sonnengott-Göttervater Tyr und bei den Christen Christus, den Menschen ihre Wünsche.

Aus diesem Grund legten die Wikinger in der Julnacht ihre feierlichen Eide ab – Tyr half ihnen bei der Verwirklichung der Taten, die sei zu tun geschworen hatten. So wie die Sonne ab Mittwinter an Kraft gewann, so gewannen auch die Eide und die zu ihnen gehörenden Taten an Kraft.

Den begrif des ganzen jahrs finde ich sonst kaum persönlich hervorgehoben, außer in betheuerungen, segen und verwünschungen. „sam mir daz heilec jar!"

Die beiden folgenden meinen aber wieder das anhebende, neue: „ein sælec jâr gang dich an!" und „daz dich ein veigez jâr müez ane komen!", angelsächsisch „oð þät oðer com gear in geardas." (Beowulf)

Aber bereits in frühster zeit sonderten sich hälften des jahrs, wofür uns die angelsächsische und altnordische sprache den ausdruck „missere, misseri" darbietet und die angelsächsischen gedichte scheinen vorzugsweise darnach zu rechnen. es heißt „missera vorn"; „fela missera"; „hund missera" = 50 winter; „misserum frôd", „missarum frôd" (wie sonst „gearum, dägrîme, fyrndagum frôd").

In der edda lese ich nur „ein misseri" (per unum annum) und „sams misseris" (eodem anno), aber auch die Grâgâs hat „misseri" (semestrium). die ableitung dieses wortes ist nicht leicht, man sollte darin die begriffe „halb" (medius, dimidius) und „jahr" erwarten, doch der kurze vocal der penultima widerstreitet dem altnordischen „âr" und dem angelsächsischen „gear"; auch scheint es masculinum („einn misseri", nicht „eitt misseri") und das altnordische „misæri" (misjahr, annonae caritas, neutrum) ist ganz etwas anderes. warum wäre auch hier das „d" des angelsächsischen „midde" (gothisch „midja", althochdeutsch „mitti") in „ss" übergetreten? doch ist einzugestehn, daß im verhältnis des lateinischen „medius" zum gothischen „midja" schon störung der lautverschiebung kund wird, „misseri" könnte aus so hohem alter übernommen und fortgeführt worden sein, daß es jene verwandtschaften scheinbar verleugnend, dennoch bekennen müste, und das „miss" sich verhielte wie im griechischen „μέσος, μέσσος", verrgleiche sanskrit „madhjas" und „βυσσός" = „βυθός".

Althochdeutsche denkmäler gewähren kein „misseri, missiri", die verlornen heldenlieder mögen es gekannt haben, weil noch spätere fassungen nach semestern rechnen; wenn es im Hildebrandlied heißt: „ih wallôta sumaro enti wintro sehstic ur lante", so sind nur 60 „misseri" (30 sommer und 30 winter) gemeint, die den 30 ganzen jahren des jüngeren volkslieds entsprechen; ja man dürfte mutmaßen, daß Nibelungenlied die dreizehn und sieben jahre, welche Chriemhild allzu alt machen, im älteren epos von semestern gemeint sind.

Aber im Norden, wo der winter überwog, zählte man nach wintern als ganzen jahren, und „tôlf vetra gamall" bezeichnet einen zwölfjährigen.

Daß althochdeutsch und noch mittelhochdeutsch sommer und winter die wesentliche jahreseintheilung abgeben, folgre ich selbst aus den üblichen adverbien „sumerlanc" („Sommer-lang") und „winterlanc" („Winter-lang") woneben kein „lengezlanc" („Frühlings-lang") noch „herbestlanc" („Herbst-lang") gehört wird; den altnordischen „sumarlângr" („Sommer-lang"), „vetrlângr" („Winter-lang") steht auch ein „haustlângr" („Herbst-lang") zur seite.

Das griechische jahr hat nur drei theile „ἔαρ", „θέρος", „χειμών" und da fehlt der herbst. unsre beiden großen jahresfeste sommer- und wintersonnenwende schieden zwei theile, die erntefeier am schluß september oder das einholen des sommers kann den dritten oder vierten theil begründen. von der zweitheilung zeugen auch die angelsächsischen ausdrücke „midsumor" und „midvinter", altnordisch „miðsumar", „miðvetr", welche jenen gipfel der sonnenwende ausdrückten, und denen kein „midhearfest" zur seite stand; ein angelsächsisches „midlencten" (englisch „midlent") begegnet, und gleicht etwa unserm mitfasten.

Wie verhielt sich zu „midsumor" und „midvinter" das „missere"? auch der tag (von 24 stunden) zerfiel in zwei hälften, angelsächsisch „dôgor", altnordisch „dægr" genannt, jede von 12 stunden und „dôgor" verhält sich zu „däg", wie „missere" zu „gear". den althochdeutschen denkmälern mangelt neben „tac" ein „tuogar", aber ein gothisches „dôgr" neben „dags" schließe ich aus „fidurdôgs" und „ahtáudôgs" bei Ulfilas.

Nachdem Tacitus gesagt hat, daß die Germanen bloß getraide bauen, weder wiesen noch gärten hegen, fügt er hinzu: „unde annum quoque ipsum non in totidem digerunt species: hiems, et ver, et aestas intellectum ac vocabula habent; auctumni perindo nomen ac bona ignorantur."

Deutlich wird hier „auctumnus" auf obst und nachheu (grummet) bezogen, der kornschnitt in den sommer, die aussaat in den frühling verlegt. Erwägt man aber, daß das nördliche Deutschland noch jetzt, bei gemildertem clima, getraide erst im august und september, wenn schon die sonne niedriger steht, einerntet, und daß august zwar der eigentliche erntemonat, september der herbstmonat, zuweilen aber september die augstin, october der herbstmonat genannt ist; so kann jene ansicht schon in ältester zeit nicht allgemein gültig gewesen sein.

Auch scheint das althochdeutsche „herpist, herbist", angelsächsisch „hearfest"
nicht gerade jünger als andere sehr alte wörter. Richtiger ist also das vorhin ent-
wickelte verhältnis, daß je weiter nach Norden hin in Europa überhaupt zwei jahrs-
zeiten, sommer und winter, vortreten, je weiter nach Süden drei, vier oder fünf unter-
schieden werden können.

Auch für mythische bezüge gelten nur jene zwei, obwol sie zuweilen durch frühling
und winter, oder durch frühling und herbst ausgedrückt werden.

Neben dem gothischen „vintrus" (hiems) ist ein ganz ähnliches masculinum „sum-
rus" anzunehmen, wiewol „θέρος" durch „asans" (erntezeit) übertragen wurde. die
declination folgt aus dem althochdeutschen „sumar" = „sumaru" (weil gothisch
„sumrs" nach erster ein althochdeutsches „somar" nach sich zöge) und aus dem da-
tiv des angelsächsischen „sumor", der „sumera", nicht „sumere" lautet. das altnor-
dische neutrum „sumar" neben dem masculinum „vetr", althochdeutsch „wintar",
angelsächsisch „vinter" scheint unorganisch, sicher war es früher männlich. Die
vermutete wurzel führt auf saat und ernte.

In der edda sind beide wesen nun gleich genealogisch eingeführt. „Sumar" ist ein
sohn des Svâsuðr, welcher name von „svâs" (carus, proprius, domesticus), gothisch
„svês", althochdeutsch „suâs" herstammt: dieser ist ein seeliger, freundlicher mann,
nach dem alles frohe und liebliche heißt (svâslegt, blîtt).

Der vater des „Vetr" hingegen führt den namen Vindlôni oder Vindsvalr (der wind-
bringende, windkühle) und dessen vater hieß Vâsaðr, der feuchte, nasse: ein grimmi-
ges, kaltbrüstiges geschlecht. Beide stellen sich aber, wie zu erwarten ist, als riesen
dar, Svâsuðr und Sumar von guter, freundlicher, Vâsaðr, Vindsvalr, Vetr von böser art,
so daß sich auch hier wieder die doppelte natur der riesen einleuchtend erweist.

Skáldskaparmâl verzeichnet sie unter den alten iötnar: „Somr (Sômir) ok Svâsuðr",
Vindsvalr und Viðarr (Vetr). Noch jetzt sind uns Sommer und Winter häufige eigen-
namen, und vermutlich waren sie es von anfang an, eben weil sie sich mit ausdrücken
urverwandter sprachen nicht berühren. schon eine urkunde bei Neugart führt uns
zwei brüder Wintar und Sumar auf. den eigennamen Wintarolf mit der augmentativ-
form, hat Graff.

Im Altnordischen gab es nur zwei Jahreszeiten: Sommer und Winter, die beide als
Männer aufgefaßt wurden – ein freundlicher Sommer-Mann und ein kaltherziger
Winter-Mann.

Nun will ich aber die deutlichen spuren ihres persönlichen verhältnisses, wie sie
sich in redensarten des volks und in dichterischen wendungen lange erhalten haben,
aufdecken.

Wir sagen täglich: der Sommer, der Winter ist vor der thür, tritt ein, kehrt ein.
Hans Sachs: „bis daß der Sommer einhertritt".

136

Mittelhochdeutsch wird jener gewöhnlich lieb, dieser leid genannt: „der liebe Sumer urloup genam". „urloup nam der Winder".

Beiden gefolg und dienerschaft zugeschrieben: „Sumer, dîne holden von den huoben sint gevarn". „Sumer dîn gesinde". „mîn sanc süle des Winters wâpen tragen". „Winder ist mit sînen vriunden komen", offenbar sind sie mit ihren leuten aufgezogen, weil sie sich verjagen und bekriegen wollen. „der leide Winder hât den Sumer hin verjaget". „er (der Winter) ist dir gehaz, er enweiz niht umbe waz, selten er des ie vergaz, swenne er dînen stuol besaz, er enructe in vür baz, sin gewalt wol tûsend ellen vür den dînen gât." „Winter hât ez hie gerûmet."

Weil aber der sommer mit dem mai beginnt, steht auch ein Mai als repräsentant des Sommers da, ganz auf gleiche weise in lebendiger persönlichkeit. alle bekommen den beinamen herr: „min herre Winter!"; „her Meie!"; „her Meige!."

Der Mai hält seinen einzug. „sô der Meige în gât". „sô der vil süeze Meige în gât"; „Meige ist komen in diu lant"; „der Meie sîn ingesinde hât"; „der Meie ist in diu lant". „des Meien tür ist ûf getân"; „der Mei ist in den landen hie"; „sô der Meie sînen krâme schouwen lât unde în gât mit vil manigem liehten mâle"; „vil maneger hande varwe hât in sînem krâme der Meige"; „der Meie hât brieve für gesant, daß sie künden in diu lant sîne kunft den vruoten."

Gleich einem könige, der nach langer abwesenheit siegreich heimzieht, kündigt er seine ankunft voraus durch briefe an. „da ist der Meie und al sîn kraft. er und sîn geselleschaft diu ringent manige swære. Meie hat im (dem Winter) angesiget." „ich lobe dich Meie dîner kraft, du tuost Sumer sigehaft"; „ob der Meige ze velde lac"; „sô der Meige alrêrst în gât"; „der Mei hât sîn gezelt bestelt"; „des Meien schilt"; „Sumer der hât sîn gezelt nu gerihtet überal"; „des Meien waldenære kündet an die sumerzît"; „die (waldes ougenweide) hat der Meie für gesant, daz si künden in diu lant sîn kunft"; „der Meie vüeret den walt an sîner hende."

Es werden ihm hände beigelegt (wie dem Wunsch). er wird von den menschen mit dank und neigen, gleich einem durchs land fahrenden gott (Freyr) oder einziehenden könig, verehrt, er hat gleich diesen seine straße: „des Meigen strâze"; „ûf des Meien strâzen"; „Meie ich wil dir nîgen"; „êrent den Meien"; „der Meie habe des danc!."

Mai und Sommer legen ihr grünlaubiges kleid an: „der Meie ist ûf sîn grüenez zwî gesezzen."

Dem Mai wird geklagt, er gebietet seinen blumen. „des Meigen vriunt, der grüene wase, der het ûz bluomen angeleit sô wüneclîche sumerkleit"; „der Sumer sneit sîn kleit"; „der Meie sendet dem walde kleider"; „der Sumer gab diu selben kleit Abrelle maz, der Meie sneit"; „diu (kleider) het gegeben in der Meie zeiner niuwen wât"; „Mei hât enprozzen berg und tal"; „Sumer hât gesendet ûz sîn wunne, der Meie spreit ûf diu lant sin wât"; „der blüenden heide voget ist mit gewalt ûf uns gezoget, hœrt wier mit winde broget ûf walt und im gevilde."

Sommer und Winter sind zwei Männer, die wie zwei Könige oder Götter gegeneinander kämpfen. Der Sommer wird oft mit dem Monat Mai gleichgesetzt, mit dem er bisweilen beginnt.

seht ir den boum, der dâ stât,
der loubes vil und bluomen hât,
ein got hât sich dâ nider gelân,
ân den môhte ez niht ergân,
ez ist binamen Tervigant.

Der dichter der warnung singt:

nu minnet bluomen unde gras,
niht in, der sîn meister was,
wîp unt vogelgesanc
unt die liehten tage lanc,
der sache iegelîche
nemt ze einem himelrîche.

und noch bestimmter:

einer anbetet daz vogelsanc
unt die liehten tage lanc,
darzuo bluomen unde gras,
daz ie des vihes spîse was:
diu rinder vrezzent den got.

Das grüne laub ist das kleid des Maien und Sommers. „quoique le bois reprenne sa robe d'été". (Villemarqué bardes bretons). „sumerkleit hât er ir gesniten.". „der Sumer wil rîchen manigen boum mit loubes wât.". „heide und anger habent sich bereitet mit der schoensten wât, die in der Meie hât gesant." „herbest, der des Meien wât vellet von den rîsen." „vil rîcher wât, die Meie hât." „sich hâte gevazzet der walt und schoeniu kleit gein dem sumer angeleit." „in meigeschem walde." „solutis ver nivibus viridem monti reparavit amictum."

Das grüne Gras und das Laub der Pflanzen sowie die Blumen werden als der Sommergott angesehen oder als dessen grünes Gewand.
Der Winter ist hingegen nackt – kahl wie die winterlichen Wälder und Felder.

Vorzüglich aber muss man auf den gegensatz achten. Im gefolg des Winters ziehen

138

Reif und Schnee, wiederum personificationen, und alte riesen. sie künden dem Sommer krieg an: „dir hât widerseit beidiu Rîf und Snê"; „der Meie lôste bluomen ûz Rîfen bande"; „manegen tac stark in sînen (des Winters) banden lac diu heide." „uns was verirt der wunne hirt von des argen Winters nît." „der Winter und sîne knechte, daz ist der rîfe und der wint."

Und wie der Sommer belaubt, entlaubt der Winter: „über diu ôren er dem wald sîn kleider brach"; „dâ das niuwe loup ê was entsprungen, des hâstu nu gevüllet dinen sac", einem feinde oder räuber gleich, der den sack mit beute füllt (saccage). „bluomen unde loup was des Rîfen erster roup, den er in die secke schoup, er enspielt in noch enkloup"; doch „sunder Rîfen danc (dem riesen zum trotz) allez grüene in fröiden lît"; unbesungen ist der „walt, daz ist allez von des Rîfen ›ungenâden komen". Wizlau ruft in einem liede: „Winder dich vorhôte, der Sumer komt ze môte!" (zieht dir entgegen.); „weizgot, er (der Winter) lât ouch dem Meien den strît"; umgekehrt: „der Sumer sînen strît dem Winder lât."

Das wichtigste ist, daß sich in einem liede sogar der mythische name des reifriesen bewahrt hat: er heißt Aucholf, ganz mit der ableitung „olf" gebildet, die gleich dem „olt" für ungeheure, geisterhafte wesen dient; die wurzel ›áuka", althochdeutsch „ouhhu" drückt aus „augeo", es kann also in Oucholf die bedeutung des übergroßen, riesenmäßigen liegen.

Sommer und Winter stehn im kampf gegeneinander gerade wie Tag und Nacht; Sommer und Tag erfreun, Nacht und Winter betrüben die welt.

Die ankunft des Sommers, des Mais, oder wie wir jetzt sagen des Frühlings, wurde nun vor alters festlich begangen. das hieß im mittelalter: „die zît empfâhen"; „die zît mit sange begên"; „den Sumer empfâhen"; „Sumer wis empfangen von mir hundert tûsent stunt"; „vrouwen und man empfiengen den Meien"; „dâ wart der Mei empfangen wol"; „den Meigen enpfâhen und tanzen"; „nû wolûf grüezen wir den süezen!"; „ich wil den Sumer grüezen"; „helfent grüezen mir den Meien"; „si (diu vogellîn) wellent alle grüezen nu den Meien."; „willekome her Meige!"; „sît willekome her meie!"; „sô wol dir lieber Sumer daz dû komen bist!." noch ein lied in Eschenburgs denkmälern hat den roiensang „›willkommen Maie!".

„In den Meien riden" war wirkliche sitte. die Mistelgauer bei Baireuth sandten boten nach Nürnberg, um den frühling zu holen. man gab ihnen in einer schachtel einen hummel mit, den sie bei neugieriger öffnung derselben fliegen ließen. da riefen sie ihm nach „na Mistelgau", und nun gabs dort nach langem regen schön wetter. vegleiche Herodot, wo einem lande der frühling aus dem jahr genommen wird.

Das eintreten des Sommers erfolgte aber nicht auf einen bestimmten tag des jahrs, sondern wurde nach zufälligen zeichen wahrgenommen, aufblühenden blumen oder anlangenden vögeln. das hieß den Sommer finden: „ich hân den Sumer vunden."

Wer „den êrsten vîol (Veilchen)" schaute, zeigte es an; das ganze dorf lief hinzu, die bauern steckten die blume auf eine stange und tanzten darum. auch hiervon hat

Nîthart lebendige lieder gedichtet, vergleiche „den êrsten vîol schouwen". dieselbe feier beschreibt Hans Sachs; um die erste sommerblume wird getanzt und gesungen. „den ersten bluomen vlehten".

Daß man auch den ersten maikäfer feierlich einholte wurde bereits dargethan, und noch heute wurzelt unverwüstlich unter den knaben die lust auf diese käfer jagd zu machen und mit ihnen zu spielen.

Ebenso wird die erste schwalbe, der erste storch als frühlingsbote (ἄγγελος ἔαρος) begrüßt und empfangen. der schwalbe rückkehr feierten schon Griechen und Römer. Athenaeus theilt „χελιδόνισμα" mit, das auf Rhodos die kinder absangen, eine schwalbe herumtragend und eßwaren sammelnd. Noch heute lebt der gebrauch in Griechenland. am ersten merz lauft die jugend zusammen, durchzieht alle straßen und singt ein liebliches frühlingslied: die sänger tragen eine aus holz geschnitzte schwalbe, die auf einem cylinder stehend dabei umgedreht wird. „hirundine prima" sagt Horatio.

Daß man auch bei uns schon im mittelalter auf die erste schwalbe achtete, lehrt die abergläubische gewohnheit, bei ihrer erblickung kohlen aus der erde zu graben. das schwedische landvolk bewillkommt sie mit dreimaligem jubelruf. Beide schwalbe und storch gelten für heilige, unverletzliche thiere. Wer den Griechen die einkehr des storchs zuerst ansagte empfieng botenlohn. Noch im vorigen jahrhundert waren die thürmer mancher städte Deutschlands angewiesen, den nahenden frühlingsherold anzublasen, wofür ihnen ein ehrentrunk aus dem rathskeller verabreicht wurde.

Ein epigramm von Joach. Olearius beginnt:

*ver laetum rediit, rediitque ciconia grata,
aspera dum pulso frigore cessat hiems.*

Auch der kukuk kann als ansager des frühlings betrachtet werden, wie ihn das altenglische lied auffordert: „sumer in icumen in, lhude sing cucu!"

Diese sommerverkündigung durch gesänge der jugend findet noch jetzt oder fand wenigstens in den letzten jahrhunderten in deutschen und slavischen ländern fast allgemein statt und deutet auf uralten grund. was die minnesinger noch in zierlichen wendungen von dem alten stuhl und einzug, der straße, güte und ehre des königlichen oder göttlichen Sommers ahnen lassen, das wird in den haftenden sitten des volks, die auf die hauptsache gehn, roh und naiv vervollständigt und erläutert. die gebräuche und lieder sind manigfalt.

Oft wird bloß ein kranz, eine puppe, ein thier im korb herumgetragen und von haus zu haus die gabe eingefordert.

Hier tragen kinder einen hahn, dort eine krähe oder einen fuchs umher, wie man in Polen zur zeit der colęda d.h. neujahrs einen ausgestopften wolf geschenke sammelnd umträgt. das sind keine wanderthiere, und ich lasse unentschieden, mit welchem fug sie die schwalbe oder den storch vertreten, oder ob sie überhaupt etwas anders bedeuten sollen. des angehenden sommers ist nur in einigen worten und wendungen des lieds oder gar nicht gedacht.

Oft aber bildet die einsamlung der gaben nur den schluß einer vorausgehenden sinnvolleren handlung, woran auch jünglinge und jungfrauen theil nehmen. Ein vermumter Sommer und Winter, jener in epheu oder singrün, dieser in stroh oder moos gekleidet, treten auf und kämpfen solange mit einander, bis der Sommer siegt. dann wird dem zu boden geworfnen Winter seine hülle abgerissen, zerstreut, und ein sommerlicher kranz oder zweig umhergetragen. Hier ist also wieder die uralte idee eines kriegs oder streits zwischen beiden jahrsgewalten, aus dem der Sommer siegreich hervorgeht, in dem der Winter unterliegt: das volk gibt gleichsam den zuschauenden chorus ab und bricht in den preis des überwinders aus.

Die eben geschilderte sitte lebt hauptsächlich in gegenden des mittleren Rheins, jenseits in der Pfalz, diesseits zwischen Neckar und Main, im Odenwald. Aus den gesungenen liedern theile ich bloß die beziehungsvollen stellen mit:

trarira, der Sommer der ist da;
wir wollen hinaus in garten
und wollen des Sommers warten.
wir wollen hinter die hecken
und wollen den Sommer wecken.
der Winter hats verloren,
der Winter liegt gefangen,
und wer nicht dazu kommt
den schlagen wir mit stangen.

anderwärts:

jajaja, der Sommertag ist da,
er kratzt dem Winter die augen aus
und jagt die bauern zur stube hinaus.

oder:

stab aus! dem Winter gehn die augen aus,
veilchen, rosenblumen,
holen wir den Sommer,
schicken den Winter übern Rhein,
bringt uns guten kühlen wein.

141

auch:

violen und die blumen
bringen uns den Sommer,
der Sommer ist so keck
und wirft den Winter in den dreck.

oder:

stab aus, stab aus,
blas dem Winter die augen aus!

Solche gesänge sind sicher durch lange jahrhunderte gegangen; was ich vorhin aus unsern dichtern des 13. jahrhundert angeführt habe, setzt sie ihrem wesentlichen inhalt nach voraus. alles ist ganz heidnisch gedacht und gefaßt: der herbeigeholte, aus seinem schlaf geweckte, tapfere Sommer, der überwundne, in den koth niedergeworfne, in bande gelegte, mit stäben geschlagne, geblendete, ausgetriebne Winter sind halbgötter oder riesen des alterthums.

Der veilchen wird erwähnt in deutlichem bezug auf den empfang des Sommers.

An einigen orten ziehen die kinder mit weißen, geschälten stäben, hölzernen gabeln und degen aus, entweder in der absicht dem Sommer zu helfen und mit auf den feind loszuschlagen, oder es können auch die stabträger des Winters gefolge oder ingesinde darstellen sollen, weil nach altem gebrauch besiegte und gefangne mit weißen stäben entlassen werden.

Einer aus dem haufen der knaben, ein erwachsner an ihrer spitze in stroh gehüllt stellt den Winter, ein andrer mit epheu verziert den Sommer vor. erst kämpfen beide mit ihren holzstangen, bald werden sie handgemein und ringen so lange bis der Winter niederliegt und ihm das strohkleid abgezogen wird.

Unter dem kampf singen die übrigen:

stab aus, stab aus,
stecht dem Winter die augen aus!

Das ist völlig das „rauba birahanen, hrusti giwinnan, caesos spoliare armis" der heldenzeit; das grausame augausstechen tritt noch tiefer in das alterthum zurück. das wecken des Sommers ist wie das wecken der Sælde.

Nach beendigtem kampf, wenn der Winter in der flucht ist, wird an einigen orten gesungen:

so treiben wir den Winter aus
durch unsre stadt zum thor hinaus,

   Hin und wieder die ganze handlung zusammengedrängt in das geschrei:

Sommer rein, Winter naus!

   Jemehr man sich über den Odenwald zurück dem innern Franken, dem Spessart und der Rhön nähert, pflegen schon jene worte zu lauten:

stab aus, stab aus,
stecht dem Tod die augen aus!

   und so heißt es:

wir haben den Tod hinausgetrieben,
den lieben Sommer bringen wir wieder,
den Sommer und den Meien
mit blümlein mancherleien.

Ein sehr häufiges Element in dem Kampf des Sommers mit dem Winter ist das Ausstechen der Augen des Winters.

Der Winter wurde auch bei den Nordgermanen als ein Blinder aufgefaßt – so heißt Tyr in der Unterwelt „Solblindi" („Blinde Sonne") und Odin nennt sich einmal „Gestumblindi" („Blinder Gast"). Das Sehen und gehörte zur Sonne, zum Tag, zum Licht, zum Leben und zum Sommer – die Blindheit gehörte zur Nachtsonne, zur Nacht, zur Dunkelheit, zum Tod und zum Winter.

Selbst in den neuen Mythen nach 500 n.Chr. ist dieses Motiv bewahrt worden: Baldur ist der sehende Sommergott, während der Wintergott Hödur blind ist (siehe auch „Blindheit" in Band 63).

Der Tod tritt an die stelle des Winters; man kann sagen, weil im winter die natur schlummert und ausgestorben scheint; vielleicht hat aber auch frühe schon ein heidnischer name des Winters der christlichen vorstellung von dem Tod weichen müssen.

In tief fränkischen liedern, z.b. dem Nürnberger, wird nun aber des Sommers gar geschwiegen und der gedanke des ausgetriebnen Todes desto stärker hervorgehoben. landmädchen von sieben bis achtzehn jahren in ihrem größten putz durchziehen dort die straßen der ganzen stadt und vorstadt; auf oder unter dem linken arm tragen sie einen kleinen ofnen sarg, aus welchem ein leichentuch herabhängt, unter dem tuch liegt eine puppe. ärmere kinder tragen nichts als eine offene schachtel, worin ein grüner buchenzweig liegt mit in die höhe gerichtetem stiel, woran ein apfel statt des kopfs steckt. ihr eintöniges lied beginnt.

heut ist mitfasten,
wir tragen den Tod ins wasser, wol ist das.

   Unter anderm:

wir tragen den Tod ins wasser,
tragen ihn nein und wieder raus,
tragen ihn vor des biedermanns haus.
wollt ihr uns kein schmalz nicht geben,
lassen wir euch den Tod nicht sehen.
der Tod der hat ein panser an.

   Ähnliche gebräuche und lieder herschten im übrigen Franken, in Thüringen, Meißen, Vogtland, Schlesien und Lausitz. der eingang des lieds wechselt:

nun treiben wir den Tod aus,
den alten weibern in das haus!

   oder:

hinters alte hirtenhaus.

   hernach:

hätten wir den Tod nicht ausgetrieben
wär er das jahr noch inne geblieben.

   Gewöhnlich wurde eine puppe, ein ströhernes oder hölzernes bild herumgetragen, ins wasser, in einen tümpfel geworfen oder verbrannt; war die figur weiblich, so trug sie ein knabe, war sie männlich, trug sie ein mädchen. Man stritt darum, wo sie gemacht und gebunden werden sollte, aus welchem haus sie hervorgebracht wurde, in dem starb das jahr über niemand.

   Die den Tod weggeworfen hatten, liefen schnell davon, aus furcht, daß er sich wieder aufraffe, und hinter ihnen her komme; begegnete den heimkehrenden vieh, so schlugen sie es mit stäben, im glauben, daß es dadurch fruchtbar werde.

   In Schlesien wurde häufig ein bloßer tannenbaum mit strohketten, gleichsam gefesselt, umhergeschleppt. Hin und wieder trug ein starker mann, mitten unter kindern, *einen maienbaum.*

In der Altmark haben die Wendendörfer bei Salzwedel, zumal Seeben (wo auch noch jenes Hennil galt, folgenden brauch bewahrt: knechte und mägde binden auf pfingsten von tannenzweigen, stroh und heu eine große puppe, der sie so viel als möglich menschliche gestalt geben. reich mit feldblumen bekränzt wird die puppe aufrecht sitzend auf der bunten kuh (wovon nachher) befestigt und ihr zuletzt eine aus ellernholz geschnitzte pfeife in den mund gesteckt. so führt man sie ins dorf, wo alle häuser ein und ausgang sperren und jeder die kuh aus seinem hof wegjagt, solange bis die puppe herabfällt oder in stücke geht.

Aus der Schweiz theilt uns Tobler ein volksspiel in reimen mit, die schwäbische herkunft verrathen, und ein kampflied zwischen Sommer und Winter enthalten. den Sommer stellt ein mann im bloßen hemd dar, in der einen hand einen mit bändern und früchten geschmückten baum, in der andern einen vielfach gespaltnen knüttel haltend. der Winter trägt warme kleider und einen gleichen knüttel, beide schlagen einander auf die schultern, daß es laut patscht, jeder rühmt sich und schilt den andern. zuletzt weicht der Winter und erkennt sich für besiegt.

Aus Baiern: der Winter ist in pelz gehüllt, der Sommer führt einen grünen zweig in der hand und der streit endet damit, daß der Sommer den Winter zur thür hinaus wirft.

In Östreich finde ich den gebrauch nicht erwähnt, doch scheint er in Steier und dem angrenzenden kärntnischen gebirg bekannt: die bursche theilen sich in zwei haufen, einer trägt winterkleider und schneeballen, der andere grüne sommerhüte, gabeln und sensen. nachdem sie sich vor den häusern eine weile gestritten haben, singen sie zuletzt vereint den preis des siegenden sommers. es geschieht im merz oder auf Mariä lichtmesse.

winder ist nidervalt.
winder du bist swer sam ein blî,
sumer du kanst den winder stillen.

Im niederländischen streitlied zwischen Sommer und Winter erscheint Venus und versöhnt sie als brüder. merkwürdig aber wird im schluss behauptet, der winter habe müssen erschlagen werden. das drückt den ausgang des älteren liedes aus.

Andere volksthümliche sommerlieder theilt Firmenich mit.

Über den sommergewinn in Eisenach siehe Wolfs zeitschrift für mythologie und Hones daybook. vergleiche den „mai", „den maijungen holen" bei Lyncker.

Den strohernen winter nagelt man auf ein rad, zündet es an und läßt es bergab laufen.

Die in Franken den tod austragenden mädchen heißen todtenmägdlein. in Jever kennt man das: meiboem setten.

Einige der angegebnen landschaften haben im letzten jahrhundert das alte fest dieser sommerverkündigung durch besiegung Winters untergehen lassen, einige noch gegenwärtig erhalten. Frühere jahrhunderte mögen es in andern deutschen strichen gesehn haben, in welchen es selbst nicht historisch nachzuweisen ist, wahrscheinlich entgehn mir auch einzelne nachrichten.

In Süddeutschland, Schwaben, Schweiz, Baiern, Östreich, Steier sind die gesänge noch länger und förmlicher, doch die sitte selbst weniger naiv und lebendig.

In Niederhessen, Niedersachsen, Westfalen, Niederland, Friesland, also da, wo die osterfeuer im schwang blieben, habe ich die sommerankündigung fast gar nicht ermitteln können; dafür werden wir in Norddeutschland den mairitt und das maigrafenfest viel feierlicher entfaltet finden.

Ob die sommerankündigung sich über die Pfalz hinaus in das Triersche, Lothringische, nach Frankreich erstreckte, weiß ich nicht sicher.

Klar ist, daß weder die protestantische noch die catholische ansicht auf die längere fortdauer oder das frühere erlöschen der sitte einfloß.

Allerdings fällt auf, daß sie sich am regsten gerade durch die mitte Deutschlands zieht und hinten an slavische länder lehnt, die ihr gleichfalls huldigen; daraus darf aber nicht gefolgert werden, daß sie slavischen ursprungs war und von Slaven bis über den Rhein hin eingeführt wurde.

Wir müssen erst diese slavischen gebräuche näher betrachten.

In Böhmen ziehen die kinder mit einem strohmann, der den Tod vorstellen soll, ans ende des dorfs, und vorbrennen ihn, dazu singen sie:

giz nesem Smrt ze wsy,
nowe Leto do wsy;
witey Leto libezue,
obiljéko zelene!

  d. h.:

schon tragen wir den Tod aus dem dorf,
den neuen Sommer in das dorf;
willkommen lieblicher Sommer,
grünes getraidelein!

  Anderwärts singt man:

Smrt plyne po wodě,
nowe Leto k nám gede,

d.h.:

der Tod schwimmt auf dem wasser,
der neue Sommer fährt zu uns.

oder:

Smrt gsme wám zanesly,
nowe Leto přinesly,

d.h.:

den Tod haben wir euch fortgetragen,
den neuen Sommer gebracht;

In Mähren aber:

nesem, nesem Mařenu,

d.h.:

wir tragen, tragen Marena.

Andere Slaven singen:

wyneseme, wyneseme Mamuriendu;
wyniesli sme Murienu se wsi,
přineslisme Mag nowy do wsi,

d.h.:

wir wollen Mamurienda austragen;
wir haben Muriena aus dem dorf
und den jungen Mai ins dorf getragen.

Zu Bielsk in Podlachien ersäufen sie auf todtensonntag einen aus hanf oder halm geflochtnen götzen, nachdem er durch die stadt getragen ist, in einem nahen sumpf oder weiher und singen dazu mit klagender stimme:

Smierć wieie się po plotu,
szukaiąc klopotu,

d.h.:

der Tod weht am zaun,
den strudel suchend.

dann laufen sie eilends heim, und wer dabei fällt, muß das jahr über sterben.
Die Sorben in der Oberlausitz fertigen das bild aus stroh und hadern; die die letzte leiche gehabt, muß das hemde, die letzte braut aber den schleier und die übrigen lumpen dazu hergeben; das scheusal wird auf eine hohe stange gesteckt und von der größten, stärksten dirne, in vollem lauf, fortgetragen. dabei singen alle:

lecz hore, lecz hore!
jatabate woko
pan dele, pan dele!

d. h.

flieg hoch, flieg hoch,
drehe dich um,
fall nieder, fall nieder!

Alle werfen mit steinen und stecken nach ihm, wer den Tod trift, stirbt das jahr über nicht. so wird das bild zum dorfe hinaus an ein wasser getragen und darin ersäuft. oft bringen sie auch den Tod bis zur grenze des nächsten dorfs und werfen ihn hinüber, jeder bricht sich ein grünes zweiglein, daß er auf dem heimweg fröhliches mutes trägt, bei erreichung des dorfs aber wieder von sich wirft. zuweilen läuft ihnen die jugend des benachbarten dorfs, über dessen grenze sie den Tod gebracht hatten, nach, und wirft ihn zurück, weil ihn niemand dulden will; hierum gerathen sie leicht in wortwechsel und schläge.
An andern lausitzischen orten sind bloß frauen mit dieser todaustreibung beschäftigt, und leiden dabei keine männer. alle gehn des tags in trauerschleiern und binden eine puppe aus stroh, der sie ein weißes hemd überziehen, in die eine hand einen besen, in die andere eine sense geben. diese puppe tragen sie singend und von steinwerfenden buben verfolgt, zur grenze des nächsten orts, wo sie sie zerreißen. darauf hauen sie im wald einen schönen baum, hängen das hemd daran, und tragen ihn heim unter gesängen. Dieser baum ist ohne zweifel sinnbild des eingeführten Sommers statt des ausgetragnen Todes.
Solch ein geschmückter baum wird auch sonst von knaben, nachdem sie den Tod fortgeschafft haben, im dorf herumgetragen und dabei sammeln sie gaben ein. Anderwärts tragen sie die puppe herum, geschenke fordernd. Hin und wieder lassen sie den

strohmann den leuten in die fenster gucken (wie Berhta ins fenster schaut): in einem solchen haus wird der Tod das jahr über jemand abholen, doch kann man sich mit geld lösen, und die vorbedeutung zeitig abwenden.

In Königshain bei Görlitz zog das ganze dorf, jung und alt, mit strohfackeln auf einen nahen berg, der todtenstein genannt, wo sonst ein götzenbild gestanden haben soll, zündeten oben die fackeln an und kehrten singend heim, unter beständiger wiederholung der worte: den Tod haben wir ausgetrieben, den Sommer bringen wir wieder.

Also nicht überall stellte man sich unter diesem ausgetriebnen götzenbild den abstracten Winter oder Tod vor; zuweilen ist es noch die heidnische, dem christenthum weichende gottheit, welche das volk, in halber trauer, unter angestimmten klageliedern, von sich ausstößt.

Dlugosz und nach ihm andere berichten, auf könig Miecislaus geheiß seien alle götzen im land zerbrochen und verbrannt worden, zur erinnerung daran pflege man in mehrern polnischen örtern jährlich einmal bilder der Marzana und Ziewonia an stangen befestigt oder auf schleifen, traurige lieder singend, feierlich zum sumpf oder fluß zu führen und zu ersäufen; gleichsam die letzte ihnen erwiesne huldigung.

Dlugosz erklärung der Marzana durch erntegöttin scheint falsch, annehmlicher Frencels und Schaffariks todesgöttin; ich leite den namen vom polnisch marznać, böhmisch mrznauti, russisch merznut' „frieren" ab, und stelle ihr als wintergöttin die sommergöttin Wiosna, böhmisch Wesna gegenüber.

An die Stelle des Winters trat oft der Tod, der dem Winter gleichgesetzt wurde.

Der Winter wurde oft in einem Fluß, See oder Sumpf, d.h. in der Wasserunterwelt, ertränkt.

Manchmal wurde dieses Ritual des Ertränkens auch noch mit einer Figur, die die alten heidnischen Götter darstellte, durchgeführt.

Der Ursprung dieses Rituals ist die Darstellung des Todes des Tyr im Herbst – das Versinken der Sonne im Meer.

Merkwürdig heißt es in der Königinhofer handschriften: „ i iedinu družu nám imiét' po puti z Wesny po Moranu", d.h. „eine gattin sollen wir haben auf der fahrt von der Wesna bis zur Morana, von sommer bis zu winter (= jederzeit)."

Diese Braut-Verse sind möglicherweise eine Erinnerung an die Jenseitsgöttin als der Wiederzeugungs-Geliebten des Sommergottes.

Das werfen oder tauchen des götterbilds in die flut braucht aber nicht gerade aus verachtung von den Christen geschehen, sondern kann schon im heidnischen cultus selbst begründet gewesen sein, da der gegensatz zwischen winter und sommer und die erhebung dieses das sinken jenes zur folge haben muste.

tum quoque priscorum virgo simulacra virorum
mittere roboreo scirpea ponte solet.

Tag des Todaustragens war die quarta dominica quadragesimae, d. h. der sonntag laetare, oder mittfasten, halbfasten, auf welchen es gerade auch in Polen (w nieziele środopostna), Böhmen, Schlesien und der Lausitz fällt. die Böhmen nennen den tag smrtedlna, samrtná neděle, die Sorben ßmerdniza, todtensonntag, er geht ostern drei wochen voraus, wird also fast immer im merz eintreten. einige verlegen ihn eine woche früher, auf oculi, andere (zumal in Böhmen) eine woche später auf judica, ja ein böhmisches lied spricht von mag nowy (neuem mai). auch in der Rhein und Maingegend ist aber laetare tag der feier und heißt dort sommertag.

Diese übereinkunft in der zeit des festes ist unabweisbar. den alten Slaven, welche ihr neues jahr im merz begannen, bezeichnete sie den anfang des jahrs, zugleich des sommerhalbjahrs, folglich ihres leto.

Den Deutschen die ankunft des sommers oder frühjahrs, im merz kehrt ihnen storch und schwalbe heim, blüht das erste veilchen.

Allein die Slaven kennen keinen kampf ihres unpersönlichen leto mit dem Smrt, sondern dieser abgehende, ausgetriebene gott hat dabei die hauptrolle.

Unsern ahnen war eben der beiden riesen streit das wesentliche des festes, und nur der verlierende Winter gleicht jenem Smrt, der siegreiche Sommer steht ungleich lebendiger da.

Außer dieser bedeutenden ungleichheit der slavischen feier mit der deutschen, wie sie am Rhein und Neckar statt hat, wäre auch schwer zu begreifen, wie sich eine slavische volkssitte bis in den Odenwald und in die überrheinische Pfalz hätte verbreiten sollen, so erklärlich sie an dem oberen Main, im Fuldischen, in Thüringen und Meißen sein würde.

Noch entscheidender ist jedoch die wahrnehmung, daß sie auch nicht allen Slaven, sondern eben nur den Schlesiern, Lausitzern und Böhmen, mit bedeutender abweichung der Polen, hingegen gar nicht den Südslaven bekannt war, wahrscheinlich auch nicht den in Pommern, Meklenburg und Lüneburg ansäßigen.

Wie den Baiern, Tirolern geht sie den Krainern, Steiermärkern, Slovaken ab; ebenso den Pommern und Niedersachsen.

Unter Slaven und Deutschen hat sie nur ein mittler strich des landes, ohne zweifel aus gleicher ursache, bewahrt.

Ich leugne nicht, daß sie im höheren alterthum allen slavischen stämmen, wie allen deutschen gemein gewesen sein könne, ja für Deutschland ist es mir beinahe unzweifelhaft, einmal weil Nitharts und anderer ältere lieder schon für Östreich zeugen, dann aber, weil in Scandinavien, England und stellenweise in Norddeutschland die *sitte des Mairitts erscheint, die sich vollkommen dem rheinischen sommertag im merz identificiert.*

Olaus Magnus meldet: „die Schweden und Gothen haben einen brauch, daß in den stätten die obrigkeit den ersten tag meiens zwei geschwader reuter von starken jungen gesellen und männern versammeln läßt, nicht anders als wolt man zu einer gewaltigen schlacht ziehen. das ein geschwader hat einen rittmeister, welcher unter dem namen des Winters mit vil pelzen und gefütterten kleidern angethan und mit einem winterspieß bewapnet ist: der reitet hoffertiglich hin und wieder, wirft schneeballen und eisschemel von sich, als wollte er die kelte erlängern, macht sich ganz unnütz. hergegen hat das ander geschwader auch einen rittmeister, den heißt man den Blumengraven, der ist von grünem gezweig, laub und blumen, bekleidet, auch mit andern sommerkleidern angethan und nicht fast werhaft, reitet mitsampt dem winterhauptmann in die stadt ein, doch ein jeder an seinem besondern ort und ordnung, halten alsdann ein offentlich stechen und turnier, in dem der Sommer den Winter überwindt und zuboden rennet. Der Winter und sein gefolge werfen um sich mit asche und funken, das sommerliche gesinde wehrt sich mit birkenmaien und ausgeschlagnen lindenruten; endlich wird dem Sommer von dem umstehenden volk der sieg zugesprochen."

Hier ist gar keine anspielung auf den Tod, alles wird nach deutscher weise bloß zwischen Sommer und Winter abgethan, nur hat sich der einfache aufzug unserer landleute mehr in ein turnierartiges gepränge des reicheren stadtlebens verwandelt; dafür nimmt sich dieses führen des Mais in die stadt („hisset kommer Sivard Snarensvend, han förer os sommer" oder „och bär oss sommer i by", „bära maj i by" und schonisch „före somma i by") reinlicher, stattlicher aus, als der ärmliche aufzug bettelnder kinder, und ist in der that eine höchst poetische, das gemüt ergreifende vorstellung.

Solcher maispiele gedenken altschwedische und dänische chroniken, stadtordnungen und urkunden öfter als einmal. Adel und könig nahmen nicht selten theil daran, es war eine große allgemeine volkslustbarkeit. der majgrefve (maigraf) zog blumenbekränzt unter mächtigem geleit durch straßen und dörfer, gastmale und reihentanz folgten.

In Dänemark begann der zug auf Walburgistag, man nannte es: den Sommer in das land reiten, „at ride Sommer i bye", die jungen männer ritten voran, dann der maigraf (floriger), mit zwei kränzen, über jede schulter, das übrige gefolge nur mit einem kranz; in dem ort wurden lieder gesungen, alle jungfrauen bilden einen kreis um den maigrafen und er wählt sich eine darunter zur majinde, indem er den kranz auf sie wirft. des Winters und seines streits mit dem Mai gedenken die schonischen und dänischen feste nicht mehr. in manchen städten hatten sich förmliche majgrevegilde gebildet.

Wie aber das maifeuer in Dänemark „gadeild" (gassenfeuer), so hieß auch der

151

anführer des Maifestes „gadebasse" (gassenbär) und das ihm zugesellte mädchen „gadelam" (gassenlamm) oder „gadinde"; „gadebasse" und „gadinde" sind also gleichviel mit „maigreve" und „maigrevinde".

Hier findet sich die Vorstellung, daß der im winterlichen Jenseits gefangenliegende Sommergott Tyr im Frühjahr wie ein Bär aus dem Winterschlaf erwacht und als Sommer in die Welt zurückkehrt.

Dieses Motiv taucht auch in der Benennung des Ost-Zwerges Austri als „Berling", d‚h. als „Bären-Mann", mit dem der Männername „Austbjörn", d.h. „Ost-Bär" eng verwandt ist, auf (siehe das Kapitel über den Osten in diesem Buch).

Am bekanntesten ist dieses Motiv sicherlich aus dem Märchen „Schneeweißchen und Rosenrot", in dem ein verwunschener Prinz in Bären-Gestalt die Rolle des Sommergottes im Winter innehat.

Merkwürdig ist die schilderung in Mundelstrup: „qui ex junioribus rusticis contum stipulis accensis flammatum efficacius versus sidera tollere potuerit, praeses (gadebasse) incondito omnium clamore declaratur, nec non eodem tempore sua cuique ex rusticis puellis, quae tunc temporis vernacula appellantur gadelam, distribuitur, et quae praesidi adjicitur titulum hunc gadinde merebitur. hinc excipiunt convivia per universum illud tempus, quod inter arationem et foenisecium intercedit, quavis die dominica celebrari sueta, gadelamsgilder dicta, in quibus proceriorem circum arborem in antecessum humo immissam variisque corollis ac signis ornatam, corybantum more ad tympanorum stridentes sonitus bene poti saliunt."

Dieses maireiten, diese maigrafen waren nun auch in Niederdeutschland althergebracht; das scheint eben die ursache, warum dort jenes mitteldeutsche sommerankündigen auf laetare nicht im schwang gieng. in nördlichen gegenden konnte das erst mit anfang mais einkehrende frühjahr nicht schon im merz gefeiert werden. Vielleicht war auch die maifeier in älterer zeit allgemeiner in Deutschland, oder greift die unterscheidung bereits in den wechsel der merz und maiversamlungen des volks?

Des maigreven zu Greifswalde im jahre 1528, auf ersten mai, erwähnt Sastrow in seiner lebensbeschreibung beiläufig, einer den schülern zu Pasewalk gestatteten maigräfenfahrt ein kirchenvisitationsrecess von 1563; genauere nachrichten über die fortdauer des mairitts zu Hildesheim, wo der schöne brauch erst im 18. jahrhundert erlosch, sind neulich gesammelt worden.

Sobald der maigreve, gegen pfingsten, erwählt war, hatten die holzerben in der Ilse aus sieben dörfern den maiwagen zu hauen: alles gehauene buschwerk muß aufgeladen, im walde dürfen nicht mehr als vier pferde vorgespannt werden. ein feierlicher zug aus der stadt holt den wagen ab, burgermeister und rath empfängt von den holzerben den maikranz und übergibt ihn dem maigreven. der wagen enthält 60–70 bunde mai, welche dem maigreven zukommen und dann weiter ausgetheilt werden. klöster und kirchen empfangen große bunde, auf alle thürme wird davon gesteckt, der boden der kirche ist mit geschornem buchsbaum und feldblumen bestreut. der maigreve bewirthet alle holzerben, muß ihnen aber nothwendig krebse vorsetzen. Überall ist hier nur von dem einholen des maiwagens aus dem wald in die stadt unter feierlichem geleite des maigrafen, nicht mehr die rede von dem kampf, den er gegen den winter zu bestehn hat.

Wie sollte dieser kampf in älterer zeit gemangelt haben? gewis war er da, und erst allmälich ließ ihn die sitte weg. ja sie wurde noch genügsamer: in holsteinischen kirchspielen begeht man den anfang des mais so, daß man einen bursch und ein mädchen mit laub und blumen bekränzt und unter musik in ein wirtshaus geleitet, wo gezecht und getanzt wird: sie heißen maigrev und maigrön d. h. Maigräfin.

Das schleswigsche maygravenfest (festum frondicomans) beschreibt die schon angezogne abhandlung Ulrich Petersens.

In Schwaben gehen die kinder mit sonnenaufgang in den wald, knaben seidne tücher an stäben, mädchen bänder an zweigen tragend; ihr führer ist maikönig, der sich eine königin wählen darf.

In Gelderland (Mittel-Niederlande) pflanzte man maiabends bäume auf, die geschmückt und gleich weihnachtsbäumen mit kerzen behangen werden. dann folgte gesang und reihentanz.

Noch jetzt läßt man sich im übrigen Deutschland zu pfingsten maibüsche in die häuser tragen: man holt sie nicht selbst, noch geht man ihnen entgegen.

Auch England hatte bis in das 16., 17. jahrhundert ähnliche maygames oder mayings. am ersten maitag zogen kurz nach mitternacht knaben und mädchen, jünglinge und jungfrauen, mit musik und hornbläsern, in einen nahen wald, wo sie äste von den bäumen brachen und sie mit sträußen und blumenkränzen schmückten. dann kehrten sie heim und pflanzten bei sonnenaufgang diese maibüsche in thüren und fenster der häuser.

Vor allem aber brachten sie aus dem wald einen großen gehauenen maibaum, maiepole oder maipoll genannt, mit nach haus: zwanzig oder vierzig joche ochsen, jeder ochs mit einem blumenstrauß zwischen den hörnern, zogen ihn; dieser baum wurde im dorf aufgerichtet und um ihn herum getanzt. den vorsitz über das ganze fest führte ein eigens erwählter lord of the may, dem dann noch eine lady of the may beigegeben wurde.

Auch in England ward ein kampf zwischen sommer und winter aufgeführt. und der maipole ist ganz der niedersächsische maiwagen, der lord of the may der maigraf.

Ohne zweifel kennen auch einzelne gegenden Frankreichs ähnliche maifeste. Champollion führt aus dem Isère-departement an: „maïe, fête que les enfans célèbrent aux premiers jours du mois de mai, en parant un d'entre eux et lui donnant le titre de roi."

Einen rechtsstreit über das „jus eundi prima", die „mensis maji ad majum colligendum in nemora" bewahrt eine urkunde von 1762.

étrennez notre épousée!
voici le mois,
le joli mois de mai,
étrennez notre épousée
en bonne étrenne!
voici le mois,
le joli mois de mai,
qu'on vous amène.

In Bresse geht die mit bändern und blumen geschmückte maikönigin oder maibraut von einem jüngling geleitet voran, ein blühender maibaum wird vorausgetragen.
Das lied lautet:

voici venir le joli mois,
l'alouette plante le Mai,
voici venir le joli mois,
l'alouette l'a planté.
le coq prend sa volée
et la volaille chante.

Auch in Lothringen heißt er „joli mâ".
In Italien wurden tänze zur frühlingsfeier aufgeführt. vergleiche die schilderung des maifestes in Machiavelli.
In kriegsläuften oder sterbzeiten gelobten altitalische stämme ein ver sacrum (Frühlings-Opfer) d. h. alles im frühjahr geborne und erzeugte.
Die serbische pfingstkönigin heißt kralitza.
In den französischen und deutschen erzählenden gedichten des mittelalters werden die großen hofhaltungen der könige auf pfingsten und in die blühende maizeit gelegt. und Artus heißt bei Wolfram „der meienbære man", vergleiche „pfingestlîcher küniges name".
Es sind also überhaupt vier verschiedene weisen des sommerempfangs, die wir können gelernt haben.

in Schweden und Gothland kampf des Winters und Sommers, feierlicher einzug des letztern.

in Schonen, Dänmark, Niedersachsen und England bloßer mairitt oder einholung des maiwagens.

am Rhein bloßer kampf zwischen Winter und Sommer, ohne wassertauche, ohne den pomp des einreitens.

154

*bei Franken, Thüringern, Meißnern, Schlesiern, Böhmen bloßes austragen
des winterlichen Tods, ohne kampf und feierliche einführung des Sommers.*

*Die erste und zweite feier fällt in den mai,
die dritte und vierte in den merz.*

*an beiden ersten nimmt das ganze volk theil, in ungeschwächter freude;
an beiden letzten nur der geringe, arme stand.*

*Die erste und dritte weise halten aber noch die volle idee des aufzugs, den wettstreit
der jahrsgewalten fest,
    während die zweite und vierte des gegensatzes entbehren. dem mairitt geht der
Winter, dem todaustragen der Sommer ab,
    dort ist die feier zu fröhlich,
    hier zu traurig geworden.*

*In allen drei ersten weisen wird aber das gefeierte höhere wesen durch lebendige
personen,
    in der vierten durch eine puppe repräsentirt, doch gleich dieser sind jene fantas-
tisch ausgeputzt.*

Nun kann sich ein blick noch nach andern seiten hin aufthun.
*Des kampfs zwischen Vetr und Sumar geschweigen altnordische überlieferungen,
wie manches andern, das unter dem volk fortlebte. die älteste mir bekannte spur eines
wettkampfes der jahrszeiten unter uns ist jener „conflictus hiemis et veris“, der sich
um den kukuk dreht. Die idee des einziehenden, heilbringenden, alles neubelebenden
sommergottes ist ganz im geist unseres frühsten alterthums: ebenso zieht Nerthus in
das land, Freyr, Isis, Hulda, Berhta, Fricg, und andere gottheiten mehr, deren wagen,
deren schif das freudige volk jubelnd einholt, wie den wagen des Mai, welchem von
alters her, über die bloße personificierung hinaus, êre und strâze beigelegt wurde: es
muß im heidenthum ein wirklicher dienst für ihn bestanden haben.*
*Alle diese götter und göttinnen erschienen zu bestimmten zeiten des jahrs, eigen-
thümliche gaben verleihend; der vergötterte Sommer oder Mai darf mit einer der
höchsten gottheiten, von denen die gabe der fruchtbarkeit abhängt, völlig zusammen-
fallen, mit Frô, Wuotan, Nerthus.*
*Denkt man aber dabei an göttinnen, so muß außer Nerthus vorzüglich Ostara in
betracht kommen. zu dem von ihr gesagten kann ich jetzt noch einiges bedeutsame
fügen.*
*Die heidnische osterfeier berührt sich vielfach mit dem maifest und frühlingsem-
pfang, wie zumal die angezündeten freudenfeuer darthun. nun scheinen unterm volk*

155

lange zeiten hindurch sogenannte osterspiele gehaftet zu haben, die selbst die kirche dulden muste, ich meine besonders die sitte der ostereier und des ostermärchens, das die prediger von der kanzel, an christliche erinnerungen geknüpft, zu erzählen pflegten, das volk zu erheitern. „mînes herzen ôsterspil" oder „ôstertac" ist den mittelhochdeutschen dichtern schmeichelwort für die geliebte, um die höchste wonne und freude auszudrücken. Conrad Troj. läßt aus der schönen auge den „österlichen tac mit lebender wunne spiln".

Noch später gab es dramatische vorstellungen, unter dem namen „ôsterspil". eine hauptstelle gewährt aber das sommer und tanzlied des hern Goeli: zur zeit als auen und werder grünen, treten Fridebolt und seine gesellen mit langen schwertern auf und erbieten sich zum ôsterspil, das ein von zwölfen aufgeführter schwerttanz gewesen zu sein scheint, wobei ein tänzer vortreten und den Sommer vorstellen mochte, der den Winter aus dem land schlug:

Fridebolt setze ûf den huot
wolgefriunt, und gang ez vor,
bint daz ôstersahs zer linken sînet,
bis dur Künzen hôchgemuot,
leite uns vür daz Tinkûftor,
lâ den tanz al ûf den wasen rîten!

Das Fest der Vertreibung des Winters, d.h. des Sieges des Sommergottes über den Wintergott ist nach der Christianisierung mit dem Osterfest verbunden worden, das zu ungefähr derselben Zeit stattgefunden hat. Vielleicht ist auch das Osterfest auch auf das Fest des Sommergott-Sieges gelegt worden, um das alte heidnische Fest allmählich umdeuten zu können – so wie man auch die Christgeburt, also Weihnachten auf das Fest der Sonnengeburt in der Julnacht gelegt hat.

Das anbinden des „ôstersahs", des ostermessers, läßt auf beibehalten eines besondern, alterthümlich geformten schwertes schließen; wie die osterfladen, „ôsterstuopha" und ostermane in mondform ein backwerk, von heidnischen aussehen, andeuten.

Das schwert kann der Ostara, wie sonst der Fricka zu ehren geschwungen worden sein. doch ist nicht Ôstersahs wie Beiersahs zu fassen?

Wahrscheinlich wird es sich um das Sonnenschwert des Tyr handeln, mit dem er den Wintergott Loki besiegt.

Es ist zumindestens sehr fraglich, ob es überhaupt eine Göttin „Ostara" gegeben hat (siehe „Ostara" in Band 29).

Darf nun Ostara der slavischen frühlingsgöttin Wesna, dem litthauischen „wasara" *(aestas), lettisch „wassara"" und dem lateinischen „ver", griechisch „ἔαρ", nach der schon erörterten form an die seite gestellt werden? freilich mangelt eine gegenüberstehende, der Marzana entsprechende göttin. aber schon sehr frühe muß bei unsern vorfahren die auffassung des widerstreits durch zwei männliche wesen, durch die riesen Sommer und Winter überwogen haben.*

Griechen und Römern war die sache auch nicht fremd; in einer äsopischen fabel hadern „χειμών" und „ἔαρ" untereinander.

Das „ver" der Römer begann schon mit dem 7. februar, die erste schwalbe traf ihnen ein den 26. februar, während sie bei uns gegen ende merz, in Schweden anfangs mai ankommt.

Die florealien wurden vom 28. april bis zum 1. mai begangen, es waren gesänge, tänze, spiele, man trug blumen und kränze auf dem haupt, ein gegensatz des Winters scheint aber nicht dabei vorgestellt worden zu sein.

Ich bin nicht unterrichtet, welche frühlingsgebräuche bis auf heute sich in Italien erhalten haben. Polydorus Vergilius (aus Urbino in Umbrien) erzählt: „est consuetudinis, ut juventus promiscui sexus laetabunda cal. maji exeat in agros, et cantitans inde virides reportet arborum ramos, eosque ante domorum fores ponat, et denique unusquisque eo die aliquid viridis ramusculi vel herbae ferat, quod non fecisse poena est, praesertim apud Italos, ut madefiat."

Also auch wassertauche, ein solches maifest kann dort kein einholen des frühlings sein, der früher im merz erscheint.

Viel merkwürdiger ist der italienische und spanische gebrauch, zu mittfasten, auf jene „dominica laetare" eine puppe zu binden, welche das älteste weib im dorfe vorstellt, von dem volk, zumal den kindern hinausgeführt und mitten entzwei gesägt wird. das heißt „segare la vecchia".

In Barcelona laufen an diesem tag die knaben zu dreißig oder vierzig durch alle straßen, einige mit sägen, andere mit scheitern, andere mit tüchern in welche man ihnen geschenke legt. sie singen in einem liede, daß sie die allerälteste frau der stadt suchen, um sie, zu ehren der mittfasten durch den leib entzwei zu sägen; sie thun endlich, als hätten sie die alte gefunden, und beginnen etwas entzweizusägen und hernach zu verbrennen.

Die nemliche gewohnheit findet sich aber auch bei den Südslaven. In der fastenzeit erzählen die Croaten ihren kindern, um die mittagsstunde zersäge man außen vor den thoren ein altes weib; und in Krain heißt es wiederum, zu mittfasten werde ein altes weib aus dem dorf geführt und mitten durchsägt.

Die Nordslaven nennen es „bábu rezati", das altmütterchen sägen, d. h. mittfasten feiern.

Dies zersägen und verbrennen der alten frau (wie des teufels) scheint nun offenbar identisch mit dem austragen und ersäufen des Tods, und wenn unter ihm der Winter, ein riese verstanden wurde, könnten sich romanische und südslavische völker die „hiems", die „zima", als göttin oder altes weib (slavisch „baba") gedacht haben?

Dazu kommt, daß auch in meißnischen, schlesischen dörfern das ausgetragne strohbild zuweilen die gestalt einer alten frau hat und darunter jene Marzana gemeint sein könnte? Es sollte mich nicht wundern, wenn in bairischen, tirolischen, schweizerischen gegenden ein ähnliches durchsägen der alten frau nachgewiesen würde.

Die schottischen Hochländer pflegen auf weihnachten die alte frau ins feuer zu werfen.

Aber auch in Niederdeutschland zeigt sich noch eine andere, nicht weniger zu beachtende, annäherung.

Oben ist der Hildesheimer gewohnheit meldung geschehn, auf sonnabend nach laetare den sieg des christenthums über die heidnischen götter durch ein niederwerfen hölzerner klötze darzustellen. Schon die einstimmende zeit dieser feierlichkeit muß darauf leiten sie jener altpolnischen, und dann auch dem todaustragen an die seite zu setzen; man braucht gar nicht einmal die verdrängung der alten götter mit der vertreibung des Winters in berührung zu bringen.

In des Torquatus (ungedruckten) „annales magdeburgensis et halberstsadtensis" wird erzählt, daß man zu Halberstadt, wie dort zu Hildesheim, alljährlich auf dem markt einen klotz hingestellt und ihm den kopf abgeworfen habe. einen besondern namen, wie der Hildesheimer Jupiter, führt der klotz nicht; es ist nicht unwahrscheinlich, daß in der richtung dieser beiden städte auch noch an andern orten gleiche sitte herschte. Zu Halberstadt dauerte sie bis auf den markgrafen Johan Albrecht; die älteste nachricht davon gibt der sogenannte pirnische mönch Johannes Lindner († um 1530) in seinem onomasticon: „an die stet des abgotstempel, der czu Halberstadt czurüddet, wart auch in gots und sant Steffans ehr ein thumkirche erbawet, des czum gedechtnis sollen daselbst die tumherren jung und alt auf montag letare alle jar einen holzern kegel an stat des abgots aufseczen und darnach allesamb werfen; auch soll der tumprobest in offentlicher procession herlichen soleniteten einen barz bei im lassen furen, so nicht, wirt im sein gewonliche presenz czu reichen geweigirt; auch tragt im ein knabe nach in der procession unterm arme ein schwert in der scheiden."

Das umführen des bären und verabreichen eines bärenbrots ist ein im mittelalter verbreiteter gebrauch, der auch in Mainz und Straßburg galt.

Diese niedersächsische abwerfung, jene polnische abdankung der alten götter hängt also nicht nothwendig mit dem einbringen des sommers zusammen, so passend es sein würde, das eingeführte christenthum dem milderwärmenden sommer zu vergleichen. ich finde in dem polnischen gebrauch wenigstens keinen solchen bezug ausgesprochen.

Dagegen war den Polen die vorstellung des eingebrachten sommers sonst nicht unbekannt.

Eine cracauische sage enthält, daß Lel und Polel, zwei göttliche wesen des *heidenthums, sich auf dem felde umjagen, und den Sommer bringen; von ihnen komme der fliegende sommer her. man müste die ganze überlieferung genauer kennen, um ihr die rechte stelle anzuweisen. Lel und Polel werden gewöhnlich mit Castor und Pollux verglichen, denen sie wenigstens darin ähnlich sind, daß ihre namen, schon in alten volksliedern, eine bloße interjection abgeben, wie den Römern jene halbgötter eine betheuerung.*

„Lel" und „Polel" sind die slawischen Namen der beiden von den Germanen „Alcis" genannten Pferde-Söhne des ehemaligen Göttervaters Tyr. Sie werden ursprünglich seinen Sonnen-Streitwagen bei seiner Rückkehr im Frühjahr gezogen haben.

Fliegenden sommer, flugsommer, sommerflug, graswebe nennen wir die weißen faden, womit im beginn des frühlings, zumal des herbstes die felder bedeckt sind; das frühlingsgewebe heißt auch mädchensommer, Mariengarn, Marienfaden, das herbstgewebe nachsommer, herbstgarn, alteweibersommer, doch gewöhnlich werden beide arten ohne unterschied mit einem oder dem andern namen belegt. niederdeutsch „slammetje", das schleppmädchen?; englisch „gossamer" (gottes schlepp, schleifendes kleid), auch bloß „samar, simar" (schlepp). schwedisch „dvärgsnät" (zwergnetz) vergleiche böhmisch „wlácka" (die egge, weil die faden den grund wie eine egge durchstreifen?); polnisch „lato swieto marćinskie", d. h. Mariensommer. der heiligen jungfrau name scheint auch hier zum ersatz oder zur verdrängung heidnischer begriffe gewählt, und man sieht ein, wie die Slaven das gespinst von einem ihrer götter über die erde gebreitet glauben konnten.
Zugleich aber heißt das herbstliche polnische „babie lato", alter weiber sommer, böhmisch „babské leto", oder bloß „babj", wobei man sich wieder jenes gegensatzes des alten weibs zum sommer erinnere. im winter herscht die alte, im sommer der gott.

Die schon mehrfach aufgetretene „alte Winterfrau" ist vermutlich die Jenseitsgöttin, die Hel der Nordgermanen.
Zu der Symbolik des „Zwergennetzes" siehe die Kleidung der Jenseitsgöttin, die nur aus einem Netz besteht, in dem Kapitel „Netz" in Band 67.

spinneweppe daz sumers zît
im gras ûf grüenen wisen lît.

Ein angelsächsisches räthsel im codex exoniensis auf drei Marien wird nach einem italienischen sprichwort das frühlingsgewebe zurückgeführt: „ve' quant' hanno filato questa notte le tre Marie!" vergleiche im indiculus 19: „de petendo (pendulo?) quod boni vocant sanctae Mariae."
Mättchensommer soll Matthiassommer sein, weil er auf Matthiastag erscheint.

doch heißt es: „de metten hebbt spunnen". „Metje" aber ist „Mathilde", so kommt denn auch Gobelinus de Rodenberg dictus Mechtildesumer vor. aus Matthidia in des Clemens recognitiones macht die Kaiserchronik „Mehthild". im indischen wird der fliegende sommer maruddhvaġa, Mâruts fahne genannt.

Die Maruts entsprechen weitgehend den beiden Alcis-Rossen vor dem Sonnen-Streitwagen des Tyr bzw. den beiden Rossen Lele und Polel bei den Slawen. Die Maruts werden bei den alten Indern einst den Sonnen-Streitwagen des Dhyaus gezogen haben (siehe auch das Kapitel „Sonne" in Band 48).

Sollten sich auf das in der luft fliegende gewebe vielleicht die worte des angeführten wendischen gesangs deuten lassen?

Ich hoffe alter und bedeutsamkeit der vorstellungen von Sommer und Winter gewiesen zu haben, und möchte nur noch eins näher ausführen. Das einkleiden der beiden vorkämpfer in laub und blumen, in stroh und moos, ihre wahrscheinlich geführten wechselreden, der zuschauende begleitende chor zeigen uns die ersten rohen behelfe dramatischer kunst, und von solchen aufzügen müste die geschichte des deutschen schauspiels beginnen. die laubhülle vertritt den kleiderschmuck und die larven späterer zeit. schon oben beim feierlichen umgang nach dem regen sahen wir solches laubkleid.
Die volkssitte bietet eine menge abänderungen dar, hier hat sie ein stück, dort ein anderes des älteren ganzen bewahrt.
In der niederhessischen grafschaft Ziegenhain, bei Willingshausen, wird ein knabe über und über mit laub bedeckt, grüne zweige sind ihm an den leib gebunden: andere knaben haben ihn am seil und lassen ihn als bären tanzen, dafür wird eine gabe gereicht; die mädchen tragen einen bügel mit blumen und bändern ausgeziert.
Merkwürdig, daß auch bei jenem kegelabwerfen zu Halberstadt ein bär und knabe mit schwert in procession erschien, Vildifer, ein held in bärenhaut verkleidet, wird von einem spielmann herumgeführt und tanzt zur harfe. sicher eine uralte dramatische vorstellung, die wir besser beurtheilen könnten, wäre das mittelniederländische gedicht von bere Wislau erhalten, der name Vildifer scheint sich auf ein altsächsiches Wildefor zu gründen, das aus althochdeutsch Wildpero durch misverstand entsprang („pero ursus" mit „pêr aper" verwechselnd), da hier nur ein tanzender bär, kein eber gemeint sein kann. der bär aber stimmt deutlich mit dem „gadebasse" des dänischen maifestes.

Der Sommergottes Tyr kehrt im Frühjahr wie ein Bär aus einem Winterschlaf zurück.

Schmid gedenkt des Augsburger wasservogels: ein junge, von kopf bis auf die füße mit schilfrohr umflochten, wird zur pfingstzeit von zwei andern, die birkenzweige in händen halten, durch die stadt geführt. wieder eine feier im mai, nicht im merz. daß dieser wasservogel in den bach oder fluß getaucht werden soll, zeigt sein name; ob aber hier der Sommer statt des Winters stehe, ob der schilfknabe den winter, ein andrer laubknabe vielleicht den Sommer bedeute, oder der verkleidete regen erwirken solle? lasse ich unentschieden.

Auch thüringische bräuche weisen auf die pfingstzeit: dort wählen sich die dörfer am dritten festtag den grünen mann oder lattichkönig; ein junger bauer wird in den wald geleitet, in grüne büsche und zweige gehüllt, auf ein pferd gesetzt und jubelnd zurückgeführt. im dorf steht die gemeinde versammelt: der schulze muß dreimal rathen, wer in der grünen hülle verborgen sei? fehlt er, so hat er sich mit bier zu lösen.

Anderwärts wird schon am ersten pfingsttage der knecht, der sein vieh am spätesten zur weide treibt, in tannen und birkenzweige gehüllt und unter lautem geschrei ›pfingstschläfer, pfingstschläfer!‹ durch das dorf gepeitscht. abends folgen bierzechen und tänze.

Im Erzgebirge klatscht der am ersten pfingsttag zuerst austreibende hirte mit der peitsche, der zuletzt erscheinende wird verlacht und ›pfingstlümmel‹ gescholten: so auch in jedem haus, der zuletzt im bette angetroffene.

Das verschlafen der hehren festlichen zeit und die damit verbundne strafe, den butzen zu agieren, der ins wasser getaucht wird, scheint mir nur nebensache, welche man, nachdem die hauptfeier untergegangen war, zulängst aufrecht hielt.

Sorgfältige kunde von den märkischen pfingstbräuchen hat uns neulich Kuhn verschaft. in der Mittelmark werden die häuser mit maien geschmückt, in der Altmark ziehen knechte, pferdehirten und ochsenjungen auf den höfen um und tragen den bauern maikronen aus blumen und birkenzweigen gefertigt zu, die man an den häusern aufhieng und bis zum folgenden jahr hängen ließ. am pfingstmorgen werden kühe und pferde zuerst auf die brachweide ausgetrieben und es gilt, der erste dort zu sein. dem thier, das zuerst auf der weide anlangt, wird ein maienbusch an den schwanz gebunden und dieser busch heißt „dausleipe", wessen thier aber zuletzt eintrift, das wird mit tannenreis, allerlei grün und feldbumen ausgeputzt, und heißt die bunte kuh oder das bunte pferd, der dazu gehörige junge der pingstkääm oder pingstkäärel.

In Havelberg wurde die erste kuh abends beim heimtreiben mit der blumenkrone geschmückt und die letzte bekam die thauschleife, jetzt geschieht nur dieses. einige altmärkische dörfer nennen den jungen, dessen pferd zuerst auf die weide kommt, thauschlepper, und der sein pferd zuletzt austreibende wird zum bunten jungen gemacht, d. h. vom kopf bis zu den füßen mit feldblumen behangen, mittags führen sie dann den bunten jungen im dorfe von hof zu hof und der thauschlepper spricht die reime. Anderwärts wird eine mit blumen und bändern geschmückte stange, die bammel oder der „pingskääm" geheißen, umgetragen, doch gewöhnlich bezeichnet

161

letzteres den mit auftretenden in laub und blumen gehüllten knaben. zuweilen führen ihn zwei andere, welche hundebrösel heißen.

In einigen theilen der Mittelmark heißt der verhüllte knabe das kaudernest. Am Drömling ziehen die jungen mit dem „pingstkääm", die mädchen mit der maibraut um und sammeln gaben. Noch ausgebildeter ist der gebrauch in einigen dörfern auf der südseite des Drömlings. am weißen sonntag (14 tage vor ostern) ziehn die hirtenjungen mit weißen stöcken zur weide und stecken mit diesen einen fleck ab, auf den dann niemand bis zum pfingstfest sein vieh treiben darf. nachdem dies geschehen ist, nennen nun die kleinern den größern ihre braut, und keiner darf den namen verrathen bis auf pfingsten, wo die abgesteckte weide wieder frei wird und jeder die namen der bräute sagen kann. am zweiten pfingsttage wird einer von den jungen verkleidet, und zwar so daß ihm zwei weiberröcke umgegeben werden, deren einen sie ihm über den kopf nehmen und zubinden, dann hüllen sie ihn in maien, hängen ihm blumenkränze um den hals und setzen ihm eine blumenkrone aufs haupt. dieser heißt der „füstge mai" (der zugerüstete, bereite mai) und mit ihm wird vor alle häuser gezogen, zu gleicher zeit aber führen die mädchen die maibraut um, die ganz bebändert ist, so daß ihr hinten das brautband zur erde herab hängt, auf dem kopfe trägt sie einen großen blumenstrauß und singt nun reime so lange bis ihr eine gabe verabreicht wird.

Andere dörfer halten auf den zweiten pfingsttag wettrennen zu pferde nach einem ausgesteckten kranz. wer diesen beidemale herunterreißt wird gekrönt und jubelnd als maikönig ins dorf geführt.

Eine im 13 jahrhunderts verfaßte schrift des Aegidius aureae vallis religiosus erzählt den niederländischen brauch eine pfingstkönigin zu wählen, zur zeit des bischof Albero von Lüttich († 1155): „sacerdotes ceteraeque ecclesiasticae personae cum universo populo in solemnitatibus paschae et pentecostes aliquam ex sacerdotum concubinis purpuratam ac diademate renitentem in eminentiori solio constitutam et cortinis velatam reginam creabant, et coram ea assistentes in choreis tympanis et aliis musicalibus instrumentis tota die psallebant, et quasi idolatrae effecti ipsam tanquam idolum colebant."

In Holland pflegen noch heute zur pfingstzeit arme weiber ein mädchen auf einem kleinen wagen sitzend umzuführen und geld zu betteln. dies mädchen mit blumen und bändern geziert, heißt pinxterbloem und gemahnt an die umziehende alte göttin. pinxterbloem ist auch name der um dieselbe zeit blühenden iris pseudacorus, und die schwertlilie ist, wie nach der Iris, noch sonst nach göttern benannt (perunika).

Den zaterdag vor pfingsten gehn frühmorgens die knaben aus und wecken mit großem geschrei und lerm die faulen schläfer, denen sie ein gebund nesseln an die thür hängen. sowol der tag als der verschlafene heißt „luilap" oder „luilak" (faulenzer). wecken galt auch vom sommer.

Aus allem geht hervor, daß der eintritt des sommers dem alterthum eine heilige zeit war, die durch opfer, feste und tänze bewillkommt wurde, das leben des volks manigfach regelte und erheiterte. von den osterfeuern, die mit den maifeuern nah zusammenhängen, ist berichtet, der feierlichen versamlungen in der mainacht soll noch im capitel von den hexen nähere meldung geschehn. bräute wurden um diese zeit erkoren und ausgerufen, dienste gewechselt und gemietete häuser bezogen.

Hiermit schließt die abhandlung des sommers und winters, d. h. der mythischen bezüge, welche die beiden hälften des jahrs gewähren.

Auf erörterung der zwölf sonnenmonate oder dreizehn mondsmonate kann ich jetzt nicht eingehn, sie würden übermäßig raum kosten und ich verspreche sie anderswo nachzuholen. nur das sei gesagt, daß auch ein guter theil unsrer monatsnamen mit den gottheiten des heidenthums in verbindung steht, wie aus der gleichstellung des Mai mit dem sommer folgt und in bezug auf Hrede (merz) und Eastre (april) schon bemerkt wurde. Phol, der seinen Pholtag hatte, scheint auch einen Pholmânôt (mai und september) zu beherschen.

Die wochentage mögen unsre vorfahren nach römischem muster geordnet und genannt haben; die namen der genannten drei monate sind von lateinischem einfluß unabhängig.

Merkwürdig ist bei Deutschen und Slaven die anwendung eines namens auf zwei nacheinander folgende monate, so daß z. b. bei den Angelsachsen von einem „ærra" und „äftera geola", „ærra" und „äftera lîða" oder bei uns von einem „großen horn" und einem „kleinen horn" (januar und februar) die rede ist, ja neben dem ougest erscheint eine ougstin, neben dem gott eine göttin; ich traue selbst sprüchen, die sich unter dem volk von einzelnen monaten fortgepflanzt haben, mythischen gehalt zu, so heißt es von dem februar: „die spörkelsin hat sieben kittel an, immer einen länger als den andern, die schüttelt sie", d. h. erregt wind damit. sporkel wird bekanntlich zurückgeführt auf die römischen spurcalien.

VII 2. m) Zusammenfassung

Das Jahr ist sowohl bei den Südgermanen als auch bei den Nordgermanen in zwei Hälften geteilt gewesen: den Sommer und den Winter. Während diese beiden Teile des Jahres bei den Südgermanen wohl gleichlang gewesen sein werden, dauert der Winter bei den Nordgermanen 9 Monate (siehe auch die Jenseits-Symbolik der „9" in Band 47) und der Sommer nur 3 Monate (siehe die Zyklus- und Sonnen-Symbolik der „3" in Band 47).

163

Der Winter wurde als Loki, Hödur, Windloni („Windbringer"), Windswal („Windkühl"), Windkald („Windkald"), Warkald („Frühlingskalt") und Fiölkald („Vielkalt") sowie als „schwarze Sonne" aufgefaßt.

Der Sommer war der ehemalige Sonnengott-Göttervater Tyr und auch Baldur, Heimdall und Swasud („lieblicher Süden") sowie die „goldene Sonne".

Zu all diesen Gestalten finden sich in den entsprechenden Kapiteln ausführliche Beschreibungen.

Der Wechsel der Jahreszeiten entsteht durch einen Kampf zwischen diesen beiden Göttern, in denen der jeweils der Gott siegt, der der gerade beginnenden Jahreszeit entspricht. Da man sich generell nach dem Sommer und nicht nach dem Winter sehnte, wurde der Sieg des Sommergottes über den Wintergott im Frühling gefeiert. Es fällt auf, daß der Wintergott dabei geblendet wird und die Blindheit bei den Germanen ein Symbol für den Aufenthalt in der Unterwelt gewesen ist. So kann z.B. Odin mit seinem blinden und daher „toten" Auge im Reich der Toten, also im Jenseits sehen.

Der Kampf zwischen Sommer und Winter findet in den altnordischen Mythen zwischen Heimdall und Loki, Baldur und Loki/Hödur sowie noch in Andeutungen zwischen Tyr und Loki statt. Dies letzte Paar wird das ursprüngliche Sommer-Winter-Gegensatzpaar vor der Absetzung des Tyr als Göttervater um 500 n.Chr. gewesen sein.

Die Jahreszeiten waren ein endloses Zyklus, der durch die beiden Kämpfe im Herbst (Loki/Hödur siegt) und im Frühjahr (Tyr/Heimdall/Baldur siegt) geprägt waren. Das Jahr selber war ein Kreis, in dem sich diese Ereignisse in endloses Folge ständig wiederholten. Diesen endlosen Zyklus stellten die Germanen durch drei Generationen dar.

Der zyklische, sich endlos wiederholende Winter wurde zunächst zu drei Wintern bzw. zu den drei Wintergöttern Windkald, Warkald und Fiölkald „verdichtet", bevor der Winter schließlich zu dem dreijährigen „Fimbul-Winter" („Großer Winter") wurde, in dem nicht mehr nur zwei Götter miteinander, sondern alle Götter (Sommer) gegen die Riesen (Winter) kämpfen.

Der Sommergott wurde in der Julnacht als Kind wiedergeboren und wuchs dann bis zum Frühlingsanfang zum Jüngling heran und wurde stärker – was man jedes Jahr aufs Neue an den länger werdenden Tagen deutlich erkennen kann.

In den späteren Sagen und Bräuchen trat manchmal der Tod an die Stelle des Winters – der Tod war die tote, kahle Jahreszeit und der Winter daher ein nackter Gott – im Gegensatz zu dem Sommergott, der in Gräser, Blätter und Blüten gekleidet ist.

Über die Gleichsetzung des Winters mit dem Tod und durch die Gefangenschaft des Sommergottes in der winterlichen Unterwelt wurde der Winter auch als die Jenseitsgöttin bzw. Jenseitsriesin Hel in der Gestalt der „alten Winterfrau" aufgefaßt.

Die Assoziation des Sommergottes Tyr mit einem Bär stammt vermutlich von der Assoziation des Tyr mit dem Bären ab – Tyr war stark wie ein Bär und erwachte im Frühjahr wie ein Bär aus seinem Winterschlaf.

So wie die Christgeburt auf das Fest der Sonnengeburt in der Julnacht datiert wurde („Weihnachten"), um die Missionierung der Germanen zu vereinfachen, wurde auch Christi Tod, der eigentlich Christi Sieg über den Tod ist, auf das Siegesfest des Sommergottes Tyr, d.h. auf Ostern gelegt.

Das sowohl bei den Nord- als auch den Südgermanen tiefverwurzelte Motiv des Kampfes zwischen den beiden Jahreszeiten-Göttern zeigt, daß dieses Motiv des zyklischen Wechsels der Herrschaft des Sonnengottes (Tyr) und des Wintergottes (Loki) allen Germanen gemeinsam gewesen ist und weit in die Geschichte der Germanen zurückreichen muß.

VII 3.   Wintersonnenwende: Der Wortschatz

Das Jul-Fest in der Mittwinter-Nacht ist das wichtigste Fest zumindestens der Nordgermanen gewesen.

VII 3. a)   Das Wort „Jul"

Das heutige „Jul" stammt von dem altnordischen *„jola"* ab, das seinerseits eine Vereinfachung des germanischen *„jagwla, jegwula, jegwlam, jehwula"* ist. Alle diese Worte bedeuten „Mittwinter-Fest". Die indogermanische Wurzel dieses Begriffes ist das Verb *„jek"* für „sprechen".

Das Jul-Fest ist also ein Zeitpunkt, an dem gesprochen, d.h. an dem etwas Wichtiges gesagt wird.

VII 3. b)   Wortschatz

Die meisten Benennungen des Julfestes bezeichnen seinen Termin in der längsten Nacht des Winters.

mids-vetrar	- Mittwinter
ha-vetr(i)	- „Hoch-Winter" = Mittwinter
höku-nott	- „Haken-Nacht" = (Haken = Knick, Wende => Wintersonnenwende)
jol	- Jul, Mittwinter, Mittwinterfest

Man unterschied bei diesem Fest den vorausgehenden Abend, die Nacht und den folgenden Morgen sowie den Jul-Tag. Diese Differenzierung läßt ein komplexes Ritual zu diesem Zeitpunkt vermuten, dessen Teile zu den einzelnen „Jul-Zeiten" stattgefunden haben.

jola-kveld	- Jul-Abend, später dann Heiligabend
jola-aptann	- Jul-Abend, später dann Heiligabend
jola-nott	- Jul-Nacht, Mittwinternacht
midsvetrar-nott	- Mittwinter-Nacht
jola-morginn	- Jul-Morgen
jola-dagr	- Jul-Tag

Die gesamte Zeit um dieses Fest herum wurde Julzeit genannt und auch der Monat, in den dieses Fest fiel, wurde Julmonat genannt. Das Fest muß also sehr wichtig gewesen sein.

midsvetrar-skeid	- Mittwinter-Zeit
jola-tidr	- „Jul-Zeit", später dann Weihnachts-Messe
ylir	- Julmonat

Ein wesentliches Element dieses Festes war ein gemeinsames Essen und Trinken. Dazu besuchte man sich gegenseitig:

jola-vist	- Besuch während des Jul-Festes
jola-fasta	- Jul-Fest (Fest = festgelegte Zeit), später dann Advent
jola-hald	- Jul-Feier
jola-bod	- Jul-Festessen
jola-veizla	- Jul-Fest, Jul-Festmahl
jola-drykkja	- Jul-Trinken
jola-öl	- Jul-Bier

Zu diesem Fest gehörte auch die Einhaltung eines allgemeinen Friedens (ähnlich wie er von Tacitus um 100 n.Chr. für die Nerthus-Prozession beschrieben wird) sowie Geschenke, die man sich gegenseitig gab:

jola-fridr	- Jul-Frieden
jola-gjöf	- Jul-Geschenk, später dann Weinachsgeschenk

Die beiden Worte „Jul-Opfer" und „Jul-Götter" zeigen deutlich, daß dieses Fest ursprünglich ein religiöses Fest gewesen ist. Die „Jul-Götter" werden einst vermutlich die Sonne bzw. der ehemalige Sonnengott-Göttervater Tyr gewesen sein, da der Zeitpunkt, an dem dieses Fest stattfindet, sich auf die Sonne bezieht (Winter-Sonnenwende).

midsvetrar-blot	- Mittwinter-Opfer
joln	- Jul-Götter, Götter (urnordisch: jolina)

VII 3. c)   Jacob Grimm: Deutsche Mythologie

In der unterwelt führt der mond den namen hverfandi hvel, drehendes rad, in Steiermark (zumal dem Brucker kreis) gmoarat, wenn ich dies rota communis übersetzen

167

darf; es könnte auch gemeiner, allen menschen zustehender rath, d. i. vorrath aus-
drücken?

Daß man die sonne einem feuerrad verglich und das ihr entflammende element in
gestalt eines rades darstellte, ist schon ausgeführt. in der edda heißt die sonne aus-
drücklich fagrahvel (das schöne, lichte rad). die nord. rune für S wird sôl, die
angelsächsische/althochdeutsche sigil, sugil benannt, wofür ich segil, sagil, sahil
mutmaße und nun auch das gothische sáuil, griech. ἥλιος vergleichen darf. aber der
das sonnenzeichen ☉ führende gothische buchstab HV zeigt offenbar die gestalt des
rades, welchem die gleichanlautende gothische benennung hvil = angelsächsisch
hveol, altnordisch hvél zugetraut werden muß; aus hvel entwickelte sich das isländi-
sche hiol, schwedisch/dänisch hjul, altschwedisch hiughl, aus angelsächsisch hveol,
hveohl das englische wheel, neuniederländisch wiel und mit übergang in den labial-
laut das friesische fial. bei so vielfältigen abweichungen wagt man schon, das altnor-
dische jol, schwedisch/dänisch jul, die benennung der wintersonnenwende heranzu-
ziehen und auch ihr den begrif des rades zu eignen; die trennung beider formen
müste aber sehr alt sein, falls der gothische monatsname jiuleis = november ver-
wandt wäre. hvel und hveol scheinen einer wurzel mit gothisch hveila, althochdeutsch
huîla, der sich drehenden zeit (vergleiche gothisch hveilahvaírbs, althochdeutsch
huîlhuerbîc, volubilis).

VII 3. d)   Zusammenfassung: Wortschatz

> Die Bedeutung des Wortes „jul" könnte sich aus dem altnordischen „hvel" für
> „(Sonnen-)Rad" entwickelt haben, aber auch auf das indogermanische „jek" für
> „sprechen" zurückgehen. Im ersten Fall wäre Jul als Sonnenfest und im zweiten Fall
> als ein Fest, an dem (rituell) gesprochen wird, benannt worden.
>
> Das Fest fand an Mittwinter statt und dauerte mindestens einen Tag und eine
> Nacht. Das Fest muß wichtig gewesen sein, da nach ihm der erste Winter-Monat als
> „Jul-Monat" benannt worden ist.
>
> Jul wurde mit einem Fest mit Opfern, Essen, Trinken und Geschenken gefeiert.
> Während dieses Festes galt ein genereller Frieden.
>
> Das Fest war an die Jul-Götter gerichtet, womit vermutlich vor allem der ehe-
> malige Sonnengott-Göttervater Tyr gemeint ist.

VII 4.   Wintersonnenwende: Die Wichtigkeit des Festes

VII 4. a)   Procopius

Der griechische Historiker Procopius von Cesarea hat um ca. 550 n.Chr. über die Germanen im hohen Norden, d.h. in Skandinavien berichtet. In seiner Schilderung findet sich die vermutlich früheste Erwähnung des germanischen Jul-Festes.

Nun ist Thule (Skandinavien) *über die Maßen groß, denn es ist zehnmal größer als Großbritannien* (in Wahrheit nur so sechsmal groß). *Und es liegt weit von ihm entfernt im Norden.*

Auf dieser Insel (Halbinsel) *ist das Land zum größten Teil öde, doch in dem bewohnten Teil siedeln dreizehn Menschen-reiche Völker und über jedem Volk herrscht ein König.*

An diesem Ort geschieht jedes Jahr ein wundersames Ereignis, denn die Sonne versinkt zur Zeit der Sommersonnenwende vierzig Tage lang kein einziges mal, sondern steht während dieser gesamten Zeit ständig über der Erde.

Aber keine sechs Monate später zur Zeit der Wintersonnenwende ist die Sonne auf dieser Insel für vierzig Tage kein einziges mal zu sehen, sodaß die Insel in eine endlose Nacht eingehüllt wird (diese Zeitspannen treffen für Nord-Norwegen zu). *Das führt dazu, daß die Leute dort während dieser ganzen Zeit in eine Schwermut verfallen, da sie während dieser gesamten Zeit keine Möglichkeit haben, andere Menschen zu sehen.*

Und obwohl ich begierig war, zu dieser Insel zu gelangen und ein Augenzeuge der Ereignisse zu werden, die ich hier berichtet habe, hat sich niemals eine Gelegenheit dazu ergeben.

Ich habe mich jedoch bei denen, die von dieser Insel zu uns gekommen sind, erkundigt, wie sie denn nur in der Lage sind, die Anzahl der Tage zu zählen, da die Sonne dort doch niemals an den ihr bestimmten auf- und untergeht – und sie gaben mir eine Erklärung, die wahr und verläßlich ist, denn sie sagten, daß die Sonne während dieser vierzig Tage tatsächlich so wie gesagt niemals untergeht, aber daß sie für die Leute dort einmal im Osten zu sehen ist und dann wiederum im Westen.

Daher wissen sie, daß dann, wenn die Sonne denselben Ort am Horizont erreicht, an dem sie früher bei ihrem Aufgang zu sehen war, ein Tag und eine Nacht vergangen sein müssen.

Wenn jedoch die Zeit der Nächte anbricht, dann beobachten sie die Bewegungen des Mondes und der Sterne und berechnen auf diese Weise die Länge der Tage. Und die Zeit von fünfundvierzig Tagen in dieser langen Nacht verstrichen ist, werden bestimmte Männer auf die Gipfel der Berge gesandt – denn dies ist unter ihnen so üblich – und wenn sie von diesem Ort aus gerade wieder die Sonne sehen können, dann bringen sie die Botschaft zu den Leuten zurück, daß in fünf Tagen die Sonne wieder auf sie scheinen wird.

Diese guten Neuigkeiten feiert die gesamte Bevölkerung mit einem Fest – und auch dies findet in der Dunkelheit statt. Und dies ist das größte Fest, daß die Bewohner von Thule haben, denn – so stelle ich es mir vor – diese Inselbewohner geraten immer wieder in Angst, obwohl sie dasselbe Ereignisse jedes Jahr aufs neue sehen, daß die Sonne einmal für immer fort bleiben könnte.

In dieser ältesten bekannten Jul-Schilderung ist dies Fest deutlich als Fest der Rückkehr bzw. der Wiedergeburt der Sonne erkennbar – wobei die Sonne damals noch der Göttervater Tyr gewesen sein wird.

VII 4. b) Heimskringla

Den Leuten hier ist nichts so wichtig wie ihr Jul-Fest und nichts kann sie davon abbringen.

VII 4. c) Die Saga über König Sverri von Norwegen

Da kehrte der König zusammen mit zweihundert Männern zurück in die Täler, da er vermutete, daß daß seine Gefolgsleute ihr Jul-Fest feiern würden, sobald er fort war. Die Vermutung des Königs bewahrheitete sich bei dieser Gelegenheit genauso wie bei vielen anderen.

Diese Szene spielte in der Phase des Übergangs von der germanischen Religion zum Christentum.

VII 4. d) Zusammenfassung: Wichtigkeit

Das Jul-Fest ist das wichtigste Fest der (Nord-)Germanen gewesen. Bei ihm wurde die Rückkehr der Sonne bzw. die Wiedergeburt des Tyr gefeiert.

VII 5. Wintersonnenwende: Der Zeitpunkt des Festes

VII 5. a) Skaldskaparmal

Der Herbst dauert von der Tag- und Nachtgleiche bis zu der Zeit, zu der die Sonne dreieinhalb Stunden nach Mittag untergeht.

Die Herbst-Tagundnachtgleiche wurde „Jafndägri", d.h. „Gleich-Tag" (Tag und Nacht sind gleich lang) genannt.

Die Zeitangabe „dreieinhalb Stunden" ist natürlich ortsabhängig – gemeint ist die Julnacht (Mittwinter, Wintersonnenwende).

Danach dauert der Winter bis zur Tag- und Nachtgleiche.

Die Frühlings-Tagundnachtgleiche wurde ebenfalls „Jafndägri" genannt.

Dann ist es Frühling bis zu den Fahrt-Tagen.

Die Sommersonnenwende wurde wörtlich als „fardaga", d.h. als „Fahrt-Tag" benannt. Wahrscheinlich ist damit der Aufbruch zu den sommerlichen Raubfahrten gemeint.

Dann ist es Sommer bis zu der Tag- und Nachtgleiche.

In den Mythen gibt es nur zwei Jahreszeiten: die drei Sommermonate, in denen Tyr herrscht, und die neun Wintermonate, in denen Loki herrscht. Die vier Jahreszeiten sind eine neuere Zeiteinteilung, die vermutlich aus dem Mittelmeerraum übernommen worden ist.

VII 5. b) Über Fornjot und seine Verwandten

Einst lebte ein Mann namens Fornjot.

Fornjot = Uralter (Tyr)

Er hatte drei Söhne; der eine wurde Hler genannt, der zweite Logi und der dritte Kari – dieser beherrschte den Wind, doch Logi das Feuer und Hler herrschte über

171

das Meer.

Dies sind die drei Söhne des Tyr, die sonst die drei Stände symbolisieren, aber hier drei der vier Elemente verkörpern.

Kari war der Vater des Jolkul („Gletscher"), der der Vater des Königs Snä („Schnee") war. Die Kinder des Königs Snä waren Thorri, Fonn, Drifa und Mjoll (vier weitere Namen für „Schnee").
Thorri war ein wunderbarer König. Er herrschte über Gotland, Kaenland und Finnland. Er feiert Kaens, damit der Schnee gut wurde und man auf Skiern fahren konnte. Dies ist ihr Anfang. Das Fest wurde zu Mittwinter gefeiert und seit damals wird diese Zeit der Monat 'Thorri' genannt.

Es ist vermutlich kein Zufall, daß ein Nachfahre des Tyr-Fornjotr das Jul-Fest begründet hat.
Die Bedeutung des Fest-Namens „Kaens" ist unklar – ein „kaena" ist Kahn, Schiff oder Boot. Ob damit die Sonnenbarke des Tyr gemeint ist?

VII 5. c)   Zusammenfassung: Zeitpunkt

Das Jul-Fest, daß in einer Mythe von einem Ururenkel des Tyr-Fornjotr begründet worden ist, fand zu Mittwinter, also zur Wintersonnenwende statt.

VII 6.   Wintersonnenwende: Die Jul-Einladungen

VII 6. a)   Die Geschichte über Thordr den Kämpfer

Der Bauer Kalfr, der auf Kalfstatt lebte, lud Thordr und Thorhallr zum Jul-Fest ein.

VII 6. b)   Die Saga über Sturlaug den Mühen-Beladenen

Danach bereiteten sie sich für die Reise vor und es waren insgesamt sechzig Mann, die alle gut bewaffnet und beritten waren. Sie ritten zu König Harald und kamen an Jul bei ihm an.

Der König hieß sie herzlich willkommen und ließ sie auf den Ehrenplätzen neben ihm Platz nehmen. Es war ein sehr schönes Fest.

Doch als Jul vorüber war, wollte der König mit Ingolf und Sturlaug reden.

VII 6. c)   Die Saga über Halfdan Brana-Ziehsohn

Als nächstes ist zu erzählen, daß der König ein großes Julzeit-Fest vorbereitete. König Sigurd kam von Skorduborg und viele andere große Männer.

VII 6. d)   Die Saga über Grettir den Starken

Er antwortete: „Nun, meine Herrin, ist es gut, diese Gäste frohgemut willkommen zu heißen, denn hier ist der Bauer Thorir Dickbauch, insgesamt zu zwölf Mann gekommen und sie wollen über Jul hier bleiben – und das ist wirklich ein Glück, denn wir waren arg wenige."

VII 6. e)   Die Geschichte über Thordr den Kämpfer

So verging die Zeit bis Jul und kurz vor Jul sandte Skeggi einen Mann zu Thorkell von Sandar und lud ihn und seine Frau zum Jul-Fest ein. Er bat auch darum, daß der junge Eidr sie begleiten möge – damals war er noch jung, aber schon recht stark.

Da bereiteten sie sich darauf vor, an dem Tag vor Jul zusammen mit dem jungen Eidr von Sandar fortzugehen.

VII 6. g) Nials-Saga

Gunnar und Nial hatten die Sitte, einander wechselweise Winter um Winter zu einem Gastmahl einzuladen, und im ersten Winter nach Gunnar's Vermählung mit Halgjerde war an ihn das Gastgebot von Nial ergangen.

VII 6. f) Heimskringla

König Halfdan war an Jul in der Hedemark.

- - -

Skule sprach: „Ich würde lieber einige Ländereien nehmen, die nahe bei den Handelsstädten liegen, in denen ihr, Herr, gewöhnlich Euren Wohnsitz wählt, und dann an Eurem Jul-Fest teilnehmen."
Dem stimmte der König zu.

- - -

Im nächsten Winter bereitete der König ein Jul-Fest in More und acht Fürsten beschlossen gemeinsam, sich bei dem Fest zu treffen.

- - -

In diesem Jahr veranstaltete der König ein großes Jul-Fest, zu dem er viele große Fürsten einlud.

- - -

Auch wenn Sigurd das Christentum angenommen hatte, führte er seine Feste weiterhin wie gewohnt durch. Er führte nämlich eine große, freundschaftliche Veranstaltung zur Erntezeit durch; ein Jul-Fest im Winter, zu dem er viele einlud; und das

174

dritte Fest um die Osterzeit herum, zu dem er ebenfalls viele Gäste einlud. Diese Brauch behielt er bei, solange er lebte.

- - -

(Jarl) *Erling gab ein Fest zu Jul in Tunsberg.*

- - -

(Jarl) *Erling veranstaltete ein Jul-Fest in der Stadt. Die Hising-Leute feierten das Fest miteinander und blieben während des Jul-Festes bewaffnet.*

- - -

Zu jener Zeit (1015 n.Chr.) war Jarl Svein weit oben im Throndheim-Fjord in Steinker, das zu jener Zeit eine Handelsstadt gewesen ist, und bereitete dort das Jul-Fest vor.

- - -

„Vielleicht erfährt er nichts davon, daß wir hier Männer versammeln – vielleicht sitzt er ruhig in Steinker, wo er das Jul-Fest vorbereitet, denn es ist viel für ihn für das Jul-Fest vorbereitet worden. "

VII 6. g) Zusammenfassung: Einladungen

Die Bauern luden ihre Nachbarn und Freunde ein, die in der Regel andere Bauern waren. Dabei wechselte der Hof, an dem gemeinsam gefeuert wurde.
Die Jarle (Grafen) luden Gäste ein.
Die Könige luden ihr Gefolge, Fürsten und „große Männer" ein.
Zum Teil feierten die christianisierten Fürsten weiterhin dieses Fest.

VII 7.   Wintersonnenwende: Das Fest als Zeitpunkt

In manchen Geschichten bezieht sich der Erzähler auf das Jul-Fest, um deutlich zu machen, zu welchen Zeitpunkt sich die berichteten Ding ereignet haben.

VII 7. a)   Die Geschichte über die Söhne des Ragnar

Dort fiel Sigurd, nachdem er zuvor Männer getötet hatte, aber König Haki verlor seine rechte Hand und erhielt außerdem noch drei weitere Wunden.

... ...

Der Herbst verging und Haki lag mit seinen Wunden bis nach Jul darnieder.

VII 7. b)   Die Geschichte über Thordr den Kämpfer

Früh am Morgen nach Jul gebot Thordr seinen Männern, sich für die Heimreise vorzubereiten und sagte, daß er während der Nacht viele Dinge vor sich gesehen habe.

Der Bauer Kalfr frug, was er geträumt habe.

„Mir träumte," sagte er, „daß wir Gefährten das Hjalta-Tal hinaufritten und daß wir, als wir in die Nähe von Vidvik kamen, von achtzehn Wölfen angesprungen wurden. Einer von ihnen, der der größte war, rannte mit offenem Maul auf mich und meine Männer zu. Mir schien, daß sie mich und meine Männer zu Tode bissen, aber mir schien, daß ich viele von den Wölfen getötet habe, und mir schien, daß ich den größten von ihnen verwundet habe. Dann erwachte ich."

Bauer Kalfr fand, daß dies Feindseligkeiten bedeuten würde und sagte: „Das bedeutet übel-gesonnene Männer," und er bat ihn, noch den Tag über zu bleiben und Späher nach Vidvik zu senden.

Doch das wollte Thordr nicht.

„Dann werde ich," sagte Kalfr, „Dir einige Männer mehr mitgeben, um Deine Gruppe zu vergrößern."

Thordr sagte: „Es soll niemals erzählt werden, daß Thordr der Kämpfer von bloßen Träumen geängstigt worden ist und daß er sein Gefolge nur aus diesem Grund vergrößert hat und sich sonst nicht durch das Land zu reiten getraut hat."

VII 7. c)   Wie Norwegen besiedelt wurde

An Mittwinter kamen Norr und sein Heer nach Heidmark.

VII 7. d)   Heimskringla

Nach Jul (1027 n.Chr.) kam ein Bote des Königs mit der Aufforderung zu Thorberg, daß Thorberg vor Mittsommer zu ihm kommen solle.

- - -

Zur Thomas-Messe vor Jul verließ der König den Hafen sobald der Tag angebrochen war.

- - -

Björn hielt nicht inne, bis er nach Jul in den Osten nach Rußland zu König Olaf gekommen war, der sehr glücklich war, Björn zu sehen.

- - -

Dann zog Gregorius nach Norden nach Throndheim und kam noch vor Jul dorthin.

- - -

Die Boten kamen mit der Nachricht kurz vor Jul zu dem Jarl.

- - -

Kurz darauf kehrte Sigvat heim und kam kurz vor dem Jul-Fest zu König Olaf in Sarpsborg.

- - -

Nach Jul (1019 n.Chr.) fuhr Thord Skotakol nach Gautland.

- - -

Gegen Jul segelte Svein Ulf-Sohn nach Jütland und in den Lim-Fjord hinein, wo sich ihm viele Leute unterwarfen.

177

- - -

Kurz vor Jul (1046 n.Chr.) war der Tag der Schlacht.

- - -

Dies dauerte nicht länger als bis ungefähr Jul (1109 n.Chr.).

- - -

Gregorius brach spät im Jul von Konungahalla aus auf und kam am dreizehnten Tag des Jul nach Fors, wo er die Nacht über blieb und wo er die Vesper am letzten Tag des Jul hörte, der ein Samstag war, und wo er die Vorlesung der heiligen Evangelien hörte.

- - -

König Hakon blieb an Jul in Throndheim.

- - -

Jarl Erling war den Herbst über (1167 n.Chr.) in Oslo und bleib auch über Jul dort.

- - -

König Magnus zog nach Tunsberg, wo er und Orm ihr Jul-Fest feierten.

- - -

Gleich nach Jul (1080 n.Chr.) machte sich König Olaf zum Aufbruch bereit.

- - -

„Ich werde nach Jul fahren."

- - -

Magnus Olaf-Sohn begann seine Reise von Novgorod nach Ladoga nach Jul (1035 n.Chr.) und er takelte seine Schiffe auf, sobald sich das Eis im Frühjahr gelöst hatte.

- - -

Es war nämlich kurz nach Jul, als König Olaf seine Schiffe verließ und an Land ging, wie bereits zuvor berichtet worden ist.

- - -

Gleich nach dem Jul-Fest bereitete sich der Jarl darauf vor, mit sechzig Männern aufzubrechen.

- - -

Gleich nach dem Jul-Fest (1028 n.Chr.) begann der König seine Fahrt in die Hochlande.

VII 7. g)   Die Saga über den Grettir den Starken

Einst lebte ein Mann, der hieß Biorn, und er lebte bei Thorkel. Er war ein Mann von aufbrausendem Gemüt und von edler Geburt und dem Thorkel ein wenig ähnlich. Er war bei den Menschen nicht besonders beliebt, denn er beschimpfte oft die, die bei Thorkel lebten und vergraulte auf diese Weise viele von ihnen.

Grettir und er hatten nur wenig miteinander zu tun. Biorn schien, daß Grettir im Vergleich zu ihm nur wenig wert sei, aber Grettir nahm sich nie zurück, sodaß sie einander nicht wohlgesonnen waren.

Biorn war ein sehr angeberischer Mann und stellte sich selber immer sehr groß dar – viele junge Männer taten sich mit ihm zusammen und zogen mit ihm des nachts umher.

Da geschah es, daß im frühen Winter ein wilder Bär sein Winterlager verlassen hatte und so grimmig wurde, daß er weder Tier noch Mensch verschonte. Die Männer glaubten, daß er von dem Lärm, den Biorn und seine Gefährten machten, aufgeweckt worden sei. Diesem Ungeheuer war schwer beizukommen und er riß die Herden der Männer und den größten Schaden durch ihn hatte Thorkel, denn er war der reichste Mann in der ganzen Nachbarschaft.

Da befahl Thorkel seinen Männern eines Tages, ihm zu folgen und nach dem Lager des Bären zu suchen. Sie fanden es an den steilen Felsen an der Meeresküste – dort war eine hohe Klippe und unten an ihr eine Höhle und es gab nur einen einzigen Pfad, um zu ihr hinab zu gelangen – unter der Höhle waren abschüssige Felsen und unten am Meer ein Hufen Steine und jederman, der dort hinabfallen würde, wäre mit

179

Sicherheit tot.

Der Bär lag tagsüber in seiner Höhle und zog des nachts umher – keine Gatter konnte die Schafe vor ihm schützen und keine Hunde konnte ihn fernhalten und alle Männer fanden, daß dies ein großes Unglück sei.

Biorn, der Verwandte des Thorkel, sagte, daß das schwerste schon geschafft und das Lager des Bären gefunden worden sei, „und nun werde ich versuchen," sagte er, „welche Art von Spiel wir beiden Namensvettern zusammen haben werden."

Der Männername „Biorn" bedeutet „Bär".

Grettir tat, als ob er nicht wüßte, was Biorn zu dieser Angelegenheit gesagt hatte.

Nun geschah es jedesmal, wenn die Männer sich zum Schlafen niederlegten, daß Biorn verschwand; und eines Nachts, als Biorn zu dem Bärenlager gegangen war, erkannte er, daß das Tier schon vor ihm dorthin gekommen war – es brüllte fürchterlich. Biörn legte sich auf dem Pfad nieder und hielt seinen Schild über sich und wollte nun warten, bis das Tier kam, so wie es seine Gewohnheit war.

Diese Jagdtechnik hat u.a. auch Sigurd angewandt, als den Drachen Fafnir getötet hat. Er hatte sich jedoch zusätzlich eine Grube gegraben, in der er sich gelegt hat. Auch bei anderen Drachentötungen ist diese Methode benutzt worden (siehe den Band 41 über die Drachen).

Doch der Bär hatte den Mann gespürt und zögerte aufzubrechen. Biorn wurde dort, wo er lag, immer schläfriger und konnte sich kaum wachhalten und genau zu dieser Zeit machte sich das Tier auf seinen Weg von der Höhle fort. Da sah es den Mann dort liegen und schlug nach ihm mit seinen Tatzen und riß seinen Schild fort und warf es über die Klippen hinab.

Biorn erwachte schlagartig, nahm seine Beine unter die Arme und rannte heim und entkam dem Raubtier nur mit knapper Not.

Dies sahen seine Gefährten, denn sie hatten Späher, die auskundschafteten, was Biorn vorhatte. Am Morgen fanden sie seinen Schild und verspotten ihn sehr.

In der Julnacht ging Thorkel mit weiteren Männern, insgesamt acht an der Zahl, und unter ihnen waren Grettir und Biorn und andere aus dem Gefolge des Thorkel. Grettir besaß einen Pelz-Umhang, den er ablegte, als sie das Tier angriffen.

Die Julnacht ist an dieser Stelle nur eine Angabe des Zeitpunktes und hat keine weitergehende Bedeutung.

Es war ein ungünstiger Platz für einen Angriff, denn sie konnten ihn nur mit Speerstößen erreichen und der Bär biß alle Speerspitzen mit seinen Zähnen ab.

180

Biorn hatte sie alle sehr angetrieben, den Bären anzugreifen, aber nun wagte er sich nicht so nah an ihn herab, daß er Gefahr lief, verletzt zu werden.

Mitten in diesem Kampf, als niemand damit rechnete, ergriff Biorn plötzlich Grettirs Umhang und warf ihn in die Höhle des Bären.

Da die Männer dem Bären nichts anhaben konnten, mußten sie schließlich zurückkehren, als der Tag schon weit vorangeschritten war.

Doch als Grettir aufbrach, vermißte er seinen Umhang und sah, daß der Bär ihn unter sich gelegt hatte.

Da frug er: „Wer von euch Männern hat sich den Spaß erlaubt, meinen Umhang in die Bärenhöhle zu werfen?"

Biorn sagte: „Der, dem er wahrscheinlich bald gehören wird."

Grettir antwortete: „Auf solche Dinge gebe ich nicht viel."

Da gingen sie weiter auf ihrem Heimweg und während sie so liefen, riß der Riemen von Grettirs Hose. Thorkel hieß die Männer auf Grettir warten, aber dieser sagte, daß dies nicht nötig sei.

Da sagte Biorn: „Ihr braucht nicht zu glauben, daß Grettir seinen Umhang liegenlassen wird – er will die Ehre ganz für sich alleine haben und wird das Tier, vor dem wir acht zurückgewichen sind, ganz alleine töten. Auf diese Weise wird er versuchen, das zu werden, was man über ihn erzählt, denn heute ist er ziemlich träge gewesen …"

„Ich weiß nicht," sagte Thorkel, „wie es Dir am Ende ergehen wird, aber ihr scheint mit keine Männer von gleichem Können zu sein – ärgere ihn so wenig Du kannst, Biorn."

Biorn antwortete, daß keiner von ihnen beiden Worte aus seinem Mund wählen und nehmen solle.

Als ein Hügel zwischen ihnen lag, ging Grettir auf dem Pfad zurück, denn nun gab es keine Auseinandersetzungen mit den anderen beim Angriff mehr.

Er zog sein Schwert 'Jokul-Geschenk', aber befestigte eine Schlinge an dem Griff des Kurzschwerts und band diese an seine Hand. Dies tat er, weil er dachte, daß er es schneller bereit hätte, wenn er seine Hand frei hatte.

Er ging weiter auf dem Pfad und als das Tier Grettir sah, stürmte es voller Wut auf Grettir zu und schlug ihn mit der Tatze, die am weitesten von der Felswand entfernt war. Grettir hieb mit seinem Schwert nach der Tatze und schlug sie oberhalb der Krallen ab und danach zögerte das Tier, mit seiner heilen Tatze nach Grettir zu schlagen und ließ sich auf den Tatzen-Stumpf niederfallen, aber da diese kürzer war, als der Bär gewohnt war, fiel er in Grettirs Arme. Da ergriff er das Tier zwischen dessen Ohren und hielt ihn fern von sich, damit es ihn nicht beißen konnte.

Dies war, sagte Grettir später, die härteste Probe seiner Kraft – auf diese Weise das Tier fernzuhalten.

Doch nun kämpfte es mit aller Kraft und da der Pfad sehr eng, stürzten sie beide über die Felskante hinab. Da der Bär der schwerere von den beiden war, schlug er als der untere auf den Steinhaufen unten an der Klippe auf. Grettir jedoch fiel auf ihn und der Bär wurde von oben und unten schwer verletzt.

Da ergriff Grettir sein Kurzschwert und stieß es in das Herz des Bären und das war sein Ende.

Es war sehr vorausschauend von Grettir, daß er sein Schwert mit einer Schnur an seinem Handgelenk festgebunden hatte – sonst hätte er es bei dem Sturz womöglich verloren.

VII 7. h) Zusammenfassung: Zeitrechnung

Das Jul-Fest wird sehr oft benutzt, um einen Zeitpunkt zu markieren: „kurz nach Jul", „eine Weile vor Jul" u.ä.

Die anderen germanischen Feste wurden nicht in dieser Weise verwendet, was zeigt, daß das Jul-Fest das wichtigste Fest gewesen sein muß.

VII 8.   Wintersonnenwende: Die Waffenruhe

VII 8. a)   Der Fest-Frieden

Über die Waffenruhe zur Jul-Zeit wird nur indirekt berichtet, indem z.B. gesagt wird, daß die Wikinger gleich nach dem Julfest in den Kampf zogen – was bedeutet, daß während des Jul-Festes nicht gekämpft wurde.

Über einen ähnlichen „Fest-Frieden" berichtet bereits Tacitus um 100 n.Chr. im Zusammenhang mit der Prozession der germanischen Göttin Nerthus (siehe das Kapitel „Nerthus" in Band 28).

VII 8. b)   Heimskringla

Am letzten Tag der Jul-Zeit befahl König Harald, daß die Kriegs-Hörner geblasen würden, um seine Männer in der Stadt zu versammeln.

VII 8. c)   Heimskringla

Nach dem Jul-Fest (1015 n.Chr.) versammelte Jarls Svein alle Männer des Throndheim-Landes.

VII 8. d)   Die Saga über König Sverri von Norwegen

Sofort nach Jul rief er sein Heer zusammen.

VII 8. e)   Die Saga über Sturlaug den Mühen-Beladenen

„Das ist schon wahr," sagte Framar, „aber er war dennoch mit mir blutsverwandt und deshalb will ich mit Dir dort östlich des Flusses Göta kämpfen, sobald Mittwinter vorüber ist."

VII 8. f) Die Saga über Sturlaug den Mühen-Beladenen

Da machte sich Heming bereit und brach zusammen mit elf Männern auf und sie kamen am Jul-Abend zu der Halle des Königs und traten vor ihn und grüßten ihn ehrerbietig.

Der König nahm ihre Grüße wohlwollend entgegen und ließ den Ehrenplatz räumen und setzte Heming neben sich und sie tranken die Jul-Tage über in guter Eintracht.

Aber als die zwölfte Nacht kam, wollte der König mit Heming sprechen. Der König sagte: „Mir steht ein Zweikampf bevor und ich hoffe, daß Du mich von ihm befreist und meinen Platz gegen Kol den Zauberkundigen einnimmst."

Heming sagte: „Ich wüßte nicht, daß Du mir so viel geboten hast, daß ich mein Leben für Dich wagen würde. Es scheint mir sehr wahrscheinlich, daß wir es hier nicht mit einem mutigen Mann, sondern eher mit einem Troll zu tun haben."

Der König sagte: „Ich habe Dich gefragt, weil der größte Krieger in diesem Land bist. Wenn es Dir nicht gelingt, dann bezweifle ich, daß es irgendein anderer tun kann. Doch wenn Du von dieser Fahrt zurückkehrst, dann werde ich Dich reich mit Gold und Silber belohnen."

Heming sagte: „Es ist wahr, was man sagt, daß für einen alten Mann nichts ein Wagnis ist – und so ist es auch hier. Der alte Baum ist der, der am wahrscheinlichsten umstürzen wird. Ich übernehme diese Fahrt."

Der König sagte: „Mutigster der Mutigen zu Land und zur See – es war zu erwarten, daß Du das Richtige tun würdest!"

VII 8. g) Zusammenfassung: Waffenruhe

In der Jul-Zeit wurde nicht gekämpft. Dies führt in den Sagas zu der häufigen Szene des Aufbruchs zu Kämpfen gleich nach dem Ende des Jul-Festes.

VII 9.   Wintersonnenwende: Das Jul-Trinken

VII 9. a)   Heimskringla

Es gab ein großes Jul-Fest und Bier-Trinken, zu dem ein jeder seine eigenen Getränke mitbrachte, denn es lebten viele Bauern in dem Dorf, die alle gemeinsam an Jul tranken.

VII 9. b)   Hrolf Kraki und seine Berserker

Nun wird berichtet, daß das Heer der Skuld und der Königs Hjorvard vollständig vorbereitet war, sie mit einer unermeßlichen Heeresmacht nach Hleidargard zogen und dort an Jul ankamen.

König Hrolf hatte viele sorgsame Vorbereitungen für das Julfest getroffen und die Männer tranken dort an diesem Abend.

Skuld ist eigentlich eine Norne, aber in dieser Saga tritt sie als Alfen-Frau und Zauberin auf.

VII 9. c)   Raben-Lied

Er wird sein Jul auf See trinken.

VII 9. d)   Die Saga über die Siedler von Eyre

In diesem Winter veranstaltete Thorolf ein großes Trinken und schenkte seinen Sklaven die Getränke reichlich aus und als sie betrunken waren, stachelte er sie dazu an, hinauf nach Ulfar-Hügel zu gehen und Ulfar in seinem Haus zu verbrennen und versprach ihnen dafür ihre Freiheit.

VII 9. e)   Heimskringla

Danach, als der Winter schon fortgeschritten war, wurde dem König berichtet, daß es eine große Versammlung der Männer des Inneren des Throndheim-Bezirks in Maerin gäbe und daß dort zu Mittwinter ein großes Opfer-Fest stattgefunden hatte, an dem sie Opfer für Frieden und eine gute Ernte dargebracht hatten.

Als der König nun durch verläßliche Zeugen wußte, daß dies wahr war, sandte er Männer und Boten in das Innere und rief die Anführer, die ihm am verständigsten dünkten, zu sich in die Stadt.

Die Anführer hielten miteinander wegen dieser Botschaft Rat und alle, die schon aus demselben Grund zu Beginn des Winters unterwegs gewesen waren, waren nun sehr unwillig, diese Fahrt noch einmal zu machen. Olver ließ sich jedoch auf das Bitten aller Anführer hin dazu überreden.

Als er in die Stadt kam, ging er sofort zu dem König, woraufhin sie miteinander sprachen.

Der König warf ihnen wieder dasselbe vor, daß sie nämlich wieder ein Mittwinter-Opfer abgehalten hatten.

Olver entgegnete, daß diese Anklage gegen die Anführer unberechtigt sei. „Wir haben," sagte er, „überall in unserem Bezirk Jul-Feste und Trink-Feste und die Anführer führen ihre Feste nicht so zurückhaltend durch, daß nicht viel übrigbleiben würde, was die Leute noch lange danach essen. In Maerin ist ein großer Hof mit einer großen Halle und vielen Nachbarn ringsum – und es ist den Leuten eine große Freude, in großer Gesellschaft miteinander zu trinken."

Der König sagte wenig als Antwort, aber blickt ärgerlich drein, da er dachte, daß er die Wahrheit dieser Angelegenheit genauer kennen würde, als ihm gerade dargestellt worden war.

Er befahl den Anführern heimzukehren.

„Früher oder später," sagte er, „werde ich die Wahrheit über das, was ihr mir nun verbergt, herausfinden – und das in einer Weise, daß ihr mir nicht mehr widersprechen könnt. Wie dem auch sein mag – versucht das nie wieder!"

Die Anführer kehrten heim und berichteten über das Ergebnis ihrer Fahrt und daß der König sehr wütend war.

VII 9. f)   Die Saga über die Siedler von Eyre

Eines Abends, als die Männer beim Mahlzeit-Feuer saßen, hörten sie, wie der Stockfisch aus dem Fellbeutel gerissen wurde, doch als sie nachsahen, konnten sie dort nichts finden.

Doch im Winter kurz vor Jul fuhr der Bauer Thorod wegen der Stockfische hinaus nach Ness. Sie waren zu sechst in einem Zehn-Ruderer und blieben die Nacht über draußen.

In derselben Nacht, in der Thorod von daheim fortgegangen war, geschah es in Frodis-Wasser als die Mahlzeit-Feuer entzündet worden waren und sich die Männer in der Halle versammelten, daß sie den Kopf eines Seehundes durch den Fußboden der Feuer-Halle emporkommen sahen.

Der Seehund ist der Geist eines Toten.

Ein der Frauen aus dem Haus kam als erste dort vorbei und sah, was dort geschah. Sie nahm eine Keule, die in der Eingangskammer lag, und schlug sie auf den Kopf des Seehundes, doch der Seehund erhob sich wieder nach diesem Schlag und blickte auf Thorgunnas Lagerstätte.

Thorgunna ist eine Frau, die auf diesem Hof lebte.

Dann trat ein Hausknecht hinzu und schlug auf den Seehund, aber bei jedem Schlag reckte er sich noch weiter empor, bis er schließlich bis zu den Schwanzflossen aus dem Boden emporgekommen war. Da wurde der Hausknecht ohnmächtig und alle, die in der Nähe standen, wurden von einer gewaltigen Furcht gepackt.

Da kam der Bauernjunge Kiartan herbei und nahm einen großen Schmiedehammer und schlug ihn auf den Kopf des Seehundes und obwohl dies ein heftiger Schlag war, schüttelte der Seehund bloß seinen Kopf und blickte um sich. Aber Kiartan schlug eins um andere Mal zu, bis der Seehund wieder versank – gerade so, als wenn man einen Pflock in den Boden hämmern würde. Doch er schlug weiter auf den Seehund ein, sodaß dieser so tief versank, daß Kiartan schließlich den Boden über dem Kopf des Seehundes niederhämmerte.

Und wegen all diesen vielen Vorzeichen fürchtete Kiartan am meisten, was wohl noch geschehen möge.

Es hatte zuvor schon andere Omen wie z.B. „Blut-Regen" gegeben.

An dem Morgen nachdem Thorod und seine Männer westwärts von Ness aus fortgerudert waren, gingen sie alle vor Enni verloren – das Schiff und die Fische wurden in Enni an den Strand getrieben, aber die Leichen wurden nicht gefunden.

Als diese Neuigkeiten in Frodis-Wasser bekannt wurden, baten sie alle ihre Nachbarn zum Totentrunk und sie nahmen ihr Jul-Bier und nahmen es für den Totentrunk.

Doch an dem ersten Abend, als die Männer zu dem Fest gekommen waren und sich auf ihre Plätze gesetzt hatten, kam der Bauer Thorod und seine Gefährten in die

Halle – alle von ihnen triefnaß.

Diese Männer sind die Geister der Toten.

Die Männer begrüßten Thorod voller Freude und sahen dies als ein gutes Zeichen an, denn sie alle hielten es nun für gewiß, daß diese Männer eine gute Zeit bei Ran verbrachten, wenn sie, obwohl sie im Meer ertrunken waren, zu ihrem eigenen Toten-trunk kamen. Denn in jenen Tagen war noch wenig von dem alten Glauben abgelegt worden, obwohl die Männer getauft worden und dem Namen nach Christen geworden waren.

Ran ist die Meeresgöttin und die Göttin der Wasserunterwelt.

VII 9. g)   Zusammenfassung: Jul-Trinken

Ein wichtiger Aspekt des Jul-Festes war das Trinken. Unter den Bauern war es z.T. üblich, seine eigenen Getränke mitzubringen.

VII 10.   Wintersonnenwende: Das Jul-Opfer

VII 10. a)   Heimskringla

Am Wintertag (erster Tag des Winters = Herbst-Tagundnachtgleiche) *soll ein Blutopfer für ein gutes Jahr dargebracht werden und an Mittwinter eines für eine gute Ernte; das dritte Opfer soll am Sommertag* (erster Tag des Sommers = Mittsommer) *sein – für den Sieg in der Schlacht.*

VII 10. b)   Brakteat von Skodborg

Auf diesem Amulett finden sich Neujahrsgrüße – er wird folglich an einem Jul-Fest verschenkt worden sein.

Göttlichen Schutz, Alawin!
Göttlichen Schutz, Alawin!
Göttlichen Schutz, Alawin!
Ein glückliches Jahr, Alawid!

Das „glückliche Jahr" ist nur durch die Jeran-Rune gekennzeichnet worden, deren Deutung in diesem Zusammenhang jedoch recht eindeutig ist.
 Warum der Empfänger dieses Segens einmal Alawin („All-Freund") und einmal Alawid („All-Wald" oder „All-Weißer" = „Alf") genannt wird, ist jedoch unklar.

VII 10. c)   Über Fornjot und seine Verwandten

König Hring, Sohn des Raum, herrschte über Hringriki und Valdres. Er heiratete die Tochter des Seekönigs Vifil. Deren Sohn war Halfdan der Alte. Und als er das Königreich übernahm, veranstaltete er ein Fest an Mittwinter und opferte dafür, daß er 300 Jahre lang in seinem Königreich leben würde – so lange wie König Snä der Alte gelebt haben sollte. Doch eine Weissagung bestimmte, daß er nicht länger als das Leben eines Menschen leben solle, aber für 300 Jahre solle in seinem Geschlecht kein Frau und kein Mann sein, die nicht großen Ruhm erlangen würden.

189

Diese „300 Jahre" also „3 Menschenleben lang" ist vermutlich eine Umdeutung der endlosen, zyklischen Wiederkehr der Sonne nach dem Winter, da die Germanen einen zyklischen Vorgang durch seine dreifache Schilderung darstellten (siehe „3" in Band 47 und „Inzest" in Band 51).

Die Lebenszeit von „300 Jahren" stammt somit aus den Mythen über die Sonne und über Tyr – König Halfdana wollte offenbar wie Tyr immer aufs neue wiedergeboren werden.

VII 10. d)   Skaldskaparmal

Über dieses Orakel berichtet auch Snorri Sturluson:

Einst lebte ein König mit dem Namen Halfdan der Alte. Er war der berühmteste aller Könige. Er richtete ein großes Opferfest an Jul aus und ließ dafür opfern, daß er 300 Jahre lang in seinem Königreich leben würde, doch er erhielt diese Antwort: Er solle nicht länger als das volle Leben eines Menschen leben, aber für 300 Jahre solle in seinem Geschlecht kein Frau und kein Mann sein, die nicht großen Ruhm erlangen würden.

VII 10. e)   Die Saga über Ketil Forelle

Am Jul-Abend kam er nach Arhaug, dem Opferplatz des Franmar und dem Heim der Adler. Er war schneebedeckt. Ketil stieg den Hügelgrab hinauf und wartete auf das verabredete Treffen.

Der Opferplatz ist hier ein Hügelgrab, das zugleich das „Heim der Adler" ist, Das läßt vermuten, daß auf dem Hügelgrab und ganz in seiner Nähe dem Tyr geopfert worden ist, da dessen Seelenvogel ein Adler ist (siehe „Adler" in Band 40).

Da die hier dargestellte Szene zudem an Jul stattfindet und Tyr einst u.a. der Sonnengott gewesen ist, wurde anscheinend an Jul auf einem Hügelgrab dem Tyr in seiner Gestalt als Adler-Seelenvogel geopfert.

Eine solche Adleropfer-Szene findet sich in nur leicht umgedeuteter Form am Anfang der Mythe über den Tyr-Riesen Thiazi (siehe „Thiazi" in Band 5).

VII 10. f)   Heimskringla

Die Opfer am Jul-Fest führten dazu, daß man auch eine Schlacht, die sozusagen eine „Opferung für die Wölfe und Raben" war, als ein „Jul-Fest" für die Wölfe und Raben bezeichnen konnte.

„Du hast für den gierigen Wolf
dort im Osten ein gutes Jul-Fest bereitet!"

VII 10. g)   Lied über König Harald Hart-Rat

Die folgenden Verse hat der Skalde Grani um 1070 n.Chr. verfaßt:

Der Fürst gab der Brut der Adler
dänisches Blut zu trinken;
Ich glaube, der Herrscher bereitete in Tholarnes
ein Jul-Fest für das Gefolge des Huginn.
Weit und breit trat die Sippe der Adler
auf den Leichen der Gefallenen;
der Wolf fraß soviel Fleisch der Jüten, wie ihm gefiel
– möge er sich daran von Herzen erfreuen!

Huginn = Odins Adler; sein Gefolge = Raben; deren Fest = Fressen von Leichen (Analogie zu den Jul-Opfertieren)
Jüten = Dänen

VII 10. h)   Zusammenfassung: Das Jul-Opfer

Ein wichtiger Bestandteil des Jul-Festes waren die Opfer. Diese fanden zumindestens teilweise auf oder bei dem Hügelgrab des Tyr statt und waren an den Adler-Seelenvogel des Tyr gerichtet.

Die Opfer wurden z.T. für einen bestimmten Zweck dargebracht, unter denen „ein gutes Jahr" und „eine gute Ernte" am wichtigsten gewesen zu sein scheinen.

Das Jul-Opfer für eine Lebenszeit von 300 Jahren ist eine Umdeutung der zyklischen Wiedergeburt der Sonne.

Schlachten konnten als „Jul-Fest für die Wölfe und Raben" umschrieben werden.

VII 11. Wintersonnenwende: Geschichten-Erzählen

VII 11. a) Die Geschichte vom erzählkundigen Thorsteinn

Nun verging so die Zeit bis Weihnachten. Da wurde Thorsteinn unfroh.

Der König merkte das schnell und frug, wie das komme.

Thorsteinn sagte, es werde durch seine Launenhaftigkeit hervorgerufen.

Der König sagte, daß es das nicht sei, „und ich werde es erraten. Ich vermute, daß nun Deine Geschichten aufgebraucht sind, die Du immer jedem erzählt hast, der darum gebeten hat, und es wird Dir schlimm erscheinen, daß sie Dir an Weihnachten ausgehen."

Er sagte, daß das zutreffend sei. „Nun ist nur eine Geschichte übrig, und ich wage es nicht, sie zu erzählen, denn das ist die Geschichte Eurer Auslandsfahrt, Herr."

Der König sprach: „Das ist die Geschichte, auf die ich am begierigsten bin, sie zu hören. Nun sollst Du bis Weihnachten nicht unterhalten, da alle Leute irgendeine Tätigkeit haben. Aber am ersten Weihnachtstag sollst Du mit dem Erzählen beginnen, ich aber werde es so einrichten, daß die Geschichte ebenso lange dauert wie Weihnachten. Es gibt nun große Trinkgelage, und Du brauchst nur kurze Zeit zu erzählen. Aber Du wirst, während Du erzählst, nicht wissen, ob es mir gut oder schlecht gefällt, aber rechne nach Weihnachten damit, daß Du nur mehr wenige Geschichten erzählen wirst, wenn mir diese schlecht und unwahr erzählt erscheint. Aber wenn sie mir gut gefällt, wird Dir Glück daraus erwachsen."

VII 11. b) Zusammenfassung: Geschichten-Erzählen

Inwieweit das Geschichten-Erzählen ein fester Bestandteil des Jul-Festes gewesen ist, läßt sich aus dieser einzigen Erwähnung nicht sicher erschließen. Da das Jul-Fest jedoch während der Polarnacht stattfand und man gemeinsam beisammen saß, wäre es sehr plausibel, daß man auch alte Mythen und Sagen sowie Berichte von neueren Heldentaten vorgetragen hat, denn es gab keinen anderen Zeitpunkt des Jahres, der sich so gut dafür geeignet hätte.

VII 12.   Wintersonnenwende: Der Jul-Eid

VII 12. a)   Die Geschichte über Eirek den Fern-Fahrenden

Der Brauch des Jul-Eides war weit verbreitet. Die Jul-Nacht war die längste Nacht des Jahres, also die Mittwinter-Nacht (21.12.). Mythologisch gesehen ist dies der Zeitpunkt, an dem die Sonne und ebenso der eng mit der Sonne assoziierte ehemalige Sonnengott-Göttervater Tyr wiedergeboren wird (Christi Geburt an Weihnachten).

Ein Eid, der zu diesem Zeitpunkt abgelegt wurde, erhielt daher die Kraft der wieder-geborenen Sonne bzw. des wiedergeborenen Sonnengott-Göttervaters Tyr. Ein Jul-Eid hatte daher, aus magischer Sicht betrachtet, die größtmögliche Aussicht auf Erfolg.

Der Jul-Eid ist daher gleichzeitig die Bindung an ein Vorhaben und die Sicherung der Unterstützung der Sonne bzw. des Göttervaters Tyr für diese Unternehmung.

Es wird erzählt, daß Eirek in einer Jul-Nacht den feierlichen Eid ablegte, um die ganze Welt zu fahren, um den Ort zu finden, den die heidnischen Menschen den „Todlosen Acker" und die Christen „das Land der Lebenden" oder das „Paradies" nennen. Dieser Eid wurde in ganz Norwegen berühmt.

VII 12. b)   Die Saga über Ketil Forelle

In diesem Winter an Jul legte Ketil den Eid ab, daß er seine Tochter niemandem, der ihn mit Gewalt dazu zu zwingen versucht, geben werde.

VII 12. c)   Die Saga über Sturlaug den Mühen-Beladenen

Im folgenden Winter veranstaltete Sturlaug ein Jul-Fest und lud viele edle Männer ein.

Und am Jul-Abend, als sich alle gesetzt hatten, erhob sich Sturlaug und sprach: „Es ist allgemeiner Brauch, eine neue Unterhaltung für all die, die gekommen sind, zu bieten. Nun werde ich mit dem Ablegen der feierlichen Eide beginnen. Und ich schwöre, daß ich bis zum dritten Jul herausfinde, woher das Auerochsen-Horn stammt oder bei dem Versuch sterben werde."

Dann stand Framar auf und schwor, daß er seinen Weg in das Bett von Ingibjorg, der Tochter des Königs Ingvar von Rußland im Osten finden werde und daß er sie geküßt haben werde, wenn der dritte Jul von nun an gekommen sein wird oder daß er bei dem Versuch sterben werde.

Sighvat der Lange schwor, daß er seine Eid-Brüder begleiten werde, wohin auch immer sie gehen wollten oder auf welche Fahrt auch immer sie aufbrachen.

Es ist nicht berichtet worden, welche Eide die anderen abgelegt haben.

VII 12. d)   Die Saga über Hervor und König Heidrek den Weisen

Es war Jul-Abend, die Zeit für die Männer, ihre feierlichen Eide beim Bragar-Trunk, d.h. bei dem 'Fürsten-Trunk', abzulegen – so wie es damals üblich gewesen ist.

Dann sprachen Arngrimms Söhne ihre Eide. Hjorvard legte den Eid ab, daß er die Tochter des Schweden-Königs Ingjald, die in allen Ländern für ihre Schönheit und ihr Geschick gerühmt wurde, zur Frau haben wolle und daß er keine andere Frau nehmen werde.

Wahrscheinlich wird man das Horn mit dem Met oder Bier in der Hand gehalten haben, während man den Eid sprach, und das Horn dann anschließend geleert haben.

Der Name „bragaful" könnte sich sowohl auf Tyr als den „Fürsten der Götter" als auch auf Bragi, den „Skalden der Götter" bezogen haben – die erste dieser beiden Möglichkeiten scheint jedoch deutlich wahrscheinlicher zu sein.

VII 12. e)   Die Saga über Hervor und König Heidrek den Weisen

König Heidrek ließ sich nieder und wurde ein großer Anführer und ein weiser Mann.

König Heidrek hatte einen großen Keiler aufziehen lassen. Er war so groß wie der größte aller ausgewachsenen Stiere und er war so schön, daß ein jedes seiner Borsten aus Gold zu sein schien.

Der König legte eine seiner Hände auf den Kopf des Keilers und seine andere Hand auf dessen Borsten und schwur, daß jeder, wieviel Übles er auch getan haben mochte, eine faire Gerichtsverhandlung von seinen zwölf Weisen erhalten soll, und daß seine zwölf Weisen für den Keiler sorgen sollen. Oder daß der Angeklagte sich dadurch befreien konnte, daß er dem König ein Rätsel vortrug, daß dieser nicht lösen konnte.

König Heidrek wurde nun sehr beliebt.

Der hier beschriebene goldene Eber scheint die Ritual-Variante von Freyrs golden leuchtendem Sonnen-Eber Gullinborsti zu sein.

König Heidrek ist eine der wichtigsten Sagen-Varianten des ehemaligen Sonnengott-Göttervaters Tyr. Der Sonnen-Eber fügt sich mühelos in seine Mythen ein. Möglicherweise hat Freyr dessen Symbolik von Tyr übernommen – es ist jedoch auch denkbar, daß auch Freyr eine Sonnen-Symbolik besessen hat und beide Götter mit dem Motiv des Sonnen-Ebers verbunden gewesen sind.

VII 12. f)   Die Saga über Fridthjof den Kühnen

Vermutlich hat auch Fridthjof seinen Eid in einer Jul-Nacht abgelegt:

Da ergriff der Mann, der Atle hieß und ein großer Wikinger war, das Wort und sprach: „Nun werden wir herausfinden, ob Fridthjof, wie man sagt, den feierlichen Eid abgelegt hat, daß er niemals der erste sein wird, der irgendjemanden um Frieden bittet."

VII 12. g)   Die Saga über Viglund den Blonden

Auch die beiden folgenden Eide werden, wie man an ihrem Inhalt erkennen kann, Julnacht-Eide gewesen sein:

Gunnlaug und Sigurd, die Söhne des Ketil, waren in jenen Tagen von einer Wikinger-Fahrt zurückgekehrt und waren berühmte Männer geworden. Gunnlaug der Meisterliche hatte den Eid abgelgt, daß er keinem Mann einen Schlafplatz in seinem Schiff vorenthalten würde, auch wenn sein Leben davon abhängen sollte; und Sigurd der Weise hatte geschworen, daß er niemals Gut mit Böse vergelten werde.

VII 12. h)   Beowulf-Epos

Dies ist das älteste Beispiel für einen Julnacht-Eid – auch wenn hier die Julnacht nicht erwähnt wird, hat dieser Eid jedoch den typischen Inhalt eines solchen Eides.

Der wackere Held, / und die Worte sprach er:
„Des Gelübdes gedenke, / mein lieber Beowulf!,
Das vor Jahren Du / in der Jugend tatest,
Beständig stets / bis zum Sterbetage
Deine Ehre zu wahren."

VII 12. i)   Die Geschichte über Gunnlaug Schlangenzunge

Ob man aus dem folgenden Text einen Bezug zwischen den Jul-Eiden und den Hochzeiten herauslesen kann, ist fraglich. Man sollte annehmen, daß dies, wenn es einen solchen Zusammenhang gegeben haben sollte, des öfteren erwähnt worden sein müßte.

Diese Neuigkeit gab es da bei dem Mahle, dass ein Mann, Namens Sverting, um Hungerd, die Tochter Thorodds und der Jofrid, angehalten hatte. Er war der Sohn von Hafrbjörn, und dessen Vater Molda-Gnup; und sollte diese Heirat noch in demselben Winter nach dem Julfeste in Skaney geschlossen werden.

VII 12. j)   Die Saga über Thrond von Gate

Auch der Gefolgs-Eid an einen König scheint in der Jul-Nacht abgelegt worden zu sein:

In dieser Julzeit wurde Sigmund einer von Jarl Hakons Gefolgsmann und Thore ebenso.

VII 12. k)   Die Saga über Thrond von Gate

In dem Sommer nach dem Winter, in dem er in der Julzeit Jarl Hakons Gefolgsmann wurde, fuhr Sigmund mit dem Jarl das Land hinauf zu zu dem Frosta-Thing.

VII 12. l)   Das Lied über Helgi Hjörvad-Sohn

Abends wurden Gelübde verheißen und der Sühneber vorgeführt, auf den die Männer die Hände legten und bei Bragis Becher Gelübde taten.

Hier wird deutlich, daß das Trinken des Bragi-Trunkes und das Legen der Hände auf den Jul-Eber Teile derselben Zeremonie gewesen sind.

Hedin vermaß sich eines Gelübdes auf Swawa, Eilimis Tochter, seines Bruders Geliebte.

Hedin (Hagen) ist eine Saga-Variante des Loki – sein Bruder Helgi ist eine Saga-Variante des Tyr. Hier ist das Motiv des Jul-Eids mit dem Streit um die Jenseitsgöttin, die hier als die Walküre Swawa erscheint, verbunden worden.

VII 12. m) Zusammenfassung: Der Jul-Eid

Der feierliche Eid, daß man etwas bestimmtes tun oder niemals tun werde, war ein wichtiges Element des Jul-Festes.

Bei diesem Eid hielt man das Horn mit dem „Fürsten-Trunk" in der Hand, sprach seinen Eid und trank ihn anschließend. Dieser „Fürst" wird der ehemalige Sonnengott-Göttervater Tyr gewesen sein, der bei diesem Fest aus der Unterwelt zurückkehrte.

Von dem Standpunkt eines durch Magie geprägten Weltbildes aus betrachtet, bedeutet ein Eid, den man zum Zeitpunkt der Rückkehr der Sonne bzw. der Wiedergeburt des Tyr ablegt, daß dieser Eid an das Schicksal der Sonne bzw. des Tyr gekoppelt ist – beides wird zum selben Zeitpunkt „geboren". Der Eid bzw. die auf ihm beruhenden Taten werden daher genauso an Kraft gewinnen, wie die Sonne im Laufe des Frühjahrs an Kraft gewinnen wird – weshalb der Eid erfolgreich umgesetzt werden wird.

Eine zweite Variante des Eides besteht darin, eine Hand auf Kopf und eine Hand auf die Borsten eines (goldenen) Sonnen-Ebers zu legen. Dies scheint der Sonnen-Eber des Tyr und vielleicht auch des Freyr zu sein. Es wird zwar nicht ausdrücklich gesagt, daß auch diese Art von Eid an Jul abgelegt wurde, aber da der Stil des betreffenden Eides ganz den Jul-Eiden entspricht, ist dies doch sehr wahrscheinlich.

Diese Eide (zumindestens die uns überlieferten) beziehen sich fast immer auf heldenhafte Taten. Einige Eide beziehen sich jedoch auch auf den Schutz der eigenen Tochter, die niemals durch einen Mann zur Heirat gezwungen werden soll.

Auch der Gefolgs-Eid, den man einem König gab, scheint in manchen Fällen an Jul abgelegt worden zu sein.

Heute ist das Jul-Fest in drei Teile zerfallen: in Mittwinter (Zeitpunkt), in Weihnachten (Wiedergeburt der Sonne) und in Sylvester (Jul-Eide).

VII 13. Wintersonnenwende: Die Jul-Götter

VII 13. a) Skaldskaparmal

Es hat den Begriff „Jolnar" gegeben, der „Jul-Wesen" bedeutet.

'Jolnar', so wie Eyvindr gesungen hat:
Und wieder haben wir das Festmahl
der Jolnar erschaffen,
unseres Herrschers Lob,
stark wie eine Brücke aus Stein.

„Jolnar" bedeutet wörtlich „die zum Julfest gehörenden". Mit diesem Wort werden zwar die Götter allgemein bezeichnet, aber „jolnar" wird ursprünglich den in der Julnacht (Mittwinter) wiedergeborenen Sonnengott-Göttervater Tyr bezeichnet haben.
„Jolnar" = Tyr = Götter; Festmahl der Götter = Skaldenmet = Lied

VII 13. b) Heimskringla

König Halfdan war zum Jul-Fest in Hadeland. Dort geschah eines Abends ein wundersames Ereignis: Als die große Anzahl von Gästen, die sich versammelt hatte, setzen wollte, verschwand auf einmal all das Fleisch und all das Bier von der Tafel.

Der König saß alleine da und war in seinem Geist sehr verwirrt. Alle anderen kehrten verärgert wieder in ihr eigenes Heim zurück.

Um mit Gewißheit herauszufinden, was bei diesem Ereignis eigentlich geschehen war, ließ der König einen Finnen holen, der besonders gut in der Magie bewandert war, und versuchte ihn dazu zu zwingen, ihm die Wahrheit zu offenbaren. Doch wie sehr er den Mann auch folterte, konnte er nichts von ihm in Erfahrung bringen.

Dieser Finne suchte besonders bei Harald, dem Sohn des Königs, Hilfe und Harald bat den König um Gnade für den Finnen, doch das war vergeblich. Da ließ Harald ihn gegen den Willen des Königs entkommen und begleitete selber den Mann.

Auf ihrer Fahrt kamen sie zu einem Ort, an dem der Anführer dieses Mannes ein großes Fest veranstaltete und auf dem sie gut aufgenommen wurden.

Als sie dort bis in den Frühling geblieben waren, sagte der Anführer: „Dein Vater hat es sehr übel genommen, daß ich ihm im Winter einige seiner Vorräte genommen habe – nun will ich Dich dafür mit einer guten Nachricht entlohnen: Dein Vater ist tot und Du solltest nun heimkehren und von dem Königreich, das ihm gehört hat, Besitz ergreifen und von ihm aus wirst Du das gesamte Königreich Norwegen unterwerfen."

Der „Finnenkönig im winterlichen Osten" ist in den Sagas ein mehrfach auftretendes Bild für den Gott Tyr in der winterlichen Unterwelt.

Dieser Finnen-Fürst hat das Fleisch des Königs Halfdan geraubt – das erinnert an den Riesen Tyr-Thiazi, der den drei Asen Odin, Hönir und Loki das Fleisch raubt. Dieser Raub ist offenbar eine Umdeutung des ehemaligen Fleisch-Opfers an Tyr.

Auch der Tod des Königs Halfdan und die Rückkehr seines Sohnes Harald aus dem Finnen/Winter-Jenseits paßt zu dieser Deutung, da zu Beginn des Winters der „alte Tyr" starb und im Frühjahr dann in seiner wiedergeborenen Gestalt als „junger Tyr" zurückgekehrt ist.

VII 13. c)   Hrolf Kraki und seine Berserker

In einer Julnacht, als König Helgi zu Bett gegangen war und draußen eine übles Wetter war, klopfte es eher zaghaft an der Tür. Es schien ihm, daß es nicht sehr königlich wäre, irgendeinen armen Kerl draußen stehen zu lassen, wenn er ihm doch Unterkunft anbieten konnte. Daher stand er auf und öffnete die Tür.

Da sah er das arme Ding, das gekommen war. Sie sagte: „Du hat wohlgetan, König," und kam herein.

Der König sprach: „Nimm dies Stroh und leg das Bärenfell über Dich, damit Du nicht frierst."

Sie sagte: „Laß mich in Dein Bett, Herr, und laß mich neben Dir liegen. Mein Leben hängt davon ab."

Der König sagte: „Mir kommt zwar bei Deinem Anblick das Essen hoch, aber wenn es ist, wie Du sagst, dann leg Dich in Deinen Kleidern hier an die Kante. Das wird mir schon nicht schaden."

Da tat sie wie geheißen. Der König wandte ihr seinen Rücken zu. In dem Haus begann Licht zu scheinen. Nach einer Weile geschah es, daß der König sich umdrehte und neben sich eine Frau liegen sah, die so schön war, wie er noch nie eine gesehen zu haben glaubte. Sie trug ein seidenes Kleid. Voller Zuneigung drehte er sich rasch zu ihr.

Sie sprach: „Nun will ich fortgehen," sprach sie, „und Du hast mich von einem fürchterlichen Fluch erlöst, mit dem mich meine Stiefmutter belegt hatte. Ich habe viele Könige in ihren Hallen besucht – daher brauchst Du nun nicht in Scham zu versinken. Ich will nun nicht länger hier bleiben."

„Nein," sprach der König, „das steht Dir nicht frei. Du wirst nicht so schnell von *mir fortgehen und wir werden uns nicht so voneinander trennen. Es wird eine schnelle Heirat sein müssen, fürchte ich, denn ich mag Dich sehr."*

„Es ist an Dir, dies zu entscheiden, Herr," sagte sie und sie schliefen diese Nacht zusammen.

Doch als der Morgen anbrach, sprach sie diese Worte: „Du hattest Deinen Willen mit mir, aber wisse dies: Wir werden ein Kind haben. Tue, wie ich sage, König, und komme und sehe unser Kind im nächsten Winter an Deinen Bootsschuppen – oder Du wirst dafür bezahlen, wenn Du nicht tust, was ich Dir gesagt habe."

Danach ging sie fort.

König Helgi war nun ein wenig glücklicher als zuvor. Die Zeit verging und er vergaß alles. Und nach drei Jahren, so wird erzählt, kamen drei Reiter zu dem Gebäude, in dem der König schlief. Es war Mitternacht. Sie kamen mit einem kleinen Mädchen und setzten sie neben dem Haus nieder.

Die Frau, die das Kind gebracht hatte, sprach diese Worte: „Wisse dies, König," sprach sie, „Deine Sippe wird dafür bezahlen, daß Du nicht das getan hast, was ich Dir gesagt habe. Aber Du sollst Milde haben, weil Du mich von jenem Fluch befreit hast. Und wisse dies: Das Mädchen heißt Skuld. Sie ist unsere Tochter."

Nach diesen Worten ritt sie fort. Es war eine Alfen-Frau gewesen. Der König hörte nie wieder von ihr.

Die Wurzel dieses merkwürdigen Ereignisses in einer Jul-Nacht läßt sich am ehesten als eine Umdeutung der Wiederzeugung des im Herbst gestorbenen „alten Tyr" deuten, bei der er sich mit der Jenseitsgöttin vereint. Dazu paßt, daß „Helgi" („Heiler/Heiliger") ein Beiname des Tyr gewesen ist und eine „Alfen-Frau" eine Jenseits-Frau ist.

VII 13. d)   Hrolf Kraki und seine Berserker

Und als es auf Jul zuging, wurde die Stimmung immer weniger fröhlich. Bodvar frug Hood, woran das lag.

Hood erzählte ihm, daß seit in den letzten zwei Jahren ein großes, schreckliches Wesen kam, „und es hat Flügel auf seinem Rücken und kann fliegen. Zwei Winter ist es schon hierher gekommen und hat viel Unheil angerichtet. Waffen verwunden es nicht und die besten Männer des Königs kamen nicht wieder heim."

Da sprach Bodvar: „Die Halle ist nicht so gut bemannt, wie ich gedacht habe, wenn ein einziges Tier hierherkommen und das ganze Königreich verwüsten und das Vieh des Königs töten kann."

Hood sage: „Es ist kein Tier, es ist die schlimmste Sorte Troll."

Nun, Jul kam näher und der König sprach: „Ich wünsche, daß ihr ruhig und still bleibt heute Nacht, und ich verbiete allen meinen Männern, loszuziehen und sich auf Gefahren mit diesem Ungeheuer einzulassen. Wenn das Vieh geraubt wird, dann wird das Vieh geraubt, aber ich will keinen von meinen Männern verlieren."

Alle gelobten, treu dem Befehl des Königs Folge zu leisten.

Bodvar kroch in der Nacht fort. Er überredete Hood, mit ihm zu kommen, aber Hood kam nur unter Zwang mit und sagte, er gehe seinem Tod entgegen. Doch Bodvar entgegnete, daß es nicht so schlimm werden würde. Sie gingen aus der Halle hinaus und Bodvar mußte Hood tragen – solche Angst hatte er.

Da sahen sie das Ungeheuer. Als Hood es sah, begann er laut zu schreien und zu rufen, daß das Ungeheuer ihn nun verschlucken würde.

Bodvar sagte zu ihm „Sei still, Du Memme!" und warf ihn auf das Moos, wo er liegen blieb – nicht ganz frei von Angst. Aber er traute sich auch nicht heimzugehen.

Da ging Bodvar auf das Wesen zu. Es machte die Sache nicht besser, daß sein Schwert in seiner Scheide festklemmte, als er es ziehen wollte. Bodvar zerrte und zog an seinem Schwert und schließlich bewegte es sich ein wenig in seiner Scheide und schließlich gelang es ihm, es herauszuziehen. Er stieß es gerade unter die Schulter des Ungeheuers, sodaß es tot niederfiel.

Danach ging er dahin zurück, wo Hood lag. Er hob ihn hoch und trug ihn dahin, wo das Ungeheuer tot dalag. Hood zitterte noch immer fürchterlich. Bodvar sprach: „Nun mußt Du das Blut des Ungeheures trinken."

Lange Zeit widerstrebte Hood, aber gleichzeitig wagte er nichts anderes zu tun. Bodvar nötigte ihn, zwei große Mundvoll zu trinken. Er ließ ihn außerdem ein Stück von dem Herzen des Ungeheuers essen.

Danach griff ihn Bodvar an und sie kämpften eine Weile miteinander. Bodvar sagte: „Nun bist Du viel stärker geworden als vorher und ich glaube nicht, daß Du nun König Hrolfs Gefolgschaft noch immer fürchtest.

Hood antwortete: „Ich werde weder sie noch Dich nach dem hier noch fürchten."

„Es ist alles gut gegangen, Freund Hood. Nun werden wir das Ungeheuer aufrichten, sodaß alle anderen denken werden, daß es lebt."

Und das taten sie dann auch. Danach gingen sie heim und erzählten nichts davon und niemand erfuhr, was sie getan hatten.

Am nächsten Morgen frug der König, was sie über das Ungeheuer wüßten, ob es in der Nacht gekommen sei.

Ihm wurde berichtet, daß alle Tiere gesund und munter in ihren Gehegen waren. Der König beauftrage einige Männer, loszuziehen und zu schauen, ob sie irgendwelche Spuren finden konnten, die zeigten, daß das Ungeheuer doch gekommen sei.

Die Wächter führten den Befehl aus und sagten dem König, daß das Ungeheuer unterwegs zu ihnen sei und mit großer Geschwindigkeit genau auf die Festung zukäme. Der König befahl seinen Männern, sich zusammenzunehmen und daß jeder so handeln solle, wie es sein Mut erlaube und daß sie dem Ungeheuer ein Ende bereiten sollen. Und sie taten wie der König ihnen geheißen hatte und bereiteten sich vor.

Der König blickte auf das Ungeheuer und sagte schließlich: „Ich kann keine Bewegung des Ungeheuers erkennen. Wer will die Gelegenheit ergreifen und gegen es vorgehen?"

Bodvar sagte: „Das würde die Neugier auch des standfestesten Mannes heilen. Freund Hood, es ist Zeit, daß Du Dich von der üblen Nachrede befreist, daß in Dir kein Mumm und kein Saft ist. Geh' und töte das Ungeheuer: Du siehst, keiner der anderen ist erpicht darauf."

„Ja," sagte Hood, „ich will es versuchen."

Da sprach der König: „Ich weiß nicht, woher Hood auf einmal diesen Mut hat – viel hat sich in kurzer Zeit an Dir geändert."

Hood sagte: „Gib mir das Schwert Gullinhjalti („Goldgriff") und ich werde das Ungeheuer töten oder bei dem Versuch sterben."

König Hrolf antwortete: „Dieses Schwert ist nicht für jeden Mann zu halten gedacht – er muß ein guter Mann und ein ritterlicher Kämpfer sein."

Hood sagte: „Das bin ich – Du darfst das ruhig glauben."

Der König sprach: „Wer weiß, vielleicht hat sich mehr in Dir verändert als man sehen kann. Ich bezweifle, daß Dich viele wiedererkennen würden. Nun nimm mein Schwert – es sei Dein, Bester der Männer, wenn Du diese Tat vollbringst."

Da schritt Hood kühn auf den Drachen zu und schlug auf es ein, als er in Reichweite kam und das Ungeheuer fiel tot zu Boden.

Bodvar sprach: „Sieh nun, König, was er vollbracht hat."

Der König antwortete: „Er hat sich wirklich sehr verändert, aber Hood hat das Ungeheuer nicht alleine getötet, eher hast Du das getan."

Bodvar sagte: „Vielleicht ist das so."

Der König sprach: „Ich wußte gleich als Du herkamst, daß Dir nur wenige gleichen würden, aber das scheint mir Dein feinstes Werk zu sein – aus Hood einen neuen Berserker für mich zu machen, denn er sah nicht sehr vielversprechend aus, als er kam, und auch nicht danach, als ob er viel Glück hätte. Und nun ist es mein Wunsch, daß er nicht länger Hood genannt wird, sondern Hjalti."

Er wandte sich zu Hood-Hjalti und sprach: „Du wirst nach dem Schwert Gullinhjalti benannt."

Hier endet die Geschichte von Bodvar und seinen Brüdern.

In dieser Saga erscheinen die Wikinger nicht nur als Helden, hier blitzt auch viel Schalk zwischen den Zeilen hindurch und auch einiges an Menschenkenntnis, was sonst in den germanischen Texten nicht gerade im Vordergrund steht.

Dieser „Jul-Drache" wird ursprünglich der aus der Unterwelt zurückkehrende Tyr gewesen sein, der in der Unterwelt der Sonnendrache war. Auf den Bildsteinen aus der Zeit von 400-600 n.Chr. sind oft Sonne, Mann (Tyr im Diesseits) und Drache (Tyr im Jenseits) gemeinsam zu sehen.

VII 13. e)   Zusammenfassung: Die Jul-Götter

Der Begriff „Jolnar" bedeutet „zu Jul gehörende Wesen". Damit sind „Julgötter" gemeint, was vermutlich eine Erweiterung der Bezeichnung des Odin als Besitzer des Skaldenmets und zuvor des Tyr als eng mit der Sonnen verbundener Gott ist.

Dieser Joln, also die Sonne bzw. Tyr erscheinen als alter, toter König im Jenseits (Winter, Finnland) und somit auch als Drache. Im Frühjahr wird er als junger Tyr, bzw. junger König wiedergeboren, der vom Jenseits in das Diesseits bzw. von Finnland in seine Heimat zurückkehrt.

Seiner Wiedergeburt geht seine Wiederzeugung, d.h. die Vereinigung des Tyr („Helgi") mit der Jenseitsgöttin („Alfen-Frau") voraus.

Die Opfer an Tyr wurden nach seiner Absetzung als Göttervater in den Sagas mehrfach zu einem Raub von Fleisch durch Tyr (Finnenkönig, Thiazi-Adler) umgedeutet.

VII 14.   Wintersonnenwende: Die Jenseitsreise

VII 14. a)   Die Geschichte über Helgi Thorir-Sohn

Diese Geschichte spielt zur Zeit der Herrschaft des norwegischen Königs Olaf Tryggvason (995-1000 n.Chr.).

Ein Mann hieß Thorir. Er wohnte auf dem Hof, der Raudaborg heißt. Dieser Hof liegt nicht weit weg vom Oslofjord. Thorir hatte zwei Söhne. Der eine hieß Helgi, der andere Thorstein. Beide waren tüchtige Männer, aber Helgi war doch seinem Bruder an Geschicklichkeit überlegen. Ihr Vater hatte die Stellung eines Hersir inne und war mit König Olaf befreundet.

„Helgi" ist ein häufiger Name der Sagen-Varianten des ehemaligen Göttervaters Tyr.

Eines Sommers unternahmen die Brüder eine Handelsfahrt nach Norden in die Finnmark, um Butter und Speck mit den Finnen zu handeln. Der Handel lief gut und sie brachen gegen Ende des Sommers zur Rückfahrt auf. Einmal kamen sie tagsüber zu der Landspitze, die Vimund hieß. Dort gab es einen hervorragenden Wald. Sie gingen an Land und beschafften sich einige Ahornbäume.

Finnland und insbesondere Gandvik („Magie-Bucht"), d.h. das Weiße Meer östlich von Finnland, ist den Sagas oft das Jenseits.

Helgi geriet dabei weiter in den Wald hinein als die anderen Männer. Dann wurde es plötzlich sehr dunkel, so daß er nicht zum Schiff zurückfand. Da zog schnell die Nacht herauf.
Da sah Helgi zwölf Frauen durch den Wald reiten. Sie saßen alle auf roten Pferden und waren rot gekleidet. Sie stiegen von den Pferden ab. Das gesamte Zaumzeug der Pferde glänzte von Gold.
Eine der Frauen war schöner als die anderen und die dienten alle dieser groß-artigen Frau.
Ihre Pferde begannen zu grasen. Dann bauten sie ein schönes Zelt auf. Das war in unterschiedlichen Farben gestreift und goldgewebt. Die oberen Enden aller Zeltstangen waren vergoldet und auch die Stange in der Mitte – auf dieser saß oben ein großer Goldknauf.

Dieser Goldknauf ist möglicherweise ein Sonnensymbol.

Und als sie das aufgebaut hatten, stellten sie Tische auf und brachten vielerlei Leckereien. Dann brachten sie Waschwasser, ein Wassergefäß und ein Waschbecken aus Silber, das ganz mit Gold überzogen war. Helgi stand in der Nähe ihres Zeltes und schaute zu.

Die Anführerin sprach: „Helgi, komm hierher und iß und trink mit uns."

Das tat er. Helgi sah, daß es da guten Trank und Essen und hübsche Becher gab. Dann wurden die Tische weggenommen und die Nachtlager vorbereitet, und diese waren weitaus prächtiger als die Betten anderer Menschen.

Die Anführerin frug Helgi, ob er lieber allein oder bei ihr schlafen wolle.

Helgi frug sie nach ihrem Namen.

Sie antwortete: „Ich heiße Ingibjörg und bin die Tochter Gudmunds von Glaesis-vellir."

Godmund ist eine weitere Sagen-Variante des Tyr. Glasisvellir („Glanz-Tal") ist das Sonnen-Jenseits des Tyr.

„Ingibjörd" ist ein häufiger Name der Saga-Variante der Jenseitsgöttin, die bei dieser Übertragung von der Mythe in die Sage meistens zu einer Königstochter umgedeutet worden ist.

Helgi sagte: „Ich will bei Dir schlafen."

Und so machten sie es insgesamt drei Nächte. Dann kam schönes Wetter, sie standen auf und zogen sich an.

Diese Szene ist die umgedeutete Wiederzeugung des Tyr im Winter.

Ingibjörg sagte dann: „Jetzt werden wir uns hier trennen. Hier sind zwei Kisten, die eine voll Silber, die andere voll Gold. Die will ich Dir geben, aber sag' keinem Menschen, woher Du es hast."

Danach ritten sie den gleichen Weg zurück, den sie gekommen waren und Helgi ging zu seinem Schiff. Dort wurde er gut empfangen und seine Leute frugen ihn, wo er sich aufgehalten habe, aber er wollte nichts davon erzählen. Sie segelten dann südlich am Land entlang und kamen mit einem großen Vermögen heim zu ihrem Vater.

Helgis Vater und sein Bruder frugen, woher er das ganze Geld bekommen habe, das er in den Kisten hatte, aber das wollte er nicht sagen.

Dann verging die Zeit bis Jul. In einer Nacht zog ein großes Unwetter auf. Thorstein sagte zu seinem Bruder: „Wir sollten aufstehen und nachschauen, wie es unserem Schiff geht."

Das taten sie und es zeigte sich, daß das Schiff gut festgemacht war. Helgi hatte einen Drachenkopf für den Steven ihres Schiffes machen und oberhalb der Wasserlinie gut ausstatten lassen. Dazu hatte er das Geld, das Ingibjörg, die Tochter Gud-

munds, ihm gegeben hatte, verwendet, aber einiges davon schloß er im Drachenhals ein.

Plötzlich hörten sie ein großes Krachen. Da ritten zwei Männer zu ihnen und nahmen Helgi mit sich fort. Thorstein wußte nicht, was aus ihm geworden war. Danach ließ das Unwetter schnell nach.

Diese beiden Männer sind die beiden Alcis-Söhne des Tyr-Godmund, wie sich im Verlauf der Geschichte noch herausstellen wird. Die Jenseitsreise des Tyr-Helgi ist hier in die Julnacht „verrutscht" – eigentlich gehört sie in den Spätherbst.

Das „Gold-Drachenschiff" ist das Sonnen-Schiff des Tyr, auf dem er jeden Abend und in jedem Herbst in das Jenseits fährt. Von dieser Szene sind hier nur noch die Einzel-Motive „Schiff und Helgi (= Tyr)", „Schiff und Verschwinden" sowie „Schiff und Gold (= Sonne)" erhalten geblieben.

Thorstein kam nach Hause und erzählte seinem Vater von dem Geschehen und der fand, daß das eine wichtige Neuigkeit sei. Er begab sich sofort zu einem Treffen mit König Olaf, sagte ihm, was geschehen war und bat ihn herauszufinden, was aus seinem Sohn geworden war.

Der König sagte, er werde das tun, worum er bitte, aber er sei nicht sicher, ob er Thorirs Verwandtem irgendwie helfen könne. Dann ging Thorir nach Hause.

Die Zeit verging bis Weihnachten im Jahr darauf; König Olaf hielt sich da während des Winters auf Alreksstatt auf.

Am achten Tag der Weihnachtszeit kamen am Abend drei Männer in die Halle und traten vor König Olaf, als der gerade am Tisch saß. Sie grüßten ihn höflich. Der König erwidert ihren Gruß. Einer von den dreien war Helgi, aber die anderen beiden kannte niemand.

Der König frug sie nach ihrem Namen und beide sagten, sie hießen Grim. „Wir wurden von Gudmund auf Glaesisvellir (Tyr im Jenseits) *zu Euch geschickt. Er läßt Euch seine Grüße überbringen und außerdem diese beiden Hörner."*

Der König nahm sie an und sie waren mit Gold verziert. Das waren prächtige Kostbarkeiten. König Olaf besaß zwei Hörner, die „die Gehörnten" genannt wurden, aber obwohl diese sehr gut waren, waren doch diejenigen besser, die Gudmund ihm geschickt hatte.

„König Gudmund bittet Euch um Eure Freundschaft. Ihm liegt sehr viel an Eurem Wohlwollen, mehr als an dem aller anderen Könige."

Der Jul-Trank wurde anscheinend aus Hörnern getrunken, die symbolisch dem Tyr-Gudmund gehörten bzw. seinen beiden Söhnen, die hier „Grim" („Maskenhelm") genannt werden. Der Jul-Trunk war also ein Tyr-Trunk, was die Deutung von „bragaful" als „Tyr-Trunk" und „jolnar" als „Tyr" bestätigt.

Der König antwortete darauf nicht, aber ließ ihnen Plätze bei seinen Leuten zuweisen. Der König ließ die Hörner, die ebenfalls Grim genannt wurden, mit gutem Trank füllen und sie vom Bischof segnen und daraufhin den Grimen bringen, damit sie als erste daraus tränken.

Dann sprach der König diese Strophe:

„Die Gäste sollen die Hörner entgegennehmen,
während wir diesen Mann Gudmunds (Helgi) *ausruhen lassen,*
und sie sollen von ihren Namensvettern (aus den Hörnern) *trinken;*
so soll den Grimen gutes Bier gegeben werden."

Da nahmen die Grime die Hörner und meinten nun zu wissen, was der Bischof über das Getränk gesprochen hatte.

Sie sagten da: „Jetzt geschieht es nicht viel anders, als wie es Gudmund, unser König, vorausgesehen hat. Dieser König ist betrügerisch und kann Gutes schlecht belohnen, obwohl sich unser König ihm gegenüber ehrenhaft verhalten hat. Stehen wir jetzt alle auf und verschwinden von hier."

Das taten sie. Da gab es einen großen Tumult in dem Raum. Sie schütteten das Getränk aus den Hörnern und löschten damit das Feuer. Dann hörten die Leute ein großes Krachen. Der König bat Gott um Schutz und bat seine Männer, aufzustehen und diesen Tumult zu beenden. Schließlich gelangten die Grime und Helgi mit ihnen nach draußen. Dann wurde Licht in der Unterkunft des Königs angezündet. Die Leute drinnen sahen, daß drei von ihnen erschlagen worden waren und die Grim-Hörner lagen auf dem Fußboden bei den Toten.

„Das ist etwas sehr Seltsames," sagte der König, „und es wäre besser, wenn so etwas nur selten geschähe. Ich habe das über Gudmund auf Glaesisvellir sagen hören, daß er sehr zauberkundig sei und es ist schlecht, mit ihm zu tun zu haben. Und es würde den Leuten schlecht gehen, die unter seiner Herrschaft stehen, wenn wir etwas in dieser Sache ausrichten könnten."

Der König ließ die Hörner der Grime aufbewahren und daraus trinken, und sie eigneten sich gut dazu. Die Stelle oberhalb von Alreksstad, wo die Grime nach Osten gegangen waren, heißt jetzt Grimpaß, und seither hat kein Mensch diesen Weg benutzt.

Diese Beschreibung des Grim-Passes („kein Mensch geht ihn") zeigt, daß es sich dabei um einen Jenseitsweg handelt.

Dann verging der Winter, und als das nächste Mal der achte Tag der Julzeit gekommen war, waren der König und sein Gefolge gerade in der Kirche und nahmen an der Messe teil. Da kamen drei Männer zur Kirchentür und ließen einen von ihnen zurück.

Die anderen zwei gingen wieder weg und riefen zurück: „Hier bringen wir Dir

Grettir, und es ist nicht sicher, wann Du ihn wieder los wirst."

Da erkannte die Leute Helgi. Dann ging der König zu Tisch, und als die Leute mit Helgi redeten, bemerkten sie, daß er blind war. Darauf frug der König, wie er in diesen Zustand gekommen sei und wo er die ganze Zeit lang gewesen sei.

Er erzählte dem König zuerst davon, wie er die Frauen im Wald traf, dann davon, wie die Grime das Unwetter verursachten, als er mit seinem Bruder das Schiff sichern wollte, und schließlich wie die Grime ihn mit sich zu Gudmund auf Glaeisvellir nahmen und ihn zu Ingibjörg, der Tochter Gudmunds, brachten.

Da sagte der König: „Wie fandest Du es, dort zu sein?"

„Sehr gut," sagt er, „und nirgends hat es mir je besser gefallen."

Dann frug der König nach den Gebräuchen Gudmunds, ob er viele Männer bei sich habe und mit was er sich beschäftige. Aber Helgi äußerte sich darüber in jeder Hinsicht gut und sagte, daß Gudmund viel mehr Männer habe, als er habe zählen können.

Der König sprach: „Warum seid ihr letzten Winter so plötzlich weggegangen?"

„König Gudmund schickte sie um Euch zu betrügen", sagt er, „aber wegen Euren Gebeten ließ er mich frei, so daß Ihr erfahren konntet, was aus mir geworden war. Aber letztes Mal verschwanden wir deswegen so schnell, weil die Grime nicht in der Lage waren, das Getränk zu trinken, das Ihr segnen ließet. Sie wurden zornig, weil sie sich überwunden sahen. Und sie erschlugen Eure Männer, weil König Gudmund ihnen das aufgetragen hatte, falls sie es nicht schafften, Euch Schaden zuzufügen. Aber er erwies seine Ehre dadurch, daß er Euch die Hörner schickte, damit Ihr weniger nach mir suchen würdet."

Der König frug: „Wie kamst Du dann zum zweiten Mal von dort weg?"

Er antwortet: „Das veranlaßte Ingibjörg. Sie meinte, nicht mit mir schlafen zu können, ohne Qualen zu erleiden, wenn sie mit mir nackt in Berührung käme, und hauptsächlich deswegen ging ich weg. Aber außerdem wollte König Gudmund sich nicht wegen mir mit Euch anlegen, sobald er wußte, daß Ihr mich von dort weg haben wolltet. Aber über die Ehre und Großzügigkeit König Gudmunds und über die zahlreichen Männer, die bei ihm sind, kann ich nicht mit wenigen Worten erzählen."

Der König frug: „Warum bist Du blind?"

Er antwortete: „Die Königstochter Ingibjörg riß mir beide Augen aus, als wir uns trennten, und sagte, daß die Frauen in Norwegen wenig Freude an mir haben würden."

Diese Deutung der Rückkehr des Helgi ist eine sehr drastische Umdeutung der Wiederzeugung im Jenseits.

Es ist bemerkenswert, daß 500 Jahre nach der Absetzung des ehemaligen Göttervaters Tyr durch Odin noch immer derart intakte Tyr-Mythen gegeben hat, die in dieser Saga nun nicht durch den Machtanspruch des Odin, sondern durch die Weltsicht des Christentums umgedeutet worden sind.

Der König sagte: „Gudmund würde zu Recht für die Totschläge, die er verübte, von mir Schaden zugefügt werden, wenn Gott das zuließe."

Dann wurde nach Thorir, Helgis Vater, geschickt, und er dankte dem König sehr dafür, daß sein Sohn aus den Händen der Trolle entkommen war. Er ging dann wieder nach Hause und Helgi blieb bei dem König und lebte noch, bis sich das Geschehen zum zweiten Mal jährte.

Der König hatte die Hörner der Grime bei sich, als er zum letzten Mal das Land verließ. Und die Leute erzählen, daß, als König Olaf von der Langen Schlange (seinem Schiff) verschwand, auch die Hörner verschwunden seien und kein Mensch habe sie seither gesehen.

Und hier endet das, was von den Grimen zu erzählen ist.

Die „Lange Schlange" ist hier genauso das Jenseitsschiff der Sonne bzw. des Tyr wie das Drachenschiff des Helgi in der Mitte dieser Geschichte – so wie die Sonne auf einem Schiff über den Himmel fährt und so wie Tyr-Helgi auf einem Schiff in das Jenseits gelangt, fährt auch der König bei seinem Tod in das Jenseits. Dasselbe Motiv findet sich auch bei der Bestattung des Baldur.

Die detaillierte Deutung dieser Geschichte findet sich in dem Kapitel „Horn" in Band 57.

VII 14. b)   Das Lied über Helgi Hiörward-Sohn

König Helgi war ein allgewaltiger Kriegsmann. Er kam zu König Rilimi und bat um Swawa, dessen Tochter. Helgi und Swawa verlobten sich und liebten sich wundersehr.

Swawa war daheim bei ihrem Vater, aber Helgi im Heerzug. Swawa war eine Walküre nach wie vor. Hedin war daheim bei seinem Vater Hiörward, König in Noreg.

Hedin ist ein Name der Sagen-Variante des Loki, der ansonsten als „Högni/Hagen" erscheint.

Da fuhr Hedin auf Julabend einsam heim aus dem Wald und fand ein Zauberweib. Sie ritt einen Wolf und hatte Schlangen zu Zäumen und bot dem Hedin ihre Begleitung an.

Dieses „Zauberweib" ist Hel, die auf ihrem Bruder Fenrir reitet und ihren zweiten Bruder Jörmungandr als Zügel benutzt.

„Nein", sprach er.

Da sprach sie: „Das sollst Du mir entgelten bei Bragis Becher!"

Abends wurden Gelübde verheißen und der Sühneber vorgeführt, auf den die Männer die Hände legten und bei Bragis Becher Gelübde taten.

Hier wird deutlich, daß das Trinken des Bragi-Trunkes und das Legen der Hände auf den Jul-Eber Teile derselben Zeremonie gewesen sind.

Hedin vermaß sich eines Gelübdes auf Swawa, Eilimis Tochter, seines Bruders Geliebte.

Durch diesen Eid, den Hedin durch den Fluch der Hel-Freya abgelegt hatte, entstand eine Konkurrenz zwischen Tyr-Helgi und Loki-Hedin. Dieselbe Szene findet sich in leicht abgewandelter Form auch in der Mythe über den endlosen Kampf zwischen Hedin und Högni, den dort Freya im Auftrag des Odin verursacht.

Spätestens nach der Absetzung des Tyr als Göttervater wurde die Jenseitsgöttin (Freya, Hel), um die sich zuvor Tyr und Loki gestritten haben, um im Jenseits durch sie wiedergeboren werden zu können, zu der Ursache des Streites zwischen den beiden Brüdern Tyr und Loki umgedeutet. Diese Umdeutung ost vermutlich schon recht alt, da sie sich bei fast allen Indogermanen findet.

Danach gereute es ihn so sehr, daß er fortging auf wilden Stegen südlich ins Land, wo er seinen Bruder Helgi traf.

Helgi sprach:
„Heil Dir, Hedin! Was hast Du zu sagen
Neuer Mären aus Noreg?
Was führte Dich, Fürst, fort aus dem Lande,
Daß Du allein mich aufsuchst?"

Hedin:
„Ein allzugroßes Unheil betraf mich:
Ich hab erkoren die Königstochter
Bei Bragis Becher: Deine Braut!"

Helgi:
„Klage Dich nicht an! Noch kann sich erfüllen,
Hedin, unser Aelgelübde.
Mich hat ein Held zum Holmgang entboten:
Da find ich den Feind in Frist dreier Nächte.

Ich werde wohl nicht wiederkehren:
So geschieht es in Güte, wenn das Schicksal will.“

Hedin:
„Du sagtest, Helgi, Hedin wäre
Dir Gutes und großer Gaben wert.
Dir scheint schicklicher das Schwert zu röten
Als Deinen Feinden Frieden zu geben.“

Jenes sprach Helgi, weil ihm sein Tod ahnte und auch, weil seine Folgegeister den Hedin aufgesucht hatten, als er das Weib den Wolf reiten sah.
Alf hieß ein König, Hrodmars Sohn, der den Helgi zum Kampf entboten hatte gen Sigarswöll in dreier Nächte Frist.
Da sprach Helgi:

„Es ritt den Wolf, da rings es dunkelte,
Eine Frau, die dem Bruder ihre Folge bot.
Sie wußte wohl, es würde fallen
Sigurlinns Sohn bei Sigarswöll.“

VII 14. c)   Jomsvikinger-Saga

König Gormr schickte nun Gesandte zu Jarl Haraldr, um ihn zum Julfest einzuladen. Der Jarl nahm dies gerne an und die Gesandten des Königs fuhren zurück. Da rüstete sich der Jarl zu dieser Fahrt.

Als er und seine Leute zum Limfjord kamen, sahen sie dort einen seltsamen, großen Baum stehen. An ihm waren kleine, grüne Äpfel gewachsen und er blühte. Sie wunderten sich sehr. Der Jarl sagte, er halte es für ein schlimmes Vorzeichen, daß so etwas zu dieser Jahreszeit geschah, denn sie sahen dort die Äpfel liegen, die im Sommer gewachsen waren. Sie waren groß und alt. „Wir werden umkehren.“ Das taten sie.

Der Jarl blieb dieses Jahr zu Hause. Dem König erschien es seltsam, daß der Jarl nicht kam.

Im zweiten Winter schickte der König Gesandte mit dem selben Auftrag und der Jarl versprach, zu reisen. Der Jarl begab sich mit seinem Gefolge zum Limfjord.

Auf den Schiffen des Jarls waren viele Hunde. Da hörten sie, daß die Welpen in den Hündinnen bellten. Der Jarl sagte, daß dies ein äußerst schlimmes Vorzeichen sei und daß sie umkehren sollten und so geschah es.

Nun verging der Winter. Im dritten Winter schickte der König erneut Gesandte, um den Jarl zum Julgelage einzuladen. Er versprach, zu reisen. Nun fuhr der Jarl bis zum Limfjord.

Da sahen sie im inneren Teil des Fjords sich eine große Woge erheben und eine zweite im äußeren Teil und beide bewegten sich aufeinander zu. Das Meer wurde sehr unruhig. Als die Wellen aufeinander trafen, stürzte jede in das Wogental der anderen und das Meer wurde ganz blutig. Da sprach der Jarl: „Das sind große, üble Vorzeichen und wir werden umkehren." Der Jarl blieb über Jul zu Hause.

König Gormr wurde nun sehr wütend auf den Jarl, weil dieser seiner Einladung nicht gefolgt war. Er hatte nun vor, den Jarl anzugreifen und ihm so diese Schmach zu vergelten. Als Königin Thyri dessen gewahr wurde, sagte sie, daß es nicht angemessen sei, dem Jarl Schaden zuzufügen, und sie würden einen besseren Entschluß fassen. Der König tat, wie es die Königin wollte und schickte Gesandte zum Jarl, um herauszufinden, wie es stand.

Der Jarl fuhr sofort. Der König empfing seinen Schwiegervater in angemessener Weise. Der König und der Jarl begaben sich bald zu einer Besprechung und der König frug, was es bedeute, daß er kein einziges Mal gekommen war, „Du beleidigst so mich und meine Einladung."

Der Jarl sagte, er habe nicht vorgehabt, ihn zu beleidigen und daß es andere Gründe dafür gebe. Er erzählte nun dem König von den seltsamen Dingen, die sie gesehen hatten. „Ich werde Euch nun erklären, was ich glaube, auf was diese ungewöhnlichen Begebenheiten vorausdeuten." Der König stimmte dem zu.

Der Jarl sprach: „Ich werde damit beginnen, daß wir mitten im Winter einen großen Baum mit grünen Äpfeln sahen. Die alten, großen Äpfel lagen darunter auf dem Boden. Ich meine, daß dies auf einen Glaubenswechsel hindeutet, der in diesen Landen stattfinden wird. Der neue Glaube wird in größerer Blüte stehen und die schönen Äpfel weisen auf ihn hin. Der alte Glaube aber wird niedergelegt werden, so wie die alten Äpfel, und zu nichts als Staub werden.

Das zweite Seltsame war, daß Welpen in den Hündinnen bellten. Es bedeutet, daß junge Menschen den älteren den Mund verbieten und unbesonnen sein werden. Es ist zu erwarten, daß sie mehr zu bestimmen haben werden, auch wenn die anderen erfahrener sind. Ich glaube aber, daß sie noch nicht auf der Welt sind, weil die Welpen noch ungeboren waren.

Dann sahen wir Wellen sich gegeneinander erheben mit großem Getöse und Blut. Das deutet auf die Uneinigkeit einiger mächtiger Männer hier im Land hin, und es wird zu großen Kämpfen und zu viel Unfrieden kommen. Es ist sehr wahrscheinlich, daß dieser Fjord einige Folgen davon tragen wird."

Der König verstand die Worte des Jarls gut und hielt sie für weise. Der König gab seinen Zorn gegen den Jarl auf, aber er hatte Männern aufgetragen, mit Waffen gegen den Jarl vorzugehen, wenn es ihm so erschienen wäre, als sei er lediglich nachlässig gewesen. Sie beendeten nun die Beratung. Der Jarl blieb so lange dort, wie der König es wollte, und fuhr dann nach Hause.

In dieser Geschichte scheint das Jul-Fest nur die Rahmenhandlung für die Omen zu bilden. Die Äpfel, die Welpen und das Blut scheinen keinen direkten Bezug zu dem Jul-Fest zu haben.

Es ist jedoch gut denkbar, daß man Omen an Jul eine besonders große Bedeutung beigemessen hat.

VII 14. d)   Die Kirchengeschichte des Ordericus Vitalis

In dieser Kirchengeschichte wird über ein Erlebnis des normannischen Priesters Gauchelin aus dem Jahr 1091 n.Chr. berichtet. Der 1.1. ist hier vermutlich eine Variante der Julnacht.

In der Stadt Saint Aubin de Bonneval war ein Priester Gauchelin.
Am 1. Januar 1091 nach der Geburt des Herrn holte man in der Nacht den Priester Gauchelin an ein Krankenbett, wie es üblich ist. Gauchelin kam ....
Als er auf dem Heimweg war und ganz allein, fern von jeder menschlichen Behausung, dahinschritt, vernahm er plötzlich ein gewaltiges Getöse wie von einem sehr großen Heer. Es war acht Tage nach Neumond, die Mondsichel strahlte hell im Zeichen des Steinbocks und zeigte dem Wanderer den Weg.

Diese astronomische Angabe ist recht genau und daher interessant, denn sie ermöglicht eine Überprüfung zumindestens des Anfangs der Geschichte.

An Neumond stehen die Sonne und der Mond an derselben Stelle („Sonne-Mond-Konjunktion"). 8 Tage nach Neumond steht der Mond jedoch schon ca. 100° „links" von der Sonne.

Am 1.1. steht die Sonne bei ca. 12° Steinbock – an dem vorausgegangen Neumond 8 Tage zuvor am 22.12. hat sie folglich bei ca. 4° Steinbock gestanden. Die Julnacht (21.12 => 22.12.) fiel in diesem Jahr also auf also einen Neumond.

8 Tage nach dem Neumond bei 4° Steinbock stand der Mond folglich 100° weiter „links" als zu Neumond, d.h. bei ca. 14° Fische.

Der Mond ist in diesem Jahr am 1.1. ein zunehmender Halbmond gewesen, d.h. es ist vom Abend bis ca. um Mitternacht einigermaßen hell gewesen ist – wenn der Himmel wolkenlos gewesen ist.

Die Geschichte ist also schlüssig, wenn man einmal davon absieht, daß die Mondsichel eigentlich schon ein Halbmond war und daß die Sonne und nicht der Mond im

Steinbock gestanden haben.

Da holte ihn ein riesenhaft-großer Mann ein, der eine gewaltige Keule trug. Er erhob den Handgriff der Keule über das Haupt des Priesters und sprach: „Halt! Gehe nicht weiter!"

Der Priester wurde starr vor Schreck und blieb, auf den Stock, den er trug, gestützt, unbeweglich stehen.

Der gewaltige Keulenträger aber blieb an seiner Seite und erwartete, ohne ihm ein Leids zu tun, das Vorüberziehen des Heeres.

Siehe, da zog eine gewaltiger Haufe von Kriegern zu Fuß vorbei. Die Leute trugen auf Genick und Rücken Kleinvieh und Kleider, vielartiges Hausgerät und verschiedene Gebrauchsgegenstände, wie sie Räuber fortzutragen pflegen. Alle aber klagten laut und ermahnten sich gegenseitig zur Eile.

Dann folgte eine Schar bewaffneter Träger, denen sich der erwähnte Riese plötzlich anschloß.

Sie trugen etwa fünfzig Särge, und zwar wurde jeder Sarg von zwei Trägern getragen. Ferner saßen auf den Särgen Menschen so klein wie Zwerge, aber mit großen Köpfen; auch hielten sie große Körbe.

Sogar ein mächtiger Marterpfahl wurde von zwei Männern einhergeschleppt. Auf dem Marterpfahl war ein bejammernswerter Mensch straff angebunden, und inmitten harter Qualen heulte und schrie er laut. Ein ekelhafter Teufel nämlich, der auf demselben Marterpfahl saß, stach den Blutüberströmten in grausamer Weise mit feurigen Sporen in die Lenden und in den Rücken.

In dem Gemarterten erkannte Gauchelin deutlich den Mörder des Priesters Etienne.

Nunmehr folgte eine Masse Frauen, deren Zahl dem Priester unendlich schien. Sie ritten nach Frauenart und saßen auf Frauensätteln, in die glühende Nägel eingelassen waren. Oft schleuderte der Sturm die Frauen etwa um einen Ellenbogen in die Höhe und ließ sie dann auf die Spitzen der glühenden Nägel herunterfallen.

So müssen sie natürlich für die Unkeuschheiten und gemeinen Genüsse, denen sie während ihres Lebens maßlos fröhnten, jetzt Feuer und Ekelhaftigkeiten und noch mehr Qualen, als sich aufzählen lassen, elend erdulden und laut und jämmerlich heulend ihre eigenen Strafen verkünden. In dieser Schar erkannte der Priester gewisse Edelfrauen und erblickte Frauensänften tragende Pferde und Maultiere von vielen Frauen, die damals sogar noch unter den Lebenden weilten.

Gleich darauf bemerkte er einen langen Zug von Klerikern und Mönchen und von ihren Richtern und Leitern: Bischöfen und Äbten, alle in geändertem Priesterornat. Die Kleriker und die Bischöfe waren mit schwarzen Kapuzenmänteln bekleidet. Auch die Mönche und Äbte waren ebenfalls in schwarzen Kutten.

Sie seufzten und klagten und einige riefen Gauchelin an und baten ihn bei ihrer einstigen Freundschaft, für sie zu beten.

Von den schrecklichen Gesichtern erschüttert, stand der Priester zitternd auf den Stab gebeugt, noch Grausigeres erwartend. Siehe, da kam eine Masse Krieger heran. menschliche Farbe, aber in schwarzem Dust und sprühendem Feuer erschienen sie. Alle saßen auf Riesenpferden, und mit allen Waffen bewehrt, stürmten sie dahin wie zur Schlacht und schwenkten rabenschwarze Banner.

Einer von ihnen, Landric von Orbec, der in jenem Jahr gestorben war, wandte sich an den Priester, schärfte ihm in grausigen Rufen Botschaften ein und bat ihn hoch und teuer, diese Aufträge seiner Frau zu bestellen. Die vorausziehenden und die folgenden Scharen aber fielen Landric ins Wort, hinderten ihn am Weitersprechen und riefen dem Priester zu: „Glaube Landric nicht, denn er ist ein Lügner."

Dieser Landric war Vizegraf zu Orbec und Richter gewesen. In der Verwaltung und in seinen Verfügungen aber urteilte er nach Gutdünken, beugte das Recht für Geld und diente mehr der Begehrlichkeit und Falschheit als der Rechtlichkeit.

Als die ungeheure Masse der Krieger vorüber war, dachte Gauchelin: „Das sind zweifellos die Leute des Herlekin. Ich habe zwar gehört, daß man sie vor Zeiten oft gesehen habe; ich traute jedoch diesen Berichten nicht und lachte darüber, weil ich niemals sichere Anzeichen der Anwesenheit solcher Herlekinleute gesehen habe. Jetzt aber sehe ich wahrhaftig die Seelen der Verstorbenen vor mir. Aber wenn ich das Geschehene erzähle, wird mir niemand glauben, falls ich den Menschen nicht eine sichtbare Probe aus der Spukerscheinung vorführen kann."

Sofort packte er die Zügel eines glänzenden Rappen. Der aber entriß sich mit Gewalt dem Griff der Hand und verschwand im Galopp. In der Schar der Äthiopier trabte ein gesatteltes und gezäumtes Pferd an. Er eilte zu und streckte die Hand nach ihm aus.

Dieses Pferd blieb stehen, um den Priester aufsteigen zu lassen. Beim Atmen stieß es aus den Nüstern Nebelmassen, so lang wie die längste Eiche. Nun setzte der Priester den linken Fuß in den Steigbügel, packte die Zügel mit einer Hand und legte die Hand auf den Sattel. Plötzlich fühlte er unter dem Fuß eine Hitze wie von glühendem Feuer, und durch die Hand, die die Zügel hielt, hindurch drang ihm eine unglaubliche Kälte nach dem Herzen zu.

Indem kommen vier gespenstige Reiter daher und brüllen: „Was überfüllst Du unsere Pferde? Du hast mit zu kommen! Keiner von uns hat Dich angerührt, und Du hast uns bestehlen wollen."

Der Priester ließ vor Schrecken das Pferd los. Drei von den Reitern wollten ihn packen. Da sprach der vierte zu ihnen: „Laßt ab von ihm und erlaubt ihm, mit mir zu sprechen."

Dann sprach er zu dem Priester, dem der Schreck in allen Gliedern saß: „Bitte, hör' mich an und bestelle meiner Frau, was ich Dir auftrage."

Priester antwortete: „Ich weiß nicht, wer Du bist, und Deine Frau kenne ich *nicht.“*

Da sagte der Reiter: „Ich bin Guillaume von Glos-la-Ferriere, der Sohn des Barnon. Am meisten quält mich übrigens der Wucher. Denn ich habe einem Manne, der in Geldverlegenheit war, ausgeholfen und habe dafür eine Mühle als Pfand erhalten. Da der Mann die geliehene Summe nicht zurückgeben konnte, habe ich Zeit meines Lebens das Pfand zurückbehalten, den gesetzlichen Erben um sein Erbe gebracht und es meinen eigenen Erben hinterlassen. Siehe diese weißglühende Eisenspitze hier! Sie stammt aus jener Mühle und scheint mir beim Tragen wirklich schwerer als die Burg von Eouen. Sage also meiner Frau Beatrice und meinem Sohn Roger, sie sollen mir helfen und sollen das Pfand, aus dem sie mehr Geld gezogen haben, als ich hergab, dem rechtmäßigen Erben zustellen.“

Der Priester antwortete: „Guillaume von Glos-la-Ferriere ist längst tot, und ein derartiger Auftrag ist für keinen Gläubigen annehmbar.“

Er dachte, er dürfe es nicht wagen, wem es auch sei, Aufträge eines moralischen Selbstmörders zu bestellen, auf denen der Fluch des Himmels lastete.

Und er sprach: „Es gehört sich nicht, solche Dinge bekannt zu geben. Ich werde Deine Aufträge, wem sie auch gelten, einfach nicht bestellen.“

Sofort streckte jener, außer sich vor Wut, die Hand aus, packte den Priester an der Kehle und führte und schleifte ihn mit fort.

Während er dahin geschleift wurde, empfand der Priester die Hand, die ihn an der Kehle gepackt hielt, wie Feuersglut und in seiner Herzensangst schrie er auf: „Heilige Maria, erhabene Mutter Christi, steh' mir bei!“

Ein schwertbewehrter Krieger sprengte heran und mit dem Schwerte zum Schlage ausholend, rief er: „Warum tötet ihr meinen Bruder, Unglückseliger? Laßt ihn los und ziehet weiter!“

Da flogen jene fort und eilten der Schar der Äthiopier nach. Während alle andern fortzogen, blieb der Krieger auf der Straße bei Gauchelin halten und fragte ihn: „Erkennst Du mich?“

Auf die verneinende Antwort Gauchelins gibt sich der Reiter als des Priesters Bruder zu erkennen und offenbart ihm unter anderem:

„Die Rüstung, die wir tragen, ist aus Feuer. Sie hüllt uns in ekelhaft riechender Luft, drückt uns durch ihre maßlose Schwere zu Boden und läßt uns in unauslöschlicher Glut brennen.“

Gauchelin beginnt diese Schilderung seiner Vision bzw. seines Erlebnisses mit einer sachlichen (und fast richtigen) astronomischen Zeitangabe, auf die dann eine Beschreibung der Wilden Jagd folgt, die offenbar ein Teil der normannischen Mythologie ist. Dann läßt er diese Vorstellung geschickt in eine Schilderung der Qualen für die begangenen Sünden, die die Menschen nach ihrem Tod erleiden müssen, übergehen. Durch diesen auch noch heute beliebten rhetorischen Trick brachte er seine Zuhörer, die er fester an das Christentum binden wollte, dazu, zunächst seiner Erzählung als etwas Bekanntem zuzustimmen und dann anschließend mehr oder weniger unbewußt auch der christlichen Fortführung dieser Mythe zuzustimmen.

Der germanische Teil dieser Geschichte werden das Heer und ihr Keulen-tragender Anführer sein. Die Keule könnte jedoch auch ein Hinweis auf den keltischen Göttervater Dagda sein. Wenn dies zutreffen sollte, wäre die Wilde Jagd sowohl ein germanisches als auch keltisches Motiv, das bei diesen beiden nah verwandten Völkern dieselbe Ursache hätte: die Rückkehr des Sonnengott-Göttervaters (Tyr/Dagda), der auch der „Herr der Toten" ist, in der Julnacht.

Der normannische Name „Harlekin" geht über die beiden voneinander unabhängigen Zwischenstufen „Hellequin" („Höllen-König") und „Herla King" („König Herla") auf nordgermanisch „her laikin" („Heer-Spiel" = „Kampf") zurück.

VII 14. e) Zusammenfassung: Die Jenseitsreise

Der Jul-Trank wurde aus dem Trink-Horn des Tyr bzw. aus den Trink-Hörnern seiner beiden Söhne (Alcis, Grime) getrunken.

Das Legen der Hände auf den Jul-Eber und das Trinken des Bragi-Trankes gehören beide zu demselben Ritual. Man sprach den Eide, während man die Hände auf den Eber legte, aber es hat möglicherweise auch eine Variante gegeben, bei der man den Eid sprach, während man das Trinkhorn in seiner Hand hielt.

VII 15.   Wintersonnenwende: Die Jul-Geschenke

VII 15. a)   Heimskringla

König Olaf veranstaltete an Jul ein großes Fest und viele große Männer waren zu ihm gekommen.

Es war am siebten Tag des Jul, daß der König zusammen mit einigen wenigen Leuten, unter denen auch Sigvat war, der ihn Tag und Nacht bediente, zu dem Haus ging, in dem des Königs größten Kostbarkeiten aufbewahrt wurden.

Dort hatte er seiner Gewohnheit entsprechend mit großer Sorgfalt die wertvollen Geschenke gesammelt, die in der Neujahrsnacht verschenken wollte.

VII 15. b)   Heimskringla

In diesem Winter (1017 n.Chr.) war Eyvind auf dem Jul-Fest des Königs und erhielt von ihm viele wertvolle Geschenke.

VII 15. c)   Die Geschichte über Gunnlaug Schlangenzunge

Im Winter pflegte Sigurd einen grossen Julschmauß zu veranstalten. An dem dem Julfest vorausgehenden Tage kamen Boten, zwölf an der Zahl, von Jarl Eirek von Norwegen; die brachten dem Jarl Sigurd Geschenke. Dieser nahm sie freundlich auf und wies ihnen am Julfeste ihre Plätze bei Gunnlaug an. Da ging es nun beim Gelage sehr fröhlich her.

VII 15. d)   Heimskringla

Hakon erließ ihnen die Jul-Geschenke und erlangte auf diese Weise das Wohlwollen der Throndheim-Leute.

VII 15. e)   Egil-Saga

Arinbjorn gab Egil ein langes, aus Seide gefertigtes Gewand, das reich bestickt und bis zu dem Saum hinab mit goldenen Knöpfen besetzt war, als Jul-Geschenk.   Arinbjorn hatte das Gewand so anfertigen lassen, daß es zu Egils Statur paßte.

Arinbjorn gab Egil zudem eine komplette neue Kleidung – sie war aus vielfarbigem englischem Stoff genäht worden.

Arinbjorn gab an Jul denen, die seine Gäste waren, viele Arten von Geschenken, denn Arinbjorn war mehr als alle anderen Männer freigiebig und edel.

VII 15. f)   Die Saga über Sturlaug den Mühen-Beladenen

Schließlich ging Jul ohne große Ereignisse vorüber und jeder Gast kehrte mit guten Geschenken heim.

VII 15. g)   Die Geschichte über Thordr den Kämpfer

Ein Mann, der in As im Hjalt-Tal lebte, hieß Eyvindr. Er war während des Jul-Festes in Kalfstatt gewesen. Er hatte Thordr einen mit Gold eingelegten Speer geschenkt und ihm Unterstützung versprochen, wann immer er Männer brauchen sollte.

VII 15. h)   Zusammenfassung: Die Jul-Geschenke

An Jul gab der Gastgeber jedem Gast ein Geschenk, aber auch die Gäste brachten dem Gastgeber Geschenke mit.

VII 16. Wintersonnenwende: Die Jul-Abgaben

VII 16. a) Heimskringla

An Jul mußte jeder Mann dem König ein Maß Malz von der Ernte von jedem Gehöft und das Bein eines dreijährigen Stiers zahlen, was 'Freundschafts-Geschenk' genannt wurde. Dazu kam ein Maß Butter und von jeder Haus-Frau ein Rocken voll mit ungesponnenem Flachs, der so dick war, wie man mit dem längsten Finger der Hand umfassen konnte.

Hier scheinen die freiwilligen Geschenke bereits zu Pflicht-Abgaben geworden zu sein. Etwas ähnliches beschreibt auch Adam von Bremen für ein anderes germanisches Opfer-Fest.

VII 16. b) Heimskringla

Er erließ ein Gesetz, daß das Jul-Fest zu derselben Zeit gefeiert werden muß, an der es die Christen feierten, und daß ein jeder Mann unter Strafe verpflichtet ist, ein Maß Malz zu Bier zu brauen und damit das Jul-Fest so lange zu heiligen, wie es währte.
Zuvor war der Anfang des Jul, d.h. die Schlacht-Nacht an Mittwinter gewesen und das Jul-Fest wurde danach drei Tage lang gefeiert.

Hier scheint die Jul-Abgabe bereits zu einer Art Weihnachts-Kirchensteuer geworden zu sein.

VII 16. c) Zusammenfassung: Jul-Abgaben

Aus den Jul-Geschenken wurden in späterer Zeit Pflicht-Abgaben für dieses Fest.

VII 17.   Wintersonnenwende: Sonstiges

VII 17. a)   Die Saga über Halfdan Eystein-Sohn

Eines Tages zur Julzeit spielten die Männer ein Ballspiel vor dem König.

VII 17. b)   Zusammenfassung: Sonstiges

Es wäre denkbar, daß der Ball die Sonne symbolisiert hat. Für diese Deutung spricht, daß in den Sagas ab und zu ein goldener Ball vorkommt, mit dem eine Königstochter spielt – ähnlich wie in dem Märchen „Der Froschkönig". Dies könnte die Jenseitsgöttin mit der Sonne sein.

Sicher ist diese Deutung aber nicht (siehe dazu das Kapitel „Kugel" in band 56).

VII 18.   Wintersonnenwende: Zusammenfassung

Das Jul-Fest ist das wichtigste Fest der (Nord-)Germanen gewesen. Es fand zu Mittwinter, also während der Polarnacht statt, in der in Skandinavien bis zu 45 Tagen hintereinander Nacht bleibt. In einem alten Bericht von ca. 550 n.Chr. findet das Julfest dann statt, wenn man von einem Berggipfel aus Mittags das erste mal wieder im Süden die Sonne sehen kann.

Der Jul-Monat umfaßt gut diese Hälfte dieser „Dunkel-Phase".

Dieses Fest ist im Kern die Feier der Rückkehr der Sonne bzw. der Wiedergeburt des Tyr. Das Wort „Jul" bedeutet entweder „(Sonnen-)Rad" oder „Fest, an dem (ein Eid?) gesprochen wird".

Das Fest selber bestand aus mehreren Elementen:

1. die Einlandung der Gäste: Die Bauern luden ihre Nachbarn ein, die Jarle ihre Bauern und die Könige ihre Jarle.

2. die Jul-Götter: Das Jul-Fest war vornehmlich ein Fest des Sonnengott-Göttervaters Tyr und später möglicherweise auch seines Nachfolgers Odin. Tyr erscheint in den Sagas auch als Drache oder als Finnen-König.

2. a) An Jul wurde die Rückkehr der Sonne bzw. die Wiedergeburt des Tyr gefeiert.

2. b) Der Wiedergeburt des Tyr ging seine Wiederzeugung voraus, die manchmal auch ein Motiv in den Jul-Mythen und Jul-Sagen ist.

2. c) Die Wiedergeburt erscheint in einem Fall als der Wunsch eines Königs, 300 Jahre als zu werden (3 Menschenleben = zyklisch wiederholtes Menschenleben = Jahreszeiten-Zyklus).

3. die Opfer: Sie wurden für ein gutes Jahr und für eine gute Ernte dargebracht.

3. a) Die Opfer sind in früherer Zeit an Tyr bzw. seinen Adler-Seelenvogel gerichtet gewesen und haben an dem Hügelgrab des Tyr stattgefunden.

3. b) In den Sagas wurden die Opfer an Tyr zu einem Fleisch-Raub durch Tyr, einen Finnenkönig (Tyr als Jenseitskönig), einen Adler (Seelenvogel des Tyr) u.ä. umgedeutet.

4. der Jul-Eid: An Jul wurden Eide zu dem, was vor allem Folgejahr tun will, abgelegt. Diese Taten wurden durch den Zeitpunkt magisch an die Wiedergeburt der Sonne/Tyr und an ihr Erstarken im Frühjahr gekoppelt.

4. a) der Jul-Eber: Bei diesem Eid legte man eine Hand auf den Kopf und die andere Hand auf die Borsten, d.h. auf den Nacken oder

den oberen Rücken des (goldenen) Jul-Ebers. Dieser „Gold-Eber" stellt die wiedergeborene Sonne dar.

4. b) Möglicherweise gab es anstelle des Gold-Ebers auch das Motiv der Gold-Kugel, die in manchen Sagas als „Spielzeug" einer Königstochter (Jenseitsgöttin) auftaucht.

4. c) der „Fürsten-Trunk": Nach dem Eid wurde aus einem Horn, das symbolisch das Trinkhorn des ehemaligen Göttervaters Tyr (oder das seiner beiden Söhne) war, getrunken.

4. d) In später Zeit scheint man z.T. auch den Gefolgschafts-Eid gegenüber dem König an Jul abgelegt zu haben.

5. die Geschenke: Der Herr des Hauses, in dem das Jul-Fest gefeiert wurde, gab seinen Gäste wertvolle Geschenke und diese brachten ihm Gegengeschenke.

5. a) Aus den Jul-Geschenken wurden in später Zeit Pflicht-Abgaben für dieses Fest.

6. Essen und Trinken: Insbesondere das gemeinsame Trinken wird immer wieder hervorgehoben.

7. die Geschichten: Es scheinen in der Jul-Zeit bei dem Zusammensein auch Geschichten erzählt worden zu sein.

Während des Festes galt eine generelle Waffenruhe, die auch eingehalten worden zu sein scheint, da kein einziger Kampf in der Jul-Zeit, aber viele Kämpfe, die anschließend an sie stattfanden, bekannt sind.

VII 19. Das Jul-Fest in der vor-germanischen Überlieferung

Das Mittwinterfest ist außer von den Germanen auch von den Kelten, Römern, den Persern und den Indern bekannt. Als religiöses Fest tritt es am deutlichsten bei den Germanen in Erscheinung.

Kelten

Bei den Kelten in Großbritannien läßt sich nicht sicher entscheiden, ob erst die (germanischen) Angelsachsen das „Modranicht" („Fest der Muttergöttin") eingeführt haben, oder ob dieses Fest auch einen keltischen Vorläufer gehabt hat.

Römer

Bei den Römern hat Kaiser Aurelian um 276 n.Chr. die Wintersonnenwende als Geburtstag des Sonnengottes festgelegt – vermutlich hat er dabei auf eine alte Vorstellung zurückgegriffen. Später ist aus diesem Fest dann Christi Geburt (Weihnachten) geworden – Christus wurde nicht nur von den Germanen, sondern auch von den Römern der Sonne gleichgesetzt.

Vom 17.12. bis zum 23.12., also vor und nach Mittwinter (21.12.), wurden in Rom die Saturnalien gefeiert, an denen man gute Vorsätze für das neue Jahr faßte.

Griechen / Inder

Bei den Griechen und Indern steht der Weltenbaum wie bei den Germanen im Norden – er ist mir der Erdachse identisch. Da der Weltenbaum auch der Weg zwischen der Erde (Diesseits) und dem Himmel (Jenseits) ist, liegt auch der Eingang zum Jenseits im Norden.

Inder

In Indien wird zur Wintersonnenwende auf vielfältige Weise das Fest „Makar Sankranti" gefeiert.

Perser

Verschiedene persische Völker im Iran und in Zentralasien feiern zur Wintersonnenwende das Fest mit dem Namen „Yalda-Nacht". An diesem Tag soll Ahura Mazda die Welt erschaffen haben – was eine nur geringfügige Umdeutung der Sonnengeburt ist.

Es hat den Anschein, als ob es ein früheres indogermanisches Mittwinterfest gegeben hätte, daß jedoch in den überlieferten schriftlichen Quellen bereits sehr unklare Konturen bekommen hat.

Bei den Persern lebt der Unterweltsgott Angra Mainyu, der bereits zu einer Art Teufel geworden ist, ebenfalls im Norden:

Zend Avesta, Fargard 19:
Aus der Gegend des Nordens, aus der Gegend des Nordens, stürmte Angra Mainyu hervor, der Tödliche, der Daeva der Daevas.

Daeva = Dämon; ursprünglich Gott (deva, deus)

Zend-Avesta Fargad 20:
Beschützt uns vor dem Hassenden, o Mazda und Amenti Apenta!
Stirb, o feindlicher Drug!
Stirb, o Brut des Feindes!
Stirb, o Welt des Feindes!
Fliehe hinfort, o Drug!
Fliehe hinfort zu den Reichen des Nordens,
und gebe niemals mehr dem Tod die lebende Welt des Heiligen Geistes!

Die „Reiche des Nordens" in der vorletzten Zeile kann man, da aus ihnen die Krankheiten und der Tod kommen, als das Jenseits auffassen – wie das germanische Niflheim.

Indogermanen

Die wesentlichen Elemente des Jul-Festes lassen sich als Weiterentwicklung eines älteren Rituals deuten, das auch von anderen Indogermanen bekannt ist:

> - Die Wiedergeburt der Sonne bzw. des Tyr ist das Urbild für die Jenseitsreise der Toten, für die des Königs bei der Krönung und für die des Schamanen-Priesters bei seiner Einweihung. Diese Symbolik findet sich auch bei allen Mysterien.

- Das Opfer eines Herdentieres ist auch ein Bestandteil des Bestattungs-Rituals. Das Opfertier wurde dabei dem (männliche) Toten gleichgesetzt, wodurch dieser die Zeugungskraft des Opfertieres erhielt, wodurch wiederum auf magische Weise die erfolgreiche Wiederzeugung des Toten abgesichert wurde.

- Der Jul-Trunk könnte ursprünglich der Wiedergeburts-Trunk im Jenseits gewesen sein, der symbolisch dem auf die Wiederzeugung und die Wiedergeburt folgenden „Wieder-Stillen" durch die Muttergöttin entspricht.

- Die Geschenke könnten schließlich dem Fortgeben des eigenen Besitzes vor der Jenseitsreise entsprechen, die ein symbolisches Loslassen des Diesseits waren. Die anschließenden Gegen-Geschenke würden dann den Geschenken entsprechen, die der Jenseitsreisende nach seiner Rückkehr ins Diesseits erhielt. Dieses Motiv ist vor allem ein wichtiges Element in dem altindischen Prajapati-Ritual gewesen.

<u>Göbekli Tepe</u>

Schon in den Tempeln von Göbekli Tepe ist die Nordseite des Tempels und die Nordseite der Pfeiler in den Tempeln die Jenseits-Richtung.

VIII   Der Nordosten

VIII 1.   Der Nordosten in der germanischen Überlieferung

VIII 1. a)   Der Name des Nordost-Windes

Über die Himmelsrichtung „Nordost" ist nur der Name bekannt: „land-nordr", was wörtlich „Diesseits des Nordens" oder „Landseite des Nordens" bedeutet. Der Nordost-Wind müßte entsprechend den anderen Wind-Namen „land-nordingr" heißen.

VIII 1. b)   Zusammenfassung

Eine mythologische Bedeutung des Nordostens ist nicht bekannt.

227

IX Das Himmelsrichtungs-Mandala

IX 1. Das Himmelsrichtung-Mandala in der germanischen Überlieferung

Dieses Mandala wird nirgendwo vollständig beschrieben, aber es läßt sich aus den verschiedenen Beschreibungen der Himmelsrichtungen und den Assoziationen zu ihnen rekonstruieren. Es ist keineswegs sicher, daß die Germanen die Vorstellung von einem solchen Mandala gehabt haben, aber es ist recht deutlich, daß sie feste Vorstellungen darüber gehabt haben, was sich in mythologischer Hinsicht in welcher Richtung befindet. Es gab folglich eine festgelegte „mythologische Geographie".

Dieses Mandala setzt sich aus Bausteinen in den bisherigen acht Kapiteln dieses Buches zusammen.

IX 1. a) Heutiger Kindervers

Es gibt einen alten Kindervers über die Himmelsrichtungen, der z.T. noch heute gesprochen wird und der die Himmelsrichtungen anhand des Sonnenstandes definiert:

„Im Osten geht die Sonne auf,
im Süden steigt sie hoch hinauf,
im Westen will sie untergeh'n,
im Norden ist sie nie zu seh'n."

IX 1. b) Hyndla-Lied

In diesem Lied wird gesagt, daß der Himmel vier Ecken hat – die sicherlich den vier Himmelsrichtungen entsprechen:

Hyndla (Hel):
„In den alten Zeiten war der edelste von allen Ali,
vor ihm Halfdan, der erste der Skiöldungen;
berühmt sind die Schlachten, die der Held focht,
bis in die vier Ecken des Himmels wurde die Kunde seiner Taten getragen."

IX 1. c)   Gylfis Vision

In der folgenden Mythe wird über die vier Himmelsträger-Zwerge berichtet:

Aus dem Blut, das aus Ymirs Wunden geflossen war, machten sie das Weltmeer, festigten die Erde darin und legten es im Kreis um sie her, also daß es die meisten unmöglich dünken mag, hinüber zu kommen.
Sie nahmen auch Ymirs Hirnschädel und bildeten den Himmel daraus, und erhoben ihn über die Erde mit vier Ecken oder Hörnern, und unter jedes Horn setzten sie einen Zwerg; die heißen Austri, Westri, Nordri, Sudri.

Die vier Zwerge befinden sich somit an den vier Kardinalpunkten am Rand der Welt und tragen den Himmel, den die Asen aus dem Schädel des Urriesen Ymir erschaffen haben.

Die vier Zwerge befinden sich jeweils „unter einem Horn", d.h. sie sind „gehörnte Zwerge". Dies wird ein Hinweis auf das bei Bestattung geopferte (meist gehörnte) Herdentier sein.

Es ist allerdings auch möglich,, daß mit „Horn" einfach eine „Ecke" des Himmels gemeint ist – auch wenn die Horizont-Linie ein Kreis ist. Die vier „Ecken" wären dann die vier Himmelsrichtungen.

IX 1. d)   Das Sonnensymbol

Bereits in den germanischen Felsritungen in Skandinavien, die aus der Zeit zwischen ca. 1800 und 500 v.Chr. stammen, ist das Motiv des viergeteilten Sonnenrades gut bekannt. Dies läßt vermuten, daß die Germanen wie so gut wie alle Völker die Himmelsrichtungen anhand des Sonnenlaufes definiert haben – eine andere Möglichkeit hat es vor der Erfindung des Kompasses auch nicht gegeben.

229

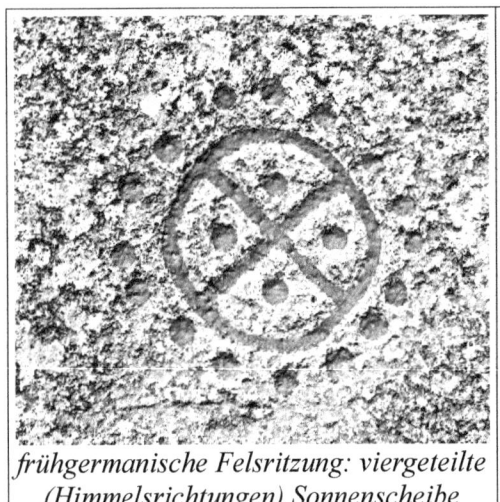

frühgermanische Felsritzung: viergeteilte
(Himmelsrichtungen) Sonnenscheibe
ca. 1.800 v.Chr.

zwei frühgermanische Felsritzungen:
Sonnenscheiben
ca. 1800 v.Chr.

IX 1. e)   Das Hügelgrab von Kivik

Auch in diesem um ca. 1000 v.Chr. errichteten Hügelgrab findet sich die viergeteilte
Sonnenscheibe:

zwei Sonnenscheiben und Wasserwellen
(Wasser-Unterwelt); die Zweizahl bezieht
sich vermutlich auf den Sonnenaufgang
und den Sonnenuntergang

zwei Sonnenscheiben unter den beiden
Jenseitstoren im Osten und im Westen

IX 1. f) Die Saga über Olaf Tryggvason

Diese Saga ist bereits in den Kapiteln über die vier Haupthimmelsrichtungen angeführt worden:

Als er in die Nähe des Landes kam, zog er im Norden Islands herum zu der Westseite des Landes, wo er sah, daß all die Berge und Hügel voller Schutzgeister waren – einige groß, andere klein. Als er zum Vapnafjord kam, näherte er sich dem Land und hatte vor, dort an Land zu gehen, aber dort stürzte ihm ein riesiger Drache mit einem Gefolge von Schlangen, Fröschen und Kröten entgegen, die ihm Gift entgegenspien.

Da wandte er sich nach Westen und umkreiste die Insel bis hin nach Eyjafjord und schwamm in diesen Fjord hinein. Da flog ihm ein Vogel entgegen, der so groß war, daß seine Flügel über die Berge auf beiden Seiten des Fjordes reichten. Er wurde von vielen anderen großen und kleinen Vögeln begleitet.

Da schwamm er noch weiter nach Westen und dann nach Süden bis in den Breidafjord. Als er den Fjord schwamm, stürmte ihm ein grauer Stier entgegen und brüllte fürchterlich. Ihm folgte eine Schar von Landgeistern.

Von dort schwamm er weiter um die Insel herum bis nach Raykjanes und wollte in Vikarsskeid an Land gehen, doch dort stürzte ihm ein Bergriese mit einem eisernen Stab in den seinen Händen entgegen. Er war einen Kopf größer als die Berge und viele andere Riesen folgten ihm.

heutige isländische Münze

Der Magier schwamm in seiner Wal-Gestalt ostwärts an der Küste entlang, wo, wie er berichtete, nichts außer Sand und weites Ödland zu sehen war und wo außerhalb der Schären die Brandung hoch emporschäumte. Das Meer zwischen den Ländern war so breit, daß man es mit einem Langschiff nicht überqueren konnte.

Zu dieser Zeit lebte Brodhelge in Vapnafjord, Eyjolf Valgerdson in Eyjafjord, Thord Geller in Breidafjord und Thorod Gode in Olfus.

Da wandte der dänische König Harald seine Flotte und segelte zurück nach Dänemark.

IX 1. g) Jahreszeiten

Mit dem Tageszeiten lassen sich auch die Jahreszeiten gleichsetzen, da beide vom Sonnenlauf abhängig sind. Dadurch ergibt sich auch eine Verbindung zu den Himmelsrichtungen:

231

Das Mandala der Himmelsrichtungen				
Richtung	*Osten*	*Süden*	*Westen*	*Norden*
Sonne	Aufgang	Hochstand	Untergang	- - -
Tag	Morgen	Mittag	Abend	Nacht

IX 1. h) Der Lebenslauf eines Menschen

Auch der Lebenslauf eines Menschen fügt sich mühelos in dieses Mandala ein:

Das Mandala der Himmelsrichtungen				
Richtung	*Osten*	*Süden*	*Westen*	*Norden*
Sonne	Aufgang	Hochstand	Untergang	- - -
Tag	Morgen	Mittag	Abend	Nacht
Leben	Geburt	Leben	Tod	Jenseits

IX 1. i) Der Göttervater

Auch die Mythen des alten Göttervaters Tyr und des neuen Göttervaters Odin lassen sich in dieses Mandala eingliedern.

Das Mandala der Himmelsrichtungen				
Richtung	*Osten*	*Süden*	*Westen*	*Norden*
Sonne	Aufgang	Hochstand	Untergang	- - -
Tag	Morgen	Mittag	Abend	Nacht
Leben	Geburt	Leben	Tod	Jenseits
Göttervater	Wiedergeburt	Diesseits	Tod	Jenseits
Tyr	Rückkehr des Schwertes	Schwertgott Tyr	Schwert zerbricht	Neuschmieden des Schwertes; der Riese Hymir/Thiazi/Mimir
Odin	Fallen vom Weltenbaum	Göttervater im Diesseits	Hängen am Weltenbaum	Schamane im Jenseits

232

IX 1. j) Die Tiere im Mandala

Durch drei Strophen des Sonnenliedes, durch die vier Wächter Islands, das Sonnen-Lied sowie die Olaf-Saga sind auch einige Zuordnungen von Tieren zu diesem Mandala bekannt:

Das Mandala der Himmelsrichtungen				
Richtung	*Osten*	*Süden*	*Westen*	*Norden*
Sonne	Aufgang	Hochstand	Untergang	- - -
Tag	Morgen	Mittag	Abend	Nacht
Leben	Geburt	Leben	Tod	Jenseits
Göttervater	Wiedergeburt	Diesseits	Tod	Jenseits
Tyr	Rückkehr des Schwertes	Schwertgott Tyr	Schwert zerbricht	Neuschmieden des Schwertes; der Riese Hymir/ Thiazi/Mimir
Odin	Fallen vom Weltenbaum	Göttervater im Diesseits	Hängen am Weltenbaum	Schamane im Jenseits
Sonnenlied	(der Adler-Riese Hraesvelgr?)	von zweien am Zaum geleiteter Sonnenhirsch	Drachen des Wahns	sieben Söhne der Nüchternheit
Saga über Olaf Trygg-vason	Riese	Stier und Pukis (Landgeister)	Großer Vogel (Riesen-Adler?)	Drache

IX 1. k) Die vier Himmelsträger

Die vier Zwerge „Austri" („Östlicher"), „Sudri" (Südlicher"), „Westri" („Westli-cher") und „Nordri" („Nördlicher") stehen am Rand der Welt auf dem ringförmigen Utgard-Gebirge, der das Weltmeer umgibt, in dessen Mitte die Insel Midgard liegt, und tragen den Himmel, d.h. den Schädel des Urriesen Ymir.

Sie sind die Kinder des ehemaligen Göttervaters Tyr und der Jenseitsgöttin, die in den Mythen als Gefion, Freya und Huldar erscheint. Sie wurden manchmal als Zwer-ge und manchmal als Riesen aufgefaßt, aber stets als Jenseits-Wesen.

Ihre Kategorisierung als Erd-Zwerge aus der Sippe des Durin ist sicherlich eine recht neue Systematisierung.

Diese vier Zwerge sind möglicherweise gehörnt – entweder mit dem Geweih von Hirschen oder mit den Hörnern von Stieren. Hirsch und Stier waren die Opfertiere des Göttervaters Tyr. Auch die Hörner kennzeichnen diese vier Zwerge als Jenseitswesen, da die Toten bei ihrer Bestattung mit dem für sie geopferten Herdentier, das meistens gehörnt war, identifiziert wurden.

Als Hirsche und als die Zwerge, mit denen sich Freya vereinte, um von ihnen ihren goldenen Halsreif Brisingamen zu erhalten (eine Umdeutung der ursprünglichen Mythe) haben die vier Himmelsträger ebenfalls Namen.

Aufgrund einiger Zusammenhänge zwischen diesen drei Gruppen von Namen läßt sich eine Zuordnung herstellen, die allerdings nicht ganz sicher ist:

- Mit dem Sonnenaufgang im Osten sollte die Stärke des wiedergeborenen Sonnengott-Göttervaters Tyr verbunden sein: Durathror und Berling.

- Sudri wird dem Feuer der Sonne („Dunneir") und dem All-König („All-frigg") Tyr entsprechen.

- Mit dem Sonnenuntergang im Westen ist das Alter („Grer") und das Sterben („Dain") verbunden.

- Der Norden entspricht dem Tod („Dwalin").

Die Namen der vier Himmelsträger

Thema	Osten	Süden	Westen	Norden
Sonnenstand	Morgen = (Wieder-)Geburt	Mittag = Leben, Stärke	Abend = Tod	Nacht = Jenseits
vier Zwerge, die Ymirs Schädel tragen	Austri – Östlicher	Sudri – Südlicher	Westri – Westlicher	Nordri – Nördlicher
vier Hirsche unter dem Weltenbaum	Durathror – Schlummer-Kämpfer	Dunneir – der über das Feuer geht	Dain – Gestorbener	Dwalin – Schlafender
vier Zwerge, mit denen sich Freya vereint	Berling – Bären-Mann	Alfrigg – All-König	Grer – Grauer	Dvalin – Schläfer

Die Geschichte über die Erschaffung der Midgard-Insel wurde auf die Erschaffung der Insel Seeland übertragen. In dieser Mythe helfen vier Stier-Riesen der Gefion auf ähnliche Weise wie die vier Hirsch-Zwerge den Asen bei der Erschaffung des

Himmels geholfen haben.

Die vier Riesen sind ein relativ häufiges Motiv in den mittelalterlichen Helden-sagen, was zeigt, wie tief verwurzelt das Motiv der vier Himmelsträger gewesen sein muß.

IX 1. l) Die vier Himmelsrichtungen

Über die vier Himmelsrichtungen sind die folgenden „mythologischen Merkmale" bekannt:

<u>Osten</u>

Der Osten ist vor allem der Ort, an dem die Riesen wohnen: Tyrs Vater Hymir (Tyr als Riese im Jenseits), der zauberkundige Tyr-Riese Gudmund, die Tyr-Riesen Geir-röd, Gusir, Hrym und Muspel sowie der Bergriese, der das Ostviertel von Island beschützt. Dieser Ost-Riese wurde auch als „Finnen-König" angesehen.

Dort im Osten steht auch der Tempel des Tyr-Riesen, aus dem Thor bzw. die Wikinger-Helden nach und nach seinen Kessel, sein Auerochsen-Trinkhorn und sein magisches Geier-Ei rauben.

Der Kampf des Thor gegen diese Riesen ist der Kampf des Göttervater-Sohnes gegen seinen Vater, den er absetzt und an seiner Stelle die Macht ergreift. Um 500 n.Chr. ist dabei der junge Thor an die Stelle des früheren jungen Tyr getreten.

Im Osten der Hel-Halle liegt das Hügelgrab der Wala und auch das Hügelgrab eines Helden. Da Thor im Osten gegen den Tyr-Riesen kämpfte, konnte man auch dort das Jenseits vermuten. Aus diesem Grunde kommen von dort manchmal auch ein Adler und ein Rabe, um die Leiche eines gefallenen Helden zu fressen. Auch die Mistel, mit der Baldur getötet wurde, wuchs im Osten von Walhalla.

Die Anweisung, daß man Heilrunen auf die Äste an der Ostseite von Bäumen schreiben soll, ist vermutlich eine Assoziation zum Sonnenaufgang, der die Symbolik der Wiedergeburt und somit auch der Stärkung hat.

Dort im Osten ist auch die Wiedergeburts-Göttin als Wiederzeugungs-Geliebte des Odin zu finden, die dort „Schneeweiß-Goldschöne" heißt. Diesen Namen trägt auch Tyrs Mutter – aus ihr wurde später Schneewittchen.

Es könnte sein, daß „Ostara" („Östliche") ein Beiname dieser Göttin gewesen ist – aber das ist recht unwahrscheinlich.

Gerdr ist einst die Wiedergeburts-Mutter des ehemaligen Sonnengott-Göttervaters Tyr gewesen, der am Morgen im Osten am Horizont in seinem von zwei Schimmeln mit goldenen Hufen, Mähnen, Schweifen und Zähnen (Alcis) gezogenen Sonnen-Streitwagen erscheint und sein Sonnenschwert und seinen Sonnenschild in seinen Händen hält und seinen Goldhelm auf seinem Kopf trägt (siehe dazu den Band 12 über die Alcis, den Band 3 über Tyr sowie das Kapitel „Sonne" in Band 48).

Manchmal werden von den Nornen die Schicksalsfäden von Osten nach Westen entsprechend dem Sonnenlauf gesponnen: der Osten ist die Geburt und der Westen der Tod. Allerdings gibt es auch noch einen dritten Faden nach Norden.

Im Osten trägt der möglicherweise gehörnte Zwerg Austri den Himmel. Er kann auch die Gestalt eines Riesen, eines Stier oder eines Hirsches haben. Er ist identisch mit dem Hirsch Durathror und mit dem Zwerg Berling, der einer der vier Geliebten der Freya ist. Er ist der Sohn der Gefion/Freya/Huldar und des Tyr-Riesen.

In der Welt des Sonnenaufgangs im Osten ist Tyr als Hymir (= der Urriese Ymir) der König der Riesen.

Süden

Der Süden ist die Richtung, in der die Sonne am Mittag am höchsten steht und daher am stärksten ist. Daher ist der Süden die Richtung der Sonne.

Die Südhälfte der Welt ist das heiße Muspelheim, die Nordhälfte ist das kalte Niflheim.

Dort befindet sich im Himmel in dem Bereich „Okolnir" („Nie-kalt") oder „Alfheim" („Alfen-Heim") und die Halle „Gimle" („Alter" oder „Adler"). Diese schönste aller Hallen mit Gold gedeckt und strahlt heller als die Sonne. In ihr leben die Lichtelfen, d.h. die Menschen, die ein gutes Jenseits verdient haben. Diese Halle übersteht den Ragnarök.

In Gimle und im Süden allgemein herrscht der Tyr-Riese, der Surtur oder Muspel genannt wird. Surtur trägt das flammende Sonnenschwert des ehemaligen Göttervaters, Sonnengottes und Schwertgottes Tyr.

Diese Halle im Süden wurde auch „Bierhalle des Brimir" genannt.

Der Süden ist auch die Richtung des Sommergottes Baldur – der Norden wurde mit Njördr assoziiert.

Da Tyr als Göttervater auch ein Gerichtsgott ist, schwur man u.a. „bei der südlichen Sonne" und „bei dem Bett des Sigtyr" (Bett = Hügelgrab).

Die Eingänge fast aller Hallen, Tempel und Hügelgräber weisen nach Süden – zu der Sonne und zu dem ehemaligen Göttervater Tyr.

Anscheinend hatte man die Ansicht, daß nachts verstorbene Tote in das üble Niflheim-Jenseits im Norden gelangten und am Tage verstorbene Tote in das gute Muspelheim-Jenseits im Süden. Daher wurden Hinrichtungen stets Mittags durchgeführt. Möglicherweise galt der Mittag auch als die Zeit des Tyr und somit der Gerechtigkeit.

Auch die Walküren wurden manchmal in die Üblen aus dem Norden und in die Guten aus dem Süden eingeteilt.

Möglicherweise wurde das Adjektiv „südlich" auch im Sinne von „in seiner vollen Kraft stehend" gebraucht – aber das ist nicht sicher.

Island wurde im Süden von einem Stier beschützt. Auch der Hirsch war ein Tier des Südens, der in Ritualen oder Prozessionen von zwei Männern geführt wurde. Stier und Hirsch sind die beiden Opfertiere für den ehemaligen Göttervater Tyr gewesen.

Der möglicherweise gehörnte Zwerg Sudri trägt die Himmelskuppel im Süden. Er kann auch als Stier erscheinen und er ist mit dem Hirsch „Dunneir" („der über Feuer geht") und dem Zwerg „Allfrigg" („All-König") identisch. Er ist der Sohn des Tyr-Riesen und der Göttin Gefion/Freya/Huldar.

In dieser warmen Welt im Süden ist Tyr als Alberich („Alfen-König") oder als Feuer-Riese (Surtur, Muspel) der König.

Westen

Der Westen ist der Ort des Sonnenunterganges und daher wie der Norden eine Richtung des Todes, d.h. des Einganges in das Totenreich. Daher findet sich auch der Galgen im Westen.

Das Tor der Halle des Odin blickt nach Westen. Über ihm befindet sich ein Wolf, der der Jenseitsführer ist, und ein Adler, der der Seelenvogel des Göttervaters ist.

Dieser Adler-Seelenvogel des Tyr bzw. später des Odin ist als „großer Vogel" auch der Beschützer des Westviertels von Island.

Im Westen ist auch der am Abend bzw. im Herbst gestorbene Göttervater selber als Riese zu finden. In einer Saga trägt er noch den Tyr-Beinamen „Utgardloki" und in einem Lied wird er „Hymir" (Tyrs Vater bzw. Tyr als Jenseits-Riese) genannt.

Da die Totengeister oft als Schlangen oder Drachen aufgefaßt wurden, kann man bei Reisen in den Westen auch Begegnungen mit Drachen erwarten.

Dort im Westen am Eingang zur Unterwelt ist auch die Wiedergeburts-Göttin zu finden, die in dieser Richtung den Namen „Rindr" trägt. Sie gebiert dem Odin den Sohn Wali (Boe), den Rächer des Baldur.

Der Himmelsträger in dieser Richtung ist der möglicherweise gehörnte Zwerg Westri, der mit dem Zwerg Grer (einem der vier Geliebten der Freya), mit dem Hirsch Dain und mit einem der vier Stier-Söhne der Gefiun identisch ist. Er ist der Sohn des Tyr-Riesen im Jenseits und der Göttin Freya-Gefion-Huldar.

In der Welt des Sonnenunterganges im Westens ist Tyr als mächtiger Riese und Vater des jungen Tyr (Utgard-Loki) der König.

Norden

Der Norden ist zunächst einmal die kalte, eisige Himmelsrichtung.

Dort befinden sich die Nidaberge von Niflheim und in diesem liegt die Halle der Hel: die Unterwelt, in der die Toten wohnen.

Im Norden findet sich auch der Brunnen der Nornen, der Brunnen des Mimir und Hvergelmir, die Quelle aller mythischen Flüsse – diese drei Quellen bzw. Brunnen werden miteinander identisch sein.

Am Nordpol auf der Erdachse steht der Weltenbaum.

Die Herrscherin dieser Totenwelt ist Hel. Als Todes- und Kriegsgöttin ist auch die Thorgerdr Hölgabrudr („Braut des Helgi"), die mit der Göttin Gerdr Freyr-Braut sowie den drei Walküren Swawa, Sigrun und Kara (den drei Bräuten des Helgi) identisch ist. An der Stelle der drei Walküren können auch sechs wohnende Walküren oder neun, schwarzgekleidete Walküren auf Rappen erscheinen, die im Norden wohnen.

Sie kann auch als die Göttin Huldar erscheinen, die die Königin aller „Unholde des Nordens" ist.

Auch die Seherinnen sind mit dieser Richtung verbunden, da diese ihr Wissen durch die Jenseitsgöttin erhalten (siehe „Seherinnen" in Band 58).

Im Norden ist auch der Wohnort des Gottes Njörd, des Troll-Königs Skelking, des Königs Loge und des christlichen Teufels – ihr Ursprung ist der Tyr-Riese im winterlichen Jenseits.

Im Norden liegt manchmal auch die Jenseitsinsel und auf dieser die Hügelgräber, in denen die Totengeister als Schlangen oder Drachen wohnen.

Im Norden trägt der Zwerg Nordri die Himmelskuppel, die die Asen aus dem Schädel des Urriesen Ymir gefertigt haben. Nordri trägt möglicherweise Hörner – entweder die eines Stieres oder eines Hirsches. Er ist vermutlich mit dem Zwerg bzw. Hirsch Dwalin identisch sowie mit einem der vier Stier-Söhne der Göttin Gefion und des Tyr-Riesen. Dwalin ist auch einer der vier Zwerge, mit denen sich Freya vereint, was vermutlich eine Variante der vier Söhne der Gefion ist, da auch Freya die Frau bzw. Geliebte des Göttervaters ist.

Der Göttervater ist als Mimir auch der Herr des Brunnens im Norden unter den Wurzeln des Weltenbaumes. Dieser Brunnen ist auch der Eingang ins Jenseits. Dort hat Odin eines seiner Augen geopfert, um dann mit seinem blinden, also „toten" Auge im Totenreich sehen zu können.

Odin trinkt aus dem Mimir-Brunnen, um weise zu werden und von dort kommen auch die „sieben Söhne der Nüchternheit" mit dem „Met vom Brunnen des guten Gottes (Tyr-Mimir)".

Die beiden Götter Ullr (siehe Band 11) und Njörd (siehe „Njörd" in Band 10), die beide „Tyr in der Unterwelt" sind, wurden auch mit dem Norden assoziiert.

In dieser kalten Welt im Norden ist der Tyr als Jenseits-Riese (Thiazi, Hrungnir,

238

Geirröd, Thrym usw.) der König.

IX 1. n)   Die Saga über Thrond von Gate

Der einzige Hinweis auf eine Verwendung eines viergeteilten Mandalas im Ritual findet sich in der Saga über den Wikinger Thrond von Gate.

In dieser Saga wird eine Totenbeschwörung beschrieben, in der ein großes Feuer eine wichtige Rolle spielt. Vermutlich geht das Feuer in diesem Ritual auf die Auffassung des Feuers als Jenseitstor zurück, die durch die Bestattungsfeuer entstanden war.

Während auf den Hügelgräbern Jenseitsfeuer brannten, die anscheinend von den Toten selber in Gang gesetzt wurden, entzündeten in diesem Ritual die Lebenden die Feuer, damit die Toten zu ihnen kamen. In beiden Fällen ist das Feuer das Tor zwischen den beiden Welten.

Das in der Thrond-Saga beschriebene Arrangement bei der Beschwörung der Toten ist leider nicht so deutlich wie man es sich wünschen könnte.

Thrond ließ ein großes Feuer in dem Feuerhaus entfachen und ließ vier Latten aufstellen, eine in jeder Ecke; er zeichnete weiterhin von den Latten ausgehend neun Quadrate (auf den Boden). Dann setzte er sich auf einen Hocker zwischen das Feuer und die Latten und befahl den Männern, daß keiner von ihnen zu ihm sprechen sollte, und sie taten wie ihnen geheißen wurde.

So saß er einige Zeit und nach einer Weile kam ein Mann in das Feuerhaus gegangen; er war triefnaß; sie erkannten ihn als Einar den Southrey-Mann. Er trat an das Feuer und streckte eine kurze Zeitlang seine Hände zu ihm aus, dann drehte er sich um und ging wieder hinaus.

Nach einer Weile kam ein weiterer Mann in das Feuerhaus; er ging ebenfalls zu dem Feuer, streckte seine Hände zu ihm aus und ging dann wieder hinaus. Sie erkannten, daß es Thore war.

Kurz danach kam ein dritter Mann in das Feuerhaus; er war ein großer Mann, ganz voller Blut, und er trug seinen Kopf in seiner Hand; sie alle sahen, daß es Sigmund Brestesson war. Er stand eine Weile an der Feuerstelle und ging dann wieder hinaus.

Danach erhob sich Thrond von seinem Hocker und tat einen tiefen Atemzug und sagte: „Ihr könnt nun sehen, was das Schicksal dieser Männer gewesen ist. Einar verlor als erster sein Leben, zu Tode erfroren oder ertrunken, denn er war der schwächste von ihnen. Und Thore muß als nächster sein Leben verloren haben – und Sigmund muß ihn durchs Wasser gezogen haben, was ihn am stärksten von allen ge-

schwächt haben muß. Aber er muß es völlig erschöpft bis an Land geschafft haben und diese Männer hier müssen ihn erschlagen haben, denn er hat sich uns blutig und kopflos gezeigt."

Thronds Begleiter fanden, daß er wahr gesprochen hatte und daß sich die Dinge so ereignet haben mußten wie er sagte.

Das „Feuerhaus" ist der große Wohnraum an einem Ende der germanischen Langhäuser. Das „große Feuer" wird wohl das Feuer in der Mitte des Wohnraumes sein. Die „Latten" in den vier Ecken müssen zusammen mit dem Feuer folglich in etwa wie die Punkte der „5" auf einem Würfel angeordnet gewesen sein.

Diese Latten haben möglicherweise die vier Himmelsrichtungen dargestellt. Vielleicht haben sie auch den vier Zwergen Austri, Westri, Nordri und Sudri entsprochen, die den Schädel des Urriesen Ymir, also die Himmelskuppel in den vier Himmelsrichtungen trugen. Da die vier Himmelsrichtungen allgemein mit der Sonne und dem Sonnengott verbunden waren, weil man die Richtungen nur anhand des Sonnenstandes erkennen konnte, könnten diese vier Latten ein Hinweis auf die Hilfe des Sonnengott-Göttervaters Tyr bei dieser Zeremonie sein – was allerdings nur eine recht vage Vermutung ist.

Die in der Saga beschriebenen neun Quadrate können eigentlich nur ein Gitter von drei Reihen und drei Zeilen gewesen sein. Die „3" war bei den Germanen und allgemein bei den Indogermanen die Zahl des endlosen Zyklus und somit der Sonne, während die „9" die Zahl der Unterwelt gewesen ist. Der Sitzplatz des Thrond, der die Toten beschwört, wird vermutlich vor dem Hauptpfosten des Langhauses gewesen sein, da dieser Pfosten den Weltenbaum repräsentierte, in dem die Ahnen des Hausherrn und seiner Sippe wohnten. Dieser Mittelpfosten war daher der „Kraftplatz" in einem germanischen Langhaus und der Sitz vor ihm sozusagen der „Thron".

Das in der Thrond-Saga beschriebene Arrangement für die Totenbeschwörung könnte wie in der folgenden Graphik ausgesehen haben. Links befindet sich der Wohnraum, in der Mitte die Diele und rechts die Ställe und die Lagerräume.

germanisches Langhaus

240

In der Saga beschwor Thrond die Toten, die seine Freunde gewesen und bei einem Seeunglück gestorben waren. Thrond beschwor sie, um die Wahrheit über die Todesumstände der Männer herauszufinden, da es den Verdacht gab, daß einer von ihnen ermordet worden war, nachdem er bereits das Land erreicht hatte.

Diese Totenbeschwörung ist weitaus weniger dramatisch als die Beschwörung des Angantyr in der Hervor-Saga. Sie hat eher den Stil einer Traumreise, also einer absichtlich herbeigeführten Vision. Es muß sich aber um eine richtige Totenbeschwörung gehandelt haben, da sonst die anderen Männer in dem Raum die Toten nicht ebenfalls hätten sehen können.

Der tiefe Atemzug des Thrond am Ende der Beschwörung ist sehr typisch für den Anfang und das Ende einer Traumreise bzw. Vision. Auch die Aufforderung an die Männer, daß sie Thrond nicht ansprechen sollen, klingt sehr nach einer Traumreise oder einer Astralreise.

IX 1. o) Heimskringla

Das Met-Trinken bei der „Krönung" stammt vermutlich daher, daß die Krönungen ursprünglich im Wesentlichen eine Reise in das Jenseits zu dem Göttervater gewesen sind und daher auch die Begrüßung mit einem Horn voll Met enthielten – so wie auch die Toten im Jenseits begrüßt wurden.

Es war zu jener Brauch, daß derjenige unter den Königs- oder Jarls-Söhnen, der ein Erbschafts-Fest gab, auf dem Fußschemel vor dem Hochsitz saß bis der gefüllte Kelch, den man den „Bragafull" nannte, hereinbrachte.

Dann stand er auf, nahm den Bragafull, sprach feierliche Gelübde, die er anschließend erfüllte, und leerte daraufhin den Kelch.

Anschließend stieg er auf den Hochsitz, den er von seinem Vater ererbt hatte und trat so das ganze Erbe seines Vaters an.

Auch bei dieser Gelegenheit hielt man es auf diese Weise. Als der Bragafull hereingebracht wurde, erhob sich König Ingjald, ergriff das große Horn eines Stieres und legte den Eid ab, daß er sein Reich nach allen vier Ecken der Welt um die Hälfte vergrößern oder sterben werde. Und dabei wies er mit dem Horn in alle vier Himmelsrichtungen.

Das Weisen mit dem Horn in die vier Himmelsrichtungen ist eine einfache Geste, um zu zeigen, daß man das eigene Reich nach allen Richtungen hin ausdehnen will. Es ist natürlich auch denkbar, daß diese einfache Geste Vorbilder im Kult und in der Magie gehabt hat, für die allerdings die Totenbeschwörung des Thrond von Gate der einzige halbwegs direkte Hinweis ist.

IX 1. p)   Zusammenfassung

Aus den genannten mythologischen Merkmalen der vier Himmelsrichtungen läßt sich nun ein Mandala bilden.

Diese Merkmale sind hier noch einmal in einer Tabelle aufgeführt.

Das Mandala der Himmelsrichtungen				
Teil 1: Sonnenlauf				
Thema	*Osten*	*Süden*	*Westen*	*Norden*
Sonne	Aufgang	Hochstand	Untergang	- - -
Tag	Morgen	Mittag	Abend	Nacht
Leben	Geburt	Leben	Tod	Jenseits
Urgegen-satz		Muspelheim: Feuer, Licht, Hitze		Niflheim: Eis, Dunkelheit, Kälte
Orte		Okolnir („Nie-kalt"), Alfheim		Jenseitsinsel, Nida-berge, Hügelgräber, Brunnen der Nor-nen, Brunnen des Mimir, Riesenheim
Richtungen als Adjektiv		südlich Walküre = gute Walküren; südlicher Sigurd = in voller Kraft stehender Sigurd (?)		nördliche Walküre = üble Walküre
Nornen-Schicksals-faden	von Ost (Geburt) nach West (Tod), einer nach Norden		von Ost (Geburt) nach West (Tod), einer nach Norden	von Ost (Geburt) nach West (Tod), einer nach Norden
Zeiten und Götter	Sieg des Tyr über Loki	Mittag = Zeit des Tyr (?); 3 Sommer-Monate: Herrschaft des Tyr	Sieg des Loki über Tyr	9 Winter-Monate: Herrschaft des Loki

Zusammenfassung			
Osten	*Süden*	*Westen*	*Norden*
Sonnenaufgang = Frühling = Geburt	Mittag = Sommer = Leben	Sonnenuntergang = Herbst = Tod	Nacht = Winter = Jenseits
wachsen	Hitze, Stärke, gut	schwinden	Schwäche, Kälte, schlecht
Sieg des Tyr über Loki	Herrschaft des Tyr	Sieg des Loki über Tyr	Herrschaft des Loki

Die Qualitäten der Himmelsrichtungen sind vom Sonnenlauf abgeleitet worden.

Das Mandala der Himmelsrichtungen				
Teil 2: Gottheiten, Walküren, Könige u.ä.				
Thema	*Osten*	*Süden*	*Westen*	*Norden*
Götter		Surtur mit flammendem Sonnenschwert, Muspel; Baldur		Mimir, Ullr, Njörd; Teufel
Tyr-Riesen	Hymir Tyr-Vater, Gudmund der Zauberkundige, Geirröd, Gusir, Hrym, Muspel		Utgard-Loki	
Riesen	Riesen			
mythische Könige	Gudmund der Zauberkundige, Gusir der Zauberkundige			Trollkönig Skelking, König Loge
Göttinnen	Odin-Geliebte und Tyr-Mutter „Schnee-weiß-Goldschöne";Gerdr Sonnen-Mutter; Ostara (???)		Rindr	Hel; Thorgerdr Hölgabrudr; Gerdr Freyr-Frau; Huldar, Königin der Unholde des Nordens

243

Walküren		neun gute weiße Walküren auf Schimmeln, sechs Walküren, südliche (gute) Walküren		Swawa, Sigrun, Kara, neun üble schwarze Walküren auf Rappen, sechs Walküren
Seherin				Wala
Wesen		Alfen, Lichtalfen in Alfheim		Riesen in Riesenheim

Zusammenfassung

	Osten	Süden	Westen	Norden
	Tyr-Riese (viele)	Tyr-Riese	Tyr-Riese	Tyr-Riese (Mimir), Trollkönig, Teufel
	Riesen (wenige)			Riesen (viele)
		Baldur		Ullr, Njörd
	Wiederzeugungs-Geliebte		Wiederzeugungs-Geliebte	Wiederzeugungs-Geliebte (viele)
		gute, weiße Walküren		schwarze, üble Walküren
		Alfen		Seherin

Der Tyr Riese wird im Osten von Thor u.a. bekämpft, er herrscht im Süden, er stirbt im Westen und er ist im Norden der Jenseitskönig. Seine Ermordung durch Thor im Osten ist das wichtigste Thema.

Der Wohnort der Riesen sowie der beiden Götter Ullr und Njörd (Tyr in der Unterwelt) allgemein ist der Norden (Totengeister).

Baldur verkörpert den Sommer (Süden), Ullr und Njörd den Winter (Norden). Dies entspricht den guten Walküren im Süden und den üblen Walküren im Norden. Der Süden ist das ersehnte Jenseits (Alfen).

Die Göttin als Wiederzeugungs-Geliebte ist im Norden am häufigsten, im Süden fehlt sie. Der Norden war um 1000 n.Chr. der wichtigste Jenseitsort.

Die Seherinnen brauchen den Kontakt zum Jenseits und finden sich daher im Norden.

Das Mandala der Himmelsrichtungen				
Teil 3: Orte				
Thema	*Osten*	*Süden*	*Westen*	*Norden*
Gebäude	Halle des Hymir, Tempel mit dem Auerochsen-Horn, Tempel mit dem magischen Geier-Ei; im Osten der Hel liegt das Hügelgrab der Wala; Grab eines Helden	goldgedeckte, heller als die Sonne strahlende Halle „Gimle" („Adler") = bestes Jenseits; Bierhalle des Brimir		Hel-Halle, goldene Halle der Zwerge, Hügelgräber
Orientie-rung von Gebäuden		die Eingänge von Hallen, Tempeln und Hügelgrä-bern weisen nach Süden		
Quellen				Brunnen der Nor-nen, Quelle des Mimir, Quelle Hvergelmir
Welten-baum				Yggdrasil
Magie	Heilrunen auf östlichen Ästen			
Zusammenfassung				
	Osten	*Süden*	*Westen*	*Norden*
	Halle/Tempel des Tyr	goldgedeckte Halle „Gimle"; Eingänge der Hallen, Tempel und Hügelgräber meistens im Süden		*Halle der Hel, goldene Halle der Zwerge, Hügelgräber*
	Heilrunen auf östlichen Ästen			

Die Halle des Tyr-Riesen liegt im Osten (Sonnenaufgang, Wiedergeburt) und im Süden (Herrschaft). Alfheim im Süden ist das ersehnte Jenseits der Germanen.

Im Norden liegt die Halle der Hel. Dort befindet sich zwischen den Wurzeln des Weltenbaumes die Quelle der Nornen, die Quelle des Mimir und die Quelle Hvergelmir, die identisch miteinander sein werden. Diese Quelle ist auch der Eingang in die Unterwelt. Dies ist das gefürchtete Jenseits der Germanen.

Das Mandala der Himmelsrichtungen				
Teil 4: Tiere				
Thema	*Osten*	*Süden*	*Westen*	*Norden*
Sonnenlied: Wesen	(der Adler-Riese Hraesvelgr?)	von zweien am Zaum geleiteter Sonnenhirsch	Drachen des Wahns	sieben Söhne der Nüchternheit
Saga über Olaf Tryggvason: Wesen	Riese	Stier	Großer Vogel (Riesen-Adler Hraesvelgr?)	Drache
Opfertiere		Stier und Hirsch = Opfertiere des Tyr		
Tiere	Adler und Rabe kommen von Osten, um Leichen zu fressen		Schlangen und Drachen in Hügelgräbern; Wolf und Adler über Walhallas West-Tor	Schlangen und Drachen in Hügelgräbern
Zusammenfassung				
	Osten	*Süden*	*Westen*	*Norden*
	Adler, Rabe		Riesen-Vogel (Hraesvelgr?)	
		Hirsch (2x)		
		Stier (2x)		
			Drachen (2x)	Drachen (2x) (Schlangen)
	(Riese)			

Die Zuordnung des Hirsches und des Stieres, die die Opfertiere des Tyr sind, der im Süden herrscht, ist sicher.

Ebenso ist die Zugehörigkeit der Schlangen bzw. Drachen zum Norden recht sicher.

Der Westen ist in etwa gleich stark mit dem Riesen-Vogel und mit Schlangen bzw. Drachen assoziiert.

Der Osten hat als sichere Assoziation nur den Riesen und evtl., noch den Adler. Dieser Ost-Riese sollte eigentlich der wiedergeborene ehemalige Göttervater Tyr sein.

Das Mandala der Himmelsrichtungen				
Teil 5: Jenseitsreise				
Thema	*Osten*	*Süden*	*Westen*	*Norden*
Göttervater	Wiedergeburt	Diesseits	Tod	Jenseits
Tyr	Rückkehr des Schwertes	Schwertgott Tyr	Schwert zerbricht	Neuschmieden des Schwertes; der Riese Hymir/ Thiazi/Mimir
			Abbeißen der Hand des Tyr durch Fenrir	
Odin	Fallen vom Weltenbaum	Göttervater	Hängen am Weltenbaum	ein Schamane geworden sein
Baldur	Baldurs Rückkehr	Baldur in Asgard	Baldurs Tod	Baldur in der Hel
Jenseits-reise		Tod am Mittag => in Muspelheim-Jenseits		Tod in der Nacht => ins Niflheim-Jenseits
Dinge	Mistel östlich von Walhalla		Galgen	
Ereignisse	Raubfahrten des Thor und der Wikinger zu der Halle/Tempel des Tyr-Riesen	Eid bei der südlichen Sonne		Odins Augen-Opfer am Mimir-Brunnen
Zusammenfassung				
	Osten	*Süden*	*Westen*	*Norden*
	Wiedergeburt	Diesseits	Tod	Jenseits
		gutes Süd-Jenseits		übles Nord-Jenseits
	Mistel; Thors Kampf gegen den Tyr-Riesen	Eid	Galgen	Odins Augen-Opfer

Die Jenseitsreise orientiert sich am Sonnenlauf. Bei Tyr kommt die Hand- und die Schwert-Symbolik hinzu, bei Odin die Weltenbaum-Symbolik, bei Baldur die Mistel-Symbolik.

Die Mistel im Osten ist ein Symbol für die Wiedergeburt, aber auch für den Tod.

Der Galgen im Westen ist ein Todes-Symbol.

Odins Augen-Opfer in Mimirs-Quelle, die im Norden unter dem Weltenbaum liegt, ist ein Symbol für die Fähigkeit, das Jenseits und die Toten zu können, d.h. für die Jenseitsreise.

Das Mandala der Himmelsrichtungen				
Teil 6: Himmelsträger				
Thema	*Osten*	*Süden*	*Westen*	*Norden*
4 gehörnte Himmelsträger-Zwerge	Austri	Sudri	Westri	Nordri
4 Zwerg-Geliebte der Freya	Berling („Bär")	Allfrig („All-König")	Grer („Grauer")	Dwalin („Schläfer" = „Toter")
4 Hirsche	Durathror („schlafender (toter) Kämpfer")	Dunneir („der über Feuer geht")	Dain („Verstorbener2)	Dwalin („Schläfer" = „Toter")
4 Stiere	Stier, Sohn des Tyr-Riesen und der Gefion	Stier, Sohn des Tyr-Riesen und der Gefion	Stier, Sohn des Tyr-Riesen und der Gefion	Stier, Sohn des Tyr-Riesen und der Gefion
Zusammenfassung				

Der Himmel (Ymirs Schädel) wird in den vier Himmelsrichtungen von je einem möglicherweise gehörnten Zwerg getragen. Diese vier Zwerge können auch die Gestalt von vier Stieren oder vier Hirschen haben. Da dies die Opfertiere des Göttervaters sind, werden sie die Söhne des Göttervaters sein. Ihre Mutter war die Göttin Gefion/Freya/Huldar, die die Wiederzeugungs-Geliebte des Göttervaters gewesen ist.

Dieses Himmelsrichtungs-Mandala auch graphisch darstellen. Das folgende Mandala enthält nur die wichtigsten Motive:

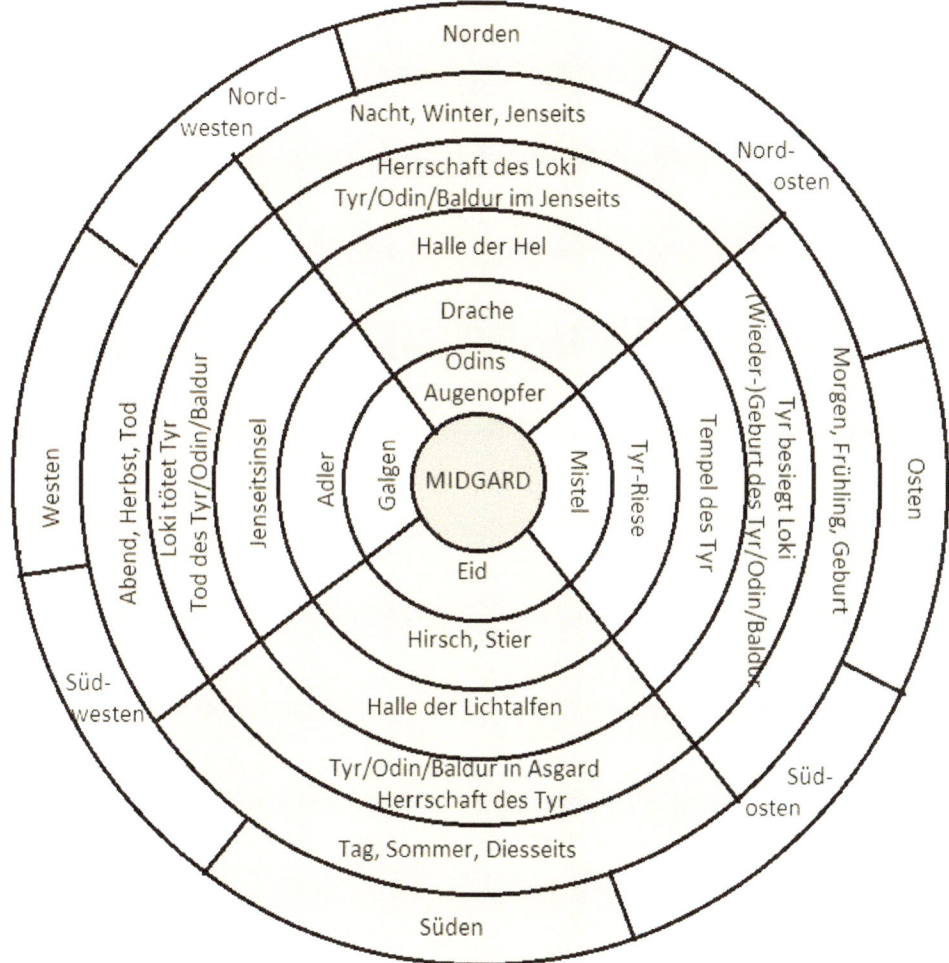

Es hat bei den Germanen zwar keine gezeichneten Mandalas gegeben, aber die vier Himmelsrichtungen haben so deutliche Qualitäten, daß es sozusagen ein unausgesprochenes und ungezeichnetes Himmelsrichtungen-Mandala gegeben.

Die vier Qualitäten dieses Mandalas beziehen sich auf den Sonnenlauf, zu dem die Tageszeiten, die Jahreszeiten, das zyklische Schicksal des Göttervaters und das Leben eines Menschen in Bezug gesetzt wurden.

In diesen Rahmens wurden auch Gottheiten, Wesen, Tiere, Dinge und Ereignisse eingeordnet.

Die Verwendung dieses Mandalas im Ritual ist bei den Germanen zwar denkbar, aber sehr unsicher, da es nur einen einzigen Hinweis auf eine räumliche Vierteilung bei einem Ritual gibt.

IX 2.   Das Himmelsrichtungs-Mandala bei den Indogermanen

Ein solches Mandala ist in gemalter Form lediglich von den Indern bekannt (von ihnen haben es die Tibeter übernommen). Die einzelnen Elemente dieses Mandalas haben jedoch bei den meisten indogermanischen Völkern den mythologischen Hintergrund gebildet.

Die vier Himmelsträger, die den vier Zwergen Austri, Sudri, Westri und Nordri entsprechen, finden sich auch bei einigen anderen indogermanischen Völkern – insbesondere bei den Griechen, Indern und Hethitern (siehe das Kapitel „Himmelsträger" in Band 32).

IX 3.   Das Himmelsrichtungs-Mandala in der Jungsteinzeit

Für die Jungsteinzeit gilt dasselbe wie für die Indogermanen: Die allgemeine räumliche Orientierung und die Qualitäten der Himmelsrichtungen beziehen sich auf den Sonnenlauf und seine Analogien, aber ein Mandala ist nicht bekannt.

Auch einzelne Elemente wie die vier Himmelsträger finden sich auch bei Nicht-Indogermanen wie z.B. in dem mythologischen Weltbild der Ägypter.

IX 4.   Das Himmelsrichtungs-Mandala in der Altsteinzeit

Die Orientierung am Sonnenlauf wird auch schon vom Homo sapiens, der vor 50.000 Jahren von Afrika aus nach Eurasien eingewandert ist, zur Orientierung verwendet worden sein.

Da die Zuordnung von Geburt, Leben, Tod und Jenseits zu den vier Himmelsrichtungen bereits den Aufbau der Tempel von Göbekli Tepe um 10.000 v.Chr. prägt, wird dieses Motiv aus der späten Altsteinzeit stammen.

IX 5. Verse zu dem Himmelsrichtungs-Mandala

Die folgenden Verse sind kein traditioneller, überlieferter Text, sondern eine Neu-dichtungen. Dieser Versuch, den größten Teil der bekannten Informationen über die Himmelsrichtungen in einem Lied in germanischem Stil zusammenzufassen, ist als Meditationshilfe, Anrufung, Ritual-Text u.ä. gedacht.

Er sollte, wenn er verwendet wird, so gekürzt, erweitert und verändert werden, daß er den eigenen Vorstellungen und Absichten entspricht.

Die vier Anrufungen sind genau parallel aufgebaut, d.h. daß z.B. die fünften Stro-phen in den vier Anrufungen dasselbe Thema haben und genauso die vier achten Stro-phen usw. Man kann sich daher auf einfache Weise eine passende Anrufung zusam-menstellen.

Die Themen der jeweils vier parallelen Strophen sind:

   1. die Sonne
   2. Tyr
   3. der blinde Gott (Tyr)
   4. die Himmelsträger-Zwerge
   5. die vier Hirsche
   6. die vier Stiere
   7. die vier verschiedenen Tiere
   8. die Göttin
  9./10. Tyr und Loki
   11. Heimdall und Loki
   12. Njörd und Skadi
   13. der Tyr-Riese
   14. Baldur und Hödur
   15. Odin
   16. die Qualität der Himmelsrichtungen
   17. die Jahreszeiten
   18. das Fest
   19. magisch-mythologische Gegenstände

Anrufung des Ostens

Sonne, steige auf im Osten!
Erschaffe einen neuen Tag!
Scheine, heller Neugeborener!
Strahle auf am klaren Himmel!

Tyr tritt durchs Himmelstor,
öffnet das Tor, beginnt den Tag,
ruft den Frühling in Midgards Täler,
vertreibt das Eis aus Wiesen und Wäldern.

Gestumblindi[1] der Große – willkommen!
Dein Adler-Auge[2] ist geheilt,
Dein Auge erstrahlt in Rindrs Tor[3]
und die Schlangen verlassen ihre Winter-Grube.

Austri, starker Träger von Ymirs Schädel[4]!
Berling Freya-Geliebter, schaue auf mich!
Sohn der Gefion, wecke meine Seele!
Sohn des Tyr, schenke mir Wahrheit!

Durathror, Hirsch an Mimirs Holz[5],
Du Hüter des belebenden Ostens,
Du Helfer bei jedem Beginn am Morgen –
hebe mich empor aus der Dunkelheit!

Bulle vor dem Pflug der blühenden Gyma[6],
Du hast Midgard im Meer befestigt,
Du hast den Menschen ein sicheres Heim bereitet,
Du hast unsere Bitten erhört.

---

1 Gestumblindi = „Blinder Gast" = einst Tyr, später dann Odin
2 Adler = Seelenvogel des Tyr; Auge = Sonne
3 Rindr = Erdgöttin; ihr Tor = Horizont-Tor der Sonne
4 Ymir = Urriese; sein Schädel = Himmel
5 Mimir = Tyr; sein Holz = Weltenbaum
6 Gyma = Erdgöttin

Adler, schütze und behüte unser Haus!
Rabe, wache und behüte unser Heim!
Mistel, segne und behüte uns'ren Hof!
Riese mit dem Eisenstab, behüte uns're Halle!

Göttin des gabenreichen Ostens,
Sonnenmutter Gerdr, allheilende Menglöd,
Schneeweiß-Goldschöne, Met-hütende Gunnlöd –
gebt uns, was wir zum Leben brauchen!

Loki als Falke hängt an der Leimrute,
Tyr hat den Winter im Lenz vertrieben,
nun liegt Loptr gefangen im Hügelgrab,
der Listen-Ase[7] schweigt gefesselt in der Hel.

Gefangen ist Loki in Geirröds Kammer[8],
Verloren hat er das Tafl-Gefecht[9],
Loptr der Lachs ging in sein eigenes Netz:
Grendel[10] der Bär ist erwacht aus seinem Winterschlaf.

Heimdall siegt am Singstein[11]
beißt Robben-Loki[12] auf der Schäre,
vertreibt den Listigen vom Strand,
schenkt die Meeres-Niere[13] Freya.

Njörd und Skadi verlassen Niflheim,
ziehen nach Noatun[14] am Meer,
nahen den Wogen als die Sonne erwacht,
lassen sich nieder an den Klippen.

---

7 Listen-Ase = Loki
8 Geirröd = Tyr; seine Kammer = Grabkammer im Hügelgrab
9 Tafl-Gefecht: Das Tafl-Spiel stellte den Kampf zwischen Tyr und Loki dar.
10 Grendel = Tyr
11 Singstein = Opferstein
12 Robbe; Heimdall und Loki kämpften in der Gestalt von zwei Robben miteinander.
13 Meeres-Niere = Brisingamen
14 Noatun = Schiffs-Stadt = Njörds Wohnort

Tyr in Hymirs Halle[15],
Gusir[16] in Hryms Saal[17],
Bergriese im Osten der Hügel –
hilf mir auf meinem Weg!

Baldurs Wiedergeburt
erfreut Breidabliks Herrin[18],
bunt blüht die Wiese
vor dem Saal des Berühmten.

Odin, kehre zurück aus der Halle der Hel!
Odin, komme zurück aus der Höhle der Hyndla[19]!
Odin, werde wieder Midgards Herrscher!
Odin, hole uns den Mut zum Neubeginn!

Der Osten ist der heitere Hort der Freude:
das Himmels-Tor am Horizont,
der Adler-Hügel[20] des Finnen-Königs[21] –
hier feiern alle den Aufstieg der Sonne.

Das Frühjahr ist die frohe Zeit
des Pflügens und des Eggens,
der Aussaat des Kornes und der Pflanzen,
des Austriebs des Viehs auf die Weiden.

Am Fest der ersten, frischen Blüten,
keimt das Korn auf den Feldern,
kommen Kälber und Fohlen zur Welt,
bitten wir um eine fruchtbare Erde.

---

15 Hymir = Tyr-Riese; seine Halle = Hügelgrab
16 Gusir = Finnen-König = Saga-Variante des Tyr
17 Hrym = Tyr-Riese; sein Saal = Hügelgrab
18 Breidablick = Baldurs Halle; deren Herrin = Baldurs Frau Nanna
19 Hyndla = Hel
20 Adler-Hügel = das Hügelgrab des Tyr als sein Kultplatz; der Adler ist Tyrs Seelenvogel,
   der sich die Opfergaben holt
21 Finnen-König = Tyr

Ich sehe im hellen, heilenden Schein des Ostens
den Tempel des Hymir[22], die Mistel des Loki,
den Kessel im Tempel[23], das Horn auf dem Tisch,
und Heilrunen auf Yggdrasils[24] Zweigen.

Anrufung des Südens

Sonne, starker König im Süden!
Strahle über das grünende Midgard!
Sende uns Dein Muspelheim-Licht[25]!
Wärme uns, Swasuds Sohn[26]!

Mimir steht in Midgards Mitte,
gibt seiner Quelle Fülle den Menschen,
verschenkt die milde Milch der Heidrun[27],
strahlt gar mächtig im warmen Sommer.

Solblindi[28] der Strahlende – willkommen!
Dein goldenes Auge scheint über uns,
Dein sehendes Auge steht hoch am Himmel
und die Schlangen kriechen durch das Gras.

Sudri, starker Träger von Ymirs Schädel!
Allfrigg Freya-Geliebter, schaue auf mich!
Sohn der Gefion, stärke meine Seele!
Sohn des Tyr, schenke mir Kraft!

Dunneir, Hirsch an Mimirs Holz,
Du Hüter des wärmenden Südens,
Du Helfer bei jedem Entfalten am Mittag –
hebe mich empor zu mutiger Tat!

---

22 Hymir = Tyr als Jenseits-Riese
23 Tempel = Tempel des Hymir (Thor hat diesen Kessel geraubt)
24 Yggdrasil = Weltenbaum
25 Muspelheim = der warme Süden
26 Svasuds Sohn = Sommer
27 Heidrun = Ziege am Fuße des Weltenbaumes = Göttin
28 Solblindi = „Sonnen-Blinder" = Tyr

Stier vor dem Pflug der weiten Skadi,
Du hast die große Insel erschaffen,
Du hast den Menschen eine Stätte zum Leben gegeben,
Du hast uns Stärke verliehen.

Grau-Stier, schütze und behüte unser Haus!
Pukis[29], wacht und behütet unser Heim!
Erdgeister, segnet und behütet uns'ren Hof!
Sonnenhirsch des Südens, behüte uns're Halle!

Göttin des allstärkenden Südens,
weiße Walküren, Apfel-schenkende Idun,
goldene Lebensfäden spinnende Nornen –
schenkt uns alles, was wir zum Leben brauchen!

Drei Monde dauert die Macht des Tyr,
der Tanz der Sonne auf Midgards Feldern,
die blumen-gekleidet Früchte tragen,
die Alfen lächeln segnend über den Tälern.

Die Asen treffen sich zum Trink-Fest im Sommer
an der Tafel in der goldene Halle,
an den Tischen im Saal der Sonne:
Tyr der König sitzt auf Gimles Thron[30].

Heimdall ist daheim in Himinbjörg[31],
Freya hält ihr Brisingamen,
Loki wurde vertrieben zur Hel,
und ist nun der Hüter der Leere.

Njörd und Skadi sitzen am Meer,
gewärmt von der Sonne im Süden,
hören die Schreie der Möwen,
riechen die Gischt der See.

---

29 Pukis = Erdgeister
30 Gimle = goldene Halle des Tyr am südlichen Himmel
31 Himinbjörg = „Himmelsburg" = Heimdalls Halle

Gudmund von Glaesisvellir[32],
Surtur im goldenen Gimle,
Muspel, Gebieter des Feuers –
gib mir Rat auf meinem Weg!

Baldur steht am Weltenbaum
nichts bringt ihm Schaden;
Loki befragt Frigg,
sinnt auf Bosheit allezeit.

Odin, lasse Deine Macht auch in uns leuchten!
Odin Zweiauge, sprich zu uns!
Odin, lenke Deine Gunst in unser Heim!
Odin, schenke uns das Feuer der Stärke!

Der Süden ist der Ort der kühnen Kraft:
Die Halle 'Nie-Kalt', wo die Alfen wohnen,
die allen bekannte Bierhalle des Brimir –
hier kann jeder die Sonne am Himmel sehen.

Der Sommer ist die stärkende Zeit
der Ernte des sprießenden Grases,
des Hütens des streunenden Herden,
des Bauens von Höfen und Ställen.

Am Fest der strahlenden Sonne
läßt Freya die Felder fruchtbar werden
und auch das Vieh und die Menschen,
danken wir Freyr für unser Leben.

Ich sehe im strahlend-warmen Süden
das flammende Sonnen-Schwert,
den goldenen Schild des Surtur[33]
und den hohen Saal in Muspelheim.

---

32 Gudmund von Glaesisvellir = „Gut-Hand vom Glanz-Gefilde" = Tyr im Jenseits
33 Surtur = Tyr-Riese

Anrufung des Westens

Sonne im Schatten-Reich des Westen!
Strahlend ist Dein Abendrot!
Schreite durch das Seelenweg-Tor!
Versinke in den Wassern der Ran[34]!

Arngrim[35] gibt Antwort am Adler-Hügel,
wenn Priester den Alfen-König rufen,
wenn die Alten Alberich[36] ehren,
wenn Sifs[37] Ähren reifen im Herbst.

Vidblindi[38] der Weise – willkommen!
Dein sterbendes Auge verschließt sich,
Dein müdes Auge wird dunkel und schwarz
und die Schlangen werden langsam im Hain.

Westri, starker Träger von Ymirs Schädel!
Grer Freya-Geliebter, schaue auf mich!
Sohn der Gefion, leite meine Seele!
Sohn des Tyr, schenke mir Liebe!

Dain, Hirsch an Mimirs Holz,
Du Hüter des klärenden Westens,
Du Helfer bei jeder Ernte am Abend –
hebe mich empor aus dem Verzagen!

Ochse vor dem Pflug der Ödnis-feindlichen Mona[39],
Du hast die Wogen dem Land geöffnet,
Du hast die Opfer der Menschen angenommen,
Du hast uns günstige Omen gesandt.

---

34 Ran = Meeresgöttin
35 Arngrim = „Adler-Maskenhelm" = Tyr im Jenseits
36 Alberich = „Alfen-König" = Tyr als Totengott
37 Sif = Korngöttin
38 Vidblindi = „weiser Blinder" = Tyr
39 Mona = Erdgöttin

Wolf, schütze und behüte unser Haus!
Drache, wache und behüte unser Heim!
Schlangen, segnet und behütet uns'ren Hof!
Adler Hraesvelgr[40], behüte uns're Halle!

Göttin des wohlwollenden Westens
Wiederzeugungs-Geliebte Rindr[41],
weise Freya, Asen-Königin Frigg –
gewährt uns alles, was wir zum Leben brauchen!

Loki ringt den Regin[42] nieder,
Der Tafl-König[43] rudert zur Hel,
Die Zeit des Lichtes schwindet,
Das Sonnenschiff naht den Wogen des Westens.

Tyrfing[44] Wunden-Schläger ist verwundet[45],
Loptr hat Hrungnir[46] überwunden –
Die Asen kommen zu Ägirs[47] Unterwelt-Fest:
Wieland der Schmied leidet an schweren Wunden[48].

Loki singt den Galdr[49] der Gier,
und raubt Rigr[50] Gefions Reif[51],
entkommt ins Reich der Gischt[52],
Kummer ist nun Freyas Gut.

---

40 Hraesvelgr = „Leichen-Reißer" = Tyrs Adler-Seelenvogel
41 Rindr = Erdgöttin
42 Regin = König = Götterkönig = Tyr
43 Tafl = Brettspiel, das den Kampf zwischen Tyr und Loki darstellt; Tafl-König = Tyr
44 Tyrfing = „Tyrfinger" = Tyrs Schwert
45 Tyrfing zerbricht am Abend
46 Hrungnir = Tyr im Jenseits
47 Ägir = Tyr im Jenseits
48 Wieland = Tyr im Jenseits; seine Wunden: Loki-Nidud hat Tyr-Wieland die Kniesehnen
    durchtrennt
49 Galdr = Zaubergesang
50 Rigr = „König" = Tyr-Heimdall
51 Gefion = Göttin = Freya; ihr (Hals-)Reif = Freyas Halsreif Brisingamen
52 Reich der Gischt = Meer

Njörd und Skadi nahen den Bergen,
Nid-Heim grüßt mit grauen Felsen,
Wind heult nachts um Hügelgräber,
die Sonne versinkt im nahen Myrkvid[53].

Utgard-Loki[54] im Reich der Riesen,
Hymir[55], Regin der Jötune[56],
Rudent[57] am Strand von Walaskialf,
rate mir auf meinem Weg!

Loki holt die Mistel,
Hödur hebt den Bogen,
der Pfeil bringt Harm,
Baldur wandert zur Hel.

Odin, laß uns durch die Waberlohe[58] gehen!
Odin, bringe uns Mimirs Leuchten[59]!
Odin, labe uns mit Met aus Deinem Horn!
Odin, lehre uns, auch loszulassen!

Der Westen ist der Ort der kalten Wogen:
Walaskialf[60] Strand im weiten Meer,
Skidbladnirs[61] Hafen in den kalten Wassern –
hier versinkt die Sonne in den Wellen.

Der Herbst ist die hohe Zeit
der Ernte von Äpfeln und Hanf,
des Sensen des Korns und des Heus,
des Schlachtens von Stieren und Hirsch.

---

53 Myrkvid = Jenseitsweg-Wald oder das Jenseits selber
54 Utgard-Loki = „der im Riesenreich gefangen ist" = Tyr in der Unterwelt
55 Hymir = Tyr im Jenseits
56 Regin = König; Jötun = Riese; Riesen-König = Tyr im Jenseits
57 Rudent = Tyr im Jenseits
58 Waberlohe = Bestattungsfeuer = Jenseitsgrenze und Jenseitstor
59 Mimir = Tyr im Jenseits; sein Leuchten = Sonne
60 Walaskialf = „Toteninsel" = Jenseitsinsel (wie Avalon oder Atlantis)
61 Skidbladnir = Jenseitsreiseschiff der Schamanen im Besitz von Odin oder Freyr

Am Fest der Ernte in den Feldern
siegt Loki über Tyr im Glanz-Gefilde[62],
werden Bier gebraut und Fladen gebacken,
danken wir Freyr für das gute Jahr.

Ich sehe im Westen an den Wogen des Meers
Naglfar[63] in den kalten Wassern der Ran,
den Galgen am Rande der weiten Heide
und Hildskialfs[64] geschwungenen Bogen[65].

Anrufung des Nordens

Sonne im Svartrs Saal[66] im Norden!
Schlafe in Nifelheims Gefilden!
Laß in der Stille Neues entstehen!
Erschaffe Samen für den Morgen!

Hymir[67] ruht in der Halle der Hel,
heilt seine verletzte Hand,
trinkt Met aus dem Horn der Hyndla,
liegt in seinem Winter-Heim.

Helblindi[68] der Höhlenkönig – willkommen!
Dein blindes Auge erblickt Hyrrokkin[69],
Dein schwarzes Auge sieht Herche[70]
und die Schlangen schlafen[71] in Hlodyns[72] Reich.

---

62 Glanz-Gefilde = Sonnen-Jenseits des Tyr
63 Naglfar = Jenseitsreiseschiff, Totenschiff, Schiff des Jenseitsfährmanns Odin
64 Hlidskialf = „Tor-Insel" = Jenseitstor auf der Toteninsel (später dann Odins Thron)
65 Das Totentor bzw. Seelenweg-Tor bestand aus zwei Säulen, die oben quer durch einen nach oben geschwungenen Balken verbunden waren.
66 Svart = „Schwarzer" = Tyr als Jenseits-Riese; sein Saal = Hügelgrab
67 Hymir = Tyr als Jenseits-Riese
68 Helblindi = „Blinder in der Hel" = Tyr als nächtlicher bzw. winterlicher Sonnengott
69 Hyrrokkin = Hel
70 Herche = Erdgöttin
71 schlafende Schlangen = Kältestarre im Winter
72 Hlodyn = Erdgöttin

Nordri, starker Träger von Ymirs Schädel!
Dwalin Freya-Geliebter, schaue auf mich!
Sohn der Gefion, labe meine Seele!
Sohn des Tyr, schenke mir Gedeihen!

Dwalin, Hirsch an Mimirs Holz,
Du Hüter des weisen Nordens,
Du Helfer in jeder Stille der Nacht –
hebe mich empor aus jedem Leid!

Farre[73] vor dem Pflug der kahlen Folde,
Du hast die Erde in der See verankert,
Du hast den Menschen festen Boden geschenkt,
Du hast uns Fülle gegeben.

Schlange, schütze und behüte unser Haus!
Frösche, wacht und behütet unser Heim!
Kröten, segnet und behütet uns'ren Hof!
Drachen in den Hügelgräbern, behütet uns're Halle!

Göttin des Not-losen Nordens
Hel im Hügel, Huldar in Niflheim,
schwarze Walküren nahen und Thorgerdr[74] –
Gönnt uns alles, was wir zum Leben brauchen!

Loki herrscht neun Monate lang,
Loptr[75] ruft Schnee und Eis in das Land,
Der Listen-Ase[76] rief den Winter
und Hödurs Zeit[77] deckt weiß das Laub.

---

73 Farre = Stier
74 Thorgerdr = Kriegs- und Jenseitsgöttin
75 Loptr = Loki
76 Listen-Ase = Loki
77 Hödur = blinder Wintergott; seine Zeit = Winter

Hringi[78] liegt gefesselt in der Höhle,
Hymir[79] ist gefangen im Fimbul-Winter,
doch Loptr lacht vor dem Hügel des Adlers:
Hrungnir herrscht im Reich der Riesen und Zwerge.

Heimdall sucht in Bergen und Buchten
nach Brisingamen, nach Draupnirs Glanz,
doch Loptr hat den Schatz verborgen,
und hält Midgard in eisigem Bann.

Njörd und Skadi sitzen am Feuer,
sprechen in der Höhle des Berges,
Wölfe heulen, Raben schreien,
die Sonne schläft in Hyndlas Halle.

Tyr in Hymirs Halle[80],
Gusir[81] in Hryms Saal[82],
Bergriese[83] im Osten der Hügel –
helfe mir auf meinem Weg!

Hödur herrscht in Midgard,
Baldur trinkt Met bei Hel,
Hermod reitet zu ihm,
um ihn zurückzuholen.

Odin, Weit-Wanderer, komme zu uns!
Odin, Einauge, teile Dein Wissen mit uns!
Odin, erzähle uns über Wadgelmirs[84] Wogen!
Odin, bringe uns die Weisheit der Asen!

---

78 Hringi = Tyr als Jenseits-Riese
79 Hymir = Tyr als Jenseits-Riese
80 Hymir = Tyr im Jenseits, seine Halle = Hügelgrab
81 Gusir = Finnenkönig = Tyr im Jenseits
82 Hrym = Tyr im Jenseits; sein Saal = Hügelgrab
83 Berg = Hügelgrab; Bergriese = Tyr im Jenseits
84 Wadgelmir = „Fluß der lauten Furt" = Jenseitsfluß

Der Norden ist der Ort der Nidaberge[85]:
der Weltenbaum und Niflheim
der Nornenbrunnen, die Halle der Hel –
hier läßt sich die schwarze Sonne[86] nieder.

Der Winter ist die windkalte Zeit
der Werkens der Schmiede und Schnitzer,
des Wirkens der Gerber und Schuster,
des Nähens von Wams und Mantel.

Am Fest der Eide und des Freyr-Ebers
dreht sich das Jul-Rad, herrscht Frieden,
reicht Fornjotr[87] das Met-Horn herum,
bitten wir um gute Ernte und um Fülle.

Ich sehe in den Niederungen des Nordens
den nächtlichen Brunnen des Mimir,
die goldene Kugel[88] im Nidaberg
und die golden Fäden der Schicksals-Netze[89].

---

85 Nid = Niederes, Unterwelt; Nidaberge = Unterwelt-Berge == Hügelgräber
86 schwarze Sonne = Sonne in der nächtlichen bzw. winterlichen Unterwelt
87 Fornjotr = Tyr als Jenseits-Riese
88 goldene Kugel = Sonne
89 Schicksals-Netze = das Gewebe aus den einzelnen Schicksals-Fäden

IX 6. Das Himmelsrichtungs-Mandala heute

Die vier Himmelsrichtungen finden sich in vielen Zeremonien wie z.B. in dem Schwitzhütten-Ritual, in dem Pentagramm-Ritual oder in den Meditationen über die Dhyani-Buddhas.

Solche Mandalas, die sich zumindestens dann, wenn sie aus Europa stammen, meistens auf die vier Elemente beziehen, können in vielen Zusammenhängen eine Hilfe und Orientierung sein. Ihr Wert hängt davon ab, wie gründlich man ein Mandala erforscht hat und wie gut man die dabei gewonnenen Erkenntnisse im eigenen Leben umsetzen kann.

Die grundlegenden Bedeutungen der vier Richtungen im Zusammenhang mit den vier Elemente sind :

Osten	- Luft	- Wahrheit
Süden	- Feuer	- Stärke
Westen	- Wasser	- Liebe
Norden	- Erde	- Gedeihen

Die grundlegenden Bedeutungen der vier Richtungen im Zusammenhang mit dem Sonnenlauf sind :

Osten	- Mut zum Neubeginn
Süden	- Selbstentfaltung
Westen	- Loslassen können
Norden	- Selbstbesinnung

Die grundlegenden Bedeutungen der vier Richtungen in einer Schwitzhütten-Zeremonie sind :

Osten	- Adler	- Weitblick
Süden	- Weiße Büffelfrau	- Gemeinschaft
Westen	- Schlange	- Kraft
Norden	- Bär	- Eigenständigkeit

Verzeichnis der Themen

(die Zahl ist die Nummer des Bandes, in dem sich das Thema findet)

Goi 34
Gold 55
Goldalter 55
Goldemar 7
golden 46
Goldhelm 66
Goldhörner von
Gallehus 57
Göll 31
Golnir 5
Göndul 31
Gorr 34
Görsemi 29
Götter 36
Götterdämmerung 55
Götterkampf 55
Göttermet 69
Götter-Tiere 44
Gottesurteil 64
Gurgelbiß 55
Grab 49
Grani 6
grau 46
Grendel 5
Grendels Mutter 35
Greppur 34
Grer 32
Grid 28
Grid 35
Grim 5
Grim 39
Grima 35
Grimhild 31
Grimling 5
Grimnir 5
Grim Struppig-Wange
79
Grip 35
Gripir 34
Grissa 35
Groa 28
Grottintanna 35

Grotunagard 52
grün 46
Gryla 35
Gudr 31
Gudrun 31
Gudmund 5
Gullnir 5
Gullveig 29
Guma 35
Gundelrebe 45
Gunn 31
Gunnlöd 28
Gunnthinga 31
Gürtel 60
Gusir 6
Gygr 35
Gylfaginning 77
Gyllir 5
Gyllir 34
Gyma 20
Gymir 5
Haarband 60
Haare 63
Habicht 40
Hafle 34
Hafli 5
Hafthi 39
Hagen 16
Hahn 40
Hala 35
Halfdan 39
Halfdan Brana-
Ziehsohn 79
Halfdan Eisteinson 79
Hamdir 39
Hamingja 50
Hammer 66
Hand 63
Handschuhe 60
Hanf 45
Hannar 32
Hantel-Symbol 55

Har 32
Hära 35
Hardbeen 6
Hardgreip 35
Hardgreipir 34
Hardverkr 34
Harek Eisenkopf 6
Harfe 57
Harz 45
Hase 44
Hasel 45
Hastingi 34
Hati 5
Hati 43
Hattatal 77
Haudr 20
Haugspori 32
Haym 34
Hecht 44
Hedin 39
Hedin und Högni 79
Hefring 35
Heid 35
Heiddraupnir 5
Heide 49
Heidrek 39
Heidungi 6
Heilige Hochzeit =>
Wiederzeugung 55
Heiliger Hain =
Weltenbaum 52
Heilung 64
Heilziest 45
Heimdall 8
Heimir 39
Heinir 34
Heith 35
Heithdraupnir 5
Hel 26
Helblindi 20
Helgi 39
Helgi Thorisson 79

Hel-Haut 49
Helidi 27
Hellebarde 66
Helreginn 5
Helm 66
Hengikefta 35
Hengiköpt 6
Hengjankapta 35
Hepti 32
Herbst 54
Herbsttagundnacht-
gleiche 54
Herche 20
Herdentiere 42
Herdentierfell 42
Herfjötur 31
Hergrim Halbtroll 5
Hergunnur 35
Heri 32
Herja 31
Herkir 6
Herkja 35
Hermodr 37
Hertha 28
Hervor => Heidrek
Hervor und Heidrek
=> Heidrek
Herz 63
Hexe 58
Hianka 31
Hidde 34
Hild 31
Hildolf 5
Hildolf 20
Himingläva 35
Himmel 52
Himmelsrichtungs-
Mandala 54
Himmelsträger-
Zwerge 32
Hirsch 42
Hjaltrimul 31

Keiler 42
Kenningar 75
Kerbel 45
Kessel 57
Keule 66
Kiebitz 40
Kili 32
Kisi 34
Kiste 57
Kjallandi 6
Kjallandi 35
Klaufi 34
Klee 45
Kleima 35
Knochen 67
Knoten 64
Kobolde 36
Kol der Bucklige 39
Kolfrosta 28
Kolga 35
Kopf 63
Kormoran 40
Korn 45
Körperteile 65
Köttr 34
Kraftgütel => Gürtel
Krähe 40
Kraka 31
Kranich 40
Kräuter 45
Kreppvör 35
Kriegerin 62
Kreuzblume 45
Kreuzkraut 45
Krönung 64
Kröte 44
Kuckuck 40
Kuril 6
Kult 55
Kundalini 64
Kwasir 20
Kyrmir 6

Lachanfall 64
Lachen 55
Lachs 44
Landgeister 36
Lauch 45
Laufey 26
Laurin 7
Laus 40
Leber 63
Leib 63
Leidi 34
Leifi 6
Leifnir 6
Leikn 35
Leimrute 66
Leiter 49
Leirvör 35
Leopard 43
Lerche 40
Lidskialf 20
Liebestrank 70
Liebeszauber 64
Lif 39
Lifthrasir 39
Litr 6
Litr 32
Ljod 29
Ljota 35
Lodin 6
Lodinfingra 35
Lodur 16
Lofar 7
Lofn 29
Lofnheid 35
Logi 34
Loki 16
Loni 32
Lopthoena 28
Lori 35
Loricus 6
Löwe 43
Löwenmäulchen 45

Luchs 43
Lutr 34
Lyngheid 35
Magni 19
Malseron 34
Mana 35
Managarm 43
Mannus 20
Mardalla 27
Marder 43
Margerdr 35
Margerthur 35
Mangold 45
Mantel 67
Mantel der Nanna 67
Marnar 29
Märzviole 45
Maske => Helm
Maus 44
Meer 49
Meer der Zeit 55
Meer-Menschen 36
Mehlbeere 45
Mehltau 45
Meili 9
Meise 40
Menglöd 22
Menja 28
Menschenopfer 64
Messer 66
Midgard 52
Midgardschlange 41
Midi 6
Midjungr 34
Midwitnir 6
Mimir 6
Mist 31
Mistel 45
Mistkäfer 40
Mittelpfeiler =>
Yggdrasil
Mittsommer 54

Miötwitnir 32
Mjoll 34
Modgudr 29
Modgudr 31
Modi 19
Modrädnir 32
Modsognir 7
Mögthrasir 6
Moin 32
Mökkurkjalfi 6
Molda 35
Mona 20
Mond 48
Mondul 32
Moosfrau von
Saalfeld 32
Moosleute von
Arntschgereute 32
Mörn 35
Möwe 40
Mühle 66
Mundilfari 6
Munin 40
Munnharpa 35
Münze 67
Muspel 6
Muspelheim =>
Feuer 52
Myrkrida 35
Myrkvid 49
Nabbi 32
Nacktheit 60
Nadel 55
Nägel 55
Naglfar 49
Nain 32
Nali 32
Namensgebung 64
Nanna 21
Nauma (Hel) 35
Nar 32
Narfi 6

Nari Loki-Sohn 19
Nati 6
Naudir 36
Nebel 64
Nefia 35
Nehalennia 29
Neri 30
Neris Schwester 30
Nerthus 28
Nepr 20
Nessel 45
Netz 67
Neuentstehung aus
den Knochen 55
neun Heimdall-
Mütter 35
neun Schwestern 35
Niblung 7
Niblung 39
Nicor 34
Nid 64
Nidi 32
Nidr 28
Nidud 16
Nieswurz 45
Niflheim => Eis 52
Niping 32
Nirdir 10
Niola 48
Njola 48
Njörd 10
Njörun 29
Nölvi 10
Norden 54
Nordosten 54
Nordri 32
Nordwesten 54
Nori 32
Nornen 30
Norr 34
Norr 48
Nott 48

Nyi 32
Nyr 32
Nyrad 32
Oddrun 31
Odin 13/14
Odr 20
Ofoti 5
Öflugbarda 35
Öflugbardi 6
Ogautan 39
Ogladnir 6
Ogn 35
Ohr 63
Oin 7
Olius 32
Ölwaldi 5
Omen 71
Onarr 48
Öndudr 6
Onn 32
Opfer 64
Orakel 71
Oregano 45
Ori 32
Örnir 6
Ortnit 34
Ösgrui 5
Öskrudr 34
Ostara 29
Osten 54
Otr 32
Otter 44
Otunfaxe 39
Penis 55
Perchta 28
persönliches Glück 64
Pfeil 66
Pferd 42
Pferdezwillinge 12
Pflug 67
Phol 9
Polygamie 55

Priester 60
Priesterin 58
Prolog (Edda) 77
Prophezeiung 71
Pukis 36
Rabe 40
Rad 67
Radgrid 31
Radvör 35
Ragnar Lodenhose 39
Ragnarök 55
Ran 27
Randalin 31
Randgnid 31
Randgrid 31
Rangbeinn 5
Rasereitrank 70
Raswid 32
Rätsel 76
Raud 34
Raugnir 34
Raum 6
Reck 32
Regenbogenbrücke
49
Regin 7
Reginleif 31
Reiher 40
Rentier 42
Riesen auf der West-
Insel 6
Riesen-Baumeister 6
Riesen von
Feldkirchen 34
Riesen von
Lichtenberg 35
Rifingalfa 35
Rifingöflu 35
Rigingöflu 35
Rind 42
Rindr 20
Ring 57

Ringkampf 55
Rist 31
Robbe 44
Rögnir 7
Rose 45
Röskva 37
rot 46
rota 31
Rotkehlchen 40
Rücken 63
Rud 35
Rudent 6
Rudi 34
Runa 35
Runen 72
Runenkästchen von
Auzon => Kiste
Runenstein 64
Runenstein von Ardre
64
Rußland-Riese 6
Rütze 35
Rygi 35
Saemdill 6
Saga 28
Sährimnir 42
Säkarsmuli 6
Salbei 45
Salfangr 6
Sam 34
Sämingr 39
Sanngrid 31
Sati 51
Säule => Weltenbaum
52
Saxnot 20
Sceaf 20
Schachtelhalm 45
Schädelschale 63
Schadenszauber 64
Schaf 42
Schafgarbe 45

274